中山 元
Nakayama Gen

フーコー
思想の考古学

新曜社

フーコー　思想の考古学——目次

装幀――桂川　潤
装画――BUshi

第一章　フーコーの初期——『精神疾患とパーソナリティ』

第一節　精神医学の問題点

フーコーの処女作の意味

フーコーの処女作は『精神疾患とパーソナリティ』で、アルチュセールの依頼で「入門書」として発表したものだった[1]。この書物については、たんなる入門書ではなく、精神医学の直面する問題点を整理したものであるというロジェ・カイヨワの好意的な書評が掲載されたにもかかわらず[2]、フーコーはこれを処女作と認めることを拒み、『狂気の歴史』を自分の処女作と呼び続けた[3]。しかし『精神疾患とパーソナリティ』は、思想的な第一歩を踏み出した頃のフーコーの著作であり、思想家としての〈最初のフーコー〉の姿を示すものである。フーコーはこの処女作を否認しつづけたものの、そこには生涯の営みの道筋が、あたかも予兆のように書き記されているのである。

ビンスワンガーの『夢と実存』に掲載した（本文よりもはるかに長い）長文の序文と、この『精神疾患とパーソナリティ』は、フーコーがサンタンヌの精神病院で研修医として活動していた頃に直面していた心の医学と身体の医学の関係という問題に対する取り組みと、その苦闘の跡を示すものであるとともに、将来の見取り図を示すものでもある。

この章では、フーコーがこの問題にどのように取り組み、どのような解決策を示したか、そしてこの問題の解き方が、フーコーのその後の思想的な営為にどのように影響していったかを考えてみたい。

フーコーの最初の問題

心理学と哲学で論文を書いて大学を卒業したフーコーは、サンタンヌ病院で実験心理学の分野の研修を行なっていた。特にフーコーが学んだのは、ロールシャッハ・テストであり、フーコーは「長年にわたってロールシャハ・テストへの情熱を維持しつづける」のである。[4] フランスに導入されたばかりのロールシャッハ・テストは、被験者の連想からその心理状態を分析するテストであり、フーコーは病院でこのテストを担当していたらしい。同時にフーコーは、監獄で囚人の心理分析も行なっている。[5]

フーコーは患者をその連想から分析するという新しい技法を学びながらも、「わたしは患者の心の中で何が起きているかということよりも、医者と患者の間で何が起きているか」ということに強い関心をもった」と語っている。[6] 精神病院という現場においてフーコーが直面していたのは、心理学の技術の問題であるよりも、精神疾患の治療という実践がもつ意味だったのである。そしてフーコーはこうした立場から、心理学という学問の奇妙さに直面することになった。

これを象徴するエピソードがある。研修医のフーコーは、病院に入院していたほぼ同年代の患者と親しくなった。ロジェという名前のこの患者は、自己破壊的な傾向があるために入院させられていた。本人は一生の間、病院暮らしをしなければならないのではないかという恐怖に苦悶していたという。

ふだんはものわかりのよい知的な青年であるが、荒れ始めると手のつけようがなく、薬物治療も効果がなかったという。ついに病院側は、なんらかの抜本的な治療をしなければ、この患者は自殺すると懸念し始めた。そこでこの若者にロボトミー手術が行なわれたのである。フーコーは「いくら時間がたっても、あの苦悶に満ちた顔を忘れることはできない」と語っている[7]。

フーコーはこのエピソードを、精神科医にならなかった理由として語っているのだが、『精神疾患とパーソナリティ』の最後に掲載された精神医学年表には、一九三六年の項目として、「エガス・モーニス、初めてロボトミーを施行」と記している。このロボトミーという外科手術は、当時の精神医学と心理学が直面していた問題を象徴的に示すものである。

それは精神の疾患の問題が、精神の次元で問題にされるのではなく、器質的な問題として「解決」されてしまうことである。たしかにこの青年はロボトミーの手術によって自殺する心配はなくなり、この青年の疾患は「解決」されたかもしれない。しかしこの解決策は、精神疾患に対する真の解決策ではないのは明らかだろう。精神の問題は身体的な治療では、真の意味では解決できないのである。

フーコーはこの問題の根底にあるのは、心の疾患と身体の疾患の質的な違いが、十分に考察されていないために生まれた混迷だと考えていた。心と身体の問題は、ルネ・デカルト以来の難問であり、フーコーを魅惑した問題でもあるが、フーコーが携わっていた精神病院の実務という場において、この難問は心理学の問題と、精神医学的な実践の問題という二つの側面で露呈していた。『精神疾患とパーソナリティ』は、この二つの難問に対するフーコーなりの回答であり、この難問を克服するための方法論を示したものである。

心理学の擬似‐科学性

まず心理学については、当時のフランス心理学界は、擬似‐科学性を特徴としていた。フーコーが一九五三年頃に著わした(8)「科学的な研究と心理学」(発表は一九五七年)という論文で皮肉っぽく描いているところによると、フーコーが心理学を専攻した際に最初に尋ねられたのは、「君は〔知能検査を考えだしたアルフレッド・〕ビネのような科学的な心理学者になりたいかね、それとも〔モーリス・〕メルロ＝ポンティのような心理学者になりたいかね」という問いだったという(9)。

しかし「測定し、数え、計算する」科学的な心理学が真の心理学であり、「思考し、反省し、次第に哲学へと目覚める」哲学的な心理学は、偽りの心理学であるという区別には、どのような根拠があるのだろうか。フーコーはこの論文で、心理学が「五〇年前まで」は哲学の一部門であったことを指摘しながら、人間の心を対象とする学問が、人間に対する省察である哲学と分離してしまっていることに疑念を表明する。心理学は哲学であるべきではないのか。心理学が科学であると自称することに間違いはないのか。

フーコーは、生物学の専門家が、本物の生物学のほかに、哲学的な生物学の存在を認めたりはしないことを指摘しながら、専門の心理学者が、本物の心理学と、本物ではない心理学が併存しうると考えていることに、「混乱と根本的な懐疑」[10]をみている。フーコーはこの混乱のうちに、心理学という学問の出生の謎がひそんでいるのではないかと考えるようになるのである。

フーコーはやがて、当時のフランスの「科学的な」心理学にはある方法論的な難点があり、そのために、科学としては成立していないと考えるようになる。その方法論的な難点とは、心の医学と精神の医学が、心の病と身体の病という異質な現象に、根拠なしに同じカテゴリーを使っていたことだった。当時の精神医学は、この二つの医学を統一する病理学が存在するという前提に立っていたのである。

これは、精神病理学と身体病理学、心理学と生物学の彼方にあって、この二つの学問を統一することができる抽象的で一般的な病理学が存在するという考え方であり、フーコーはこれを「メタ病理学」の前提と呼ぶ[11]。この病理学は、人間が精神と身体の統一体であるという事実を考慮にいれるもののようにみえるが、実は人間の精神の疾患と身体の疾患に、同じ方法論と同じ概念を適用できると素朴に信じるものである。「精神の病も身体の病も、特定の症状によって明らかにされる自然の本質のようにみなされている」[12]のである。

さきに紹介したロボトミー患者のエピソードは、このメタ病理学のひとつの帰結を示すものと考えることができるだろう。この病理学は、病についての自然誌的な前提に基づきながら、精神の病も身体の病も、同じ方法論で「治療」することができると考える。そしてこの病理学は、精神と身体を統一するようにみえながら、現実の人間が身体と精神の生きた全体性であることを見過ごしてしまう。精神の病を脳の手術で「治療」できるという信念を野蛮な形で実行したロボトミーは、それを極限の形で示したものだった。

フーコーは、身体と精神の統一性を回復するためには、精神の病理学をこの「抽象的な〈メタ病理学〉のすべての前提から解放する」必要があると考える。[13] ということは、精神の病に、器質的な病とは独立した地位を与えようとすることである。そのためフーコーは三つの視点を提起する。

第一の視点は、患者の主観性の分析という観点から、精神の疾患を考察しようとするものであり、疾患は患者がよりよく生きようとする模索の表現であり、患者の実存の表現であると考えるものである。精神の疾患を、患者が実存しようとすることにおける苦悩の表現であるとみるこの視点は、精神分析と実存分析を結びつけたルートヴィヒ・ビンスワンガーに近い。

さらにフーコーの生涯の営みからさかのぼって考えると、この視点は自己の実存と自由についての強いこだわりを示すものであり、『快楽の活用』と『自己への配慮』で描きだされた「実存の美学」と遠く呼応することになる。

第二の視点は、精神の病を患者の置かれた社会と民族の歴史的なあり方から考察しようとするものである。これは文化人類学的な狂気の考察と、歴史的な狂気の考察を含むものであり、患者の疾患を文化の表現とみなすものである。これはジル・ドゥルーズの『アンチ・エディプス』を先駆ける視点であり、精神の疾患が歴史的で文化的な産物であることを強調する『狂気の歴史』は、この視点を貫いたものである。

第三の視点は、精神の疾患を社会における疎外のあり方を表現したものとみなし、狂気からの解放を社会的な改革の課題と暗黙のうちに結びつけようとするものである。これは「現代の社会では誰もが精神分裂症である」と喝破したドゥルーズの『アンチ・エディプス』に近い考え方である。さらに社会や文化そのものが個人にもたらす抑圧に注目するという意味では、『監獄の誕生』に示された規律権力を分析するまなざしにつらなる。

以下ではこの三つの視点を順に検討することによって、フーコーが「メタ心理学」の前提をどのように打破してゆこうとしたか、そしてその試みがフーコーのその後の思考の道程にどのような方向を示唆するものとなったかを考えてみよう。

第二節　精神の疾患の主観性の分析

意識の地層モデル——発達論とその難点

まずフーコーは、『精神疾患とパーソナリティ』の第一部において、精神の疾患の主観性の分析の方法論を提示する。この主観性の分析論においてフーコーは、三つのアプローチを提示しながら、それを次々に止揚してゆくという〈弁証法〉的な論理構成を採用している。フーコーはこれらのアプローチには、心理学の擬似的な科学性を乗り越えようとする要素はあるものの、いくつかの解決困難な要素も含まれていると考えるのである。

この主観性の分析モデルを採用している主要な心理学の理論としてフーコーがあげるのは、ジョン・ヒューリングス・ジャクソンの発達的な心理学とジークムント・フロイトの精神分析の理論である。ジャクソンの理論は、心理学において発達と退行という要素を無視できないことを示し、フロイトはそれを人間の身体とエロスの関係として示した。

まずフーコーはフロイトのリビドー論やジャクソンの発達論が示した〈退行〉という観点に注目する。患者は精神の疾患において、「原始的な反応の渦巻き」を露呈することは否定できない。患者においては「自動症的な反応が優勢であること、行動の連続性が絶えず途絶し、混乱していること、情緒的な反応が爆発的な形をとること」という特徴がみられるが、これは子供の行動に特徴的なことであり、患者は幼児期に「退行」していると判断されるのである[14]。

フロイトのリビドーの発達論においても、幼児のリビドーは口唇期、肛門期、性器期という段階で発達をとげるのであって、「どのリビドー段階も病理学的な構造となりうる可能性を秘めている。だから神経症とは、リビドーの考古学が自然発生的に現われたものなのである[15]」。精神の病は、リビドーの発達のある段階への「退行」を意味することになる。

ここから、精神疾患になるということは、人間が原初の状態あるいは幼児の状態に〈戻る〉ことだという理論が成立する。いわば人間の意識は複数の層で形成されていて、最上部の層は最近に成立した最も成熟した層であり、その下に順次形成された層が地層のように累積し、最下部には最も原始的な層が堆積していると考えるのである。そして精神の病にかかるということは、この最上部の層が剝がれ落ち、その下の層、幼児の意識の層が露呈することだと考えるわけである。いわば精神疾患を、リビドーの自然発生的な「考古学」として分析しようとするわけである。

しかしフーコーにとっては、この意識の地層モデルは、二つの〈神話〉——科学的な性格と倫理的な性格の二つの神話に基づくものにみえた。まずフーコーは、フロイトのリビドーやピエール・ジャネの心的エネルギーの理論は、人間の意識が一つの「進化の生の素材[16]」によって満たされていて、これが素材となって人間の意識が進化するという〈心理的質料〉の神話に依拠していると指摘する。この神話では疾病とは、この質料の発展段階における古層に転落することであると解釈するのである。これは「科学的な性格の神話[17]」に陥る誤謬である。

もう一つの神話は、病人、原始人、幼児の意識の間には「ある同一性[18]」が存続していると考えるものである。精神の病にかかった病人は、たんに幼児の段階あるいは原始人の段階に復帰するのであり、人間性がそれによって歪むことはないと暗黙のうちに想定しているのである。これは重篤な病人を前にした際のヒューマニズム的な反応であるとしても、こうした「倫理的な性格の神話」は、第一の科学的な神話よりも克服が困難であり、「まだ生き延びている[19]」ものである。

しかしフーコーは、疾病はその現実のあり方において根源的で独創的なものであり、それを人間の意識の古層に還元することはできないと指摘する。重要なのは、退行という現象自体を否定することではなく、発達論的なアプローチに背後に潜む神話的な思考方法から解放されることである。

さらにフーコーは、このモデルに基づく精神病理学には、二つの欠陥があることを指摘する。まずこのモデルでは、「退行」という症状を示す患者の病的な人格を構成することができない。患者の「退行」という症状で、意識の地層の上部の層が剥奪されるというモデルでは、病に苦しむ患者に固有の「パーソナリティ」という概念が失われてしまう。

患者は幼児になるのでもなく、原始人になるのでもなく、現代の社会で生き、苦しむ一人の人間のパーソナリティを維持しているのである。幼児期に退行する患者でも、そのパーソナリティの構造において、意識と地平の生きられた統一を保証する結節点のようなものが存在するはずである。意識の地層モデルは「退行の構造が示される病的なパーソナリティの構成の問題を完全に無視している[20]」のである。

第二に、退行のモデルは、病が向かう古層の方向を明らかにするが、病の出発点を示しえない。ある人間が病むこと、その患者の生活史の特定の時点で、特定の退行的な症状を示し、特定の強迫観念や妄想を抱くことの現実性が、退行という抽象的な観念では説明できない。病を必然的なものとした出発点を分析するには、「患者の個人的な歴史[21]」の分析が不可欠なのである。

このモデルは人間の意識が、ある一般的な目的に向かって進化すると前提している点において、進化論的なモデルと考えることができる。しかし幼児の状態から正常な成人という目的に向かって発達するという進化論的なモデルには、病を人間に固有の現実性として認識できないという欠陥がある。このモデルの欠陥は、個々の人間において一度だけ生きられる人間の心の歴史を、進化論のような一般的なパターンに還元できると考えたことにある。この欠陥を解決するには、個人の生活史という観点からのアプローチが必要となる。このアプローチを代表するのが、次の発生論のモデルである。

意識の歴史性のモデル――不安の発生

精神疾患の分析において、退行という発達心理学的なアプローチから、疾患に病む個人の生活史という歴史的なアプローチ、すなわち意識の歴史性のモデルに進むことによって、退行論の抽象性を補うことができるようになる。これは主として退行論の第二の欠陥を解決するものであり、患者の生活史の具体性において、家庭の生活における両親と子供の関係という現場において、患者の病をその出発点から分析し、治療しようとするものである。

この意識の歴史性のモデルの実例としてフーコーがあげているのは、フロイトの症例分析である。フーコーが具体的にあげている例は、エディプス的な家庭において馬恐怖症にかかっているハンス少年の事例、夫が若い娘と恋愛関係にあると信じて嫉妬妄想に駆られているヒステリー女性の例などであるが、いずれも患者の具体的な症例において、父親、母親、そして分析医であるフロイトとの関係、あるいは婦人の娘婿に対する恋愛感情や娘に対する同性愛的な愛情などが、個人の生活史の観点から詳しく分析されている。

このような現実の世界に生きる患者の精神疾患を分析してゆくことで明らかになるのは、患者の心の中に大きな葛藤が存在していることである。ハンス少年の事例では、エディプス・コンプレックス的な願望から、母親との一体化を妨げる父親の死を望み、同時にそれが実現することを恐れるという葛藤が存在する。この葛藤に伴われるアンビヴァレントな感情から、ハンス少年は父親の心的代理物である馬を恐れ、同時に馬を（馬の死ぬのを）見たがるという両義的な恐怖症にかかっていると診断される。

ハンス少年は恐怖症にかかることにおいて一つの〈利得〉を得ていることになるが、疾病にかかることによって得られる利益とは、自己の置かれた状況から逃避し、自分の認めたくない心の動きから防衛できることである。最初の進化論的なモデルで考察された退行とは、この防衛の一部にすぎない。そして患者が防衛を必要とするのは、心的な葛藤が存在するからであり、この葛藤は外的には恐怖として現われ、内的には不安として現われる。

フーコーはこの意識の歴史性のモデルの重要な功績は、疾病の意味を「不安」として取りだしたことだと考えている。不安とは「生と死、愛と憎しみに対する同じ欲望を同時に感じるという眩暈《めまい》のするような矛盾の体験(22)」であり、「病理学的な意味の核心にある」ものである。幼年時代のさまざまな矛盾やそれに基づくアンビヴァレンツのなかで体験される不安は「内的な矛盾の心理的な試練という共通分母の役割を果たすものであり、一人の個人の心理的な発達に独自の意味を与える(23)」。そして患者のさまざまな儀式、妄想、防衛手段は、不安が現われることを防ぐ役割をはたすのである。

不安はこのように、心理的な発達のモデルを個人の生活史のモデルに統合するための〈核〉となる。病は不安をめぐる循環構造のなかで展開される。患者の生活史における過去の出来事が不安を醸《かも》しだし、患者は現在の防衛手段によってその不安に対抗する。しかし患者は同時に、現在の不安に対抗するために、過去の生活史において形成された防衛手段に頼るのである。

患者はこの不安の悪循環のなかで生きる。さまざまな防衛手段が過去の不安を防ぐために利用されるが、防衛手段にまとわりついた過去の不安のために、防衛手段に頼ることそのものが、不安を招き寄せる。患者が自己の不安から身を守ろうとすることによって、逆に不安が明るみに出され、さらに不安に脅かされるのである。

患者の生の歴史の一回性を重視するこの意識の歴史性のモデルは、個人の生活史において、さまざまな退行がどのような意味をもっているかを明らかにしようとする。そのために進化論的な地層モデルのように一定の発達段階をあらかじめ一般的に前提するのではなく、さまざまな病的な人格の結節点となっている不安の性格を分析するのである。

このように、不安の発生を問うことによって病者に固有の自己史を構成し、病の発生の状況を理解しようとするこのモデルは、意識の地層モデルの欠陥を是正することはできたが、このモデルにも、まだ不十分な点が存在する。不安が病的なものとなる契機が理解できないのである。「すべての葛藤が病的な反応を引き起こすわけではないし、葛藤が生む緊張が、つねに病的なものであるとも限らない(24)」のである。

それでは同じような葛藤に直面しても、それを克服することのできる個人と、病のなかに閉じこもってしまう個人がいるのはなぜか。エディプス・コンプレックスがある個人においてだけ、一連の病的なメカニズムをつくりだす理由は何か。意識の地層モデルの欠陥を個人史という観点から克服したこの意識の歴史性のモデルも、ある個人において精神の病が発生する必然性を理解することはできない。この問題を考察するためには、実存論的なモデルが必要とされるのである。

意識の実存論的なモデル

これまでのモデルによって、病の〈中枢〉に存在するのは不安であることが明らかになった。患者のさまざまな病的な防衛行動のメカニズムの原動力となっているのは不安であるが、意識の地層モデルも歴史性のモデルも、この不安を理解することはできなかった。まず不安は経験的な次元にあるものではないため、地層モデルのような自然主義的なモデルでは理解できない。また、不安は個人の生活史の中心にあり、個人の自己史に独自の意味を与える根源的なものであるため、個人の意識の歴史をたどる歴史モデルでも分析できないのである。

この不安を分析するためには、不安の宇宙の内部からこれを理解する必要がある。「青年時代の恐怖症の原因が、幼年期の恐怖であったというだけでは不十分である。こうした根源的な恐怖と病的な症状の背景に、それらに意味のある統一性を与えるような同一の様式の不安を見いだす必要がある[25]」のである。

その方法論は現象学的な直観による「了解」である。意識の地層モデルは患者を自然的な客体として遠くから眺めるのであり、歴史性のモデルは患者を他者性のもとにとどめる。これらのモデルでは、疾患を〈説明〉することはできても、〈了解〉することはできない。これに対して実存論的なモデルの現象学的な直観は、客観性のカテゴリーではなく間主観性のカテゴリーに属するものであり、「病的な意識の内部に跳び込み、病的世界を患者自身のまなざしで眺めようとする[26]」のである。

患者のすべての意識を了解することは不可能である。了解には一つの〈地平〉がある。この境界線のはるか彼方に広がるのは、狂気の世界、「われわれにとっては異様な死の世界[27]」である。しかしこの境界線の内側の病的な宇宙は、他者にとってもまだ了解可能な世界である。精神疾患の現象学では、病的意識を了解し、その病的宇宙を再構成しようとするのである。

この病的な宇宙は、患者の主観性に彩《いろど》られている。ある患者が自己の病をどのように受けとり、意味づけるか、そこには疾患の客観性ではなく、強い主観性が存在する。しかし患者にとって病は客観性のしるしを伴う。病の宇宙は強い明証性を特徴とし、患者にとって自己の幻想は疑いえない性質のものである。重篤な疾患では、患者は自己の病の世界のなかに埋没してしまう。外部の世界は亡霊の世界となり、自己の病の世界だけが現実的で明証的なものとして経験されるようになる。そして自己の周囲の世界の自明性や自己との親しさは消滅する。

ここでは、マルティン・ハイデガーが『存在と時間』で語った道具的な〈手元存在性《ツハンデンザイン》〉が失われ、すべての世界が〈眼前存在性《フォアハンデンザイン》〉の世界となる。(28) ヘラクレイトスは「目覚めている者たちには一つの共通の世界《コイノス・コスモス》があるが、眠っている者たちは、それぞれが自分だけの世界へ帰っていく(29)」と語ったが、精神の病を病む者は、それぞれに固有の理由のために、共通の世界から離脱して、〈眠る者の世界〉、自分だけの私秘的な世界に埋没しているのである。

この病的な世界においては、患者はすべての自由を失う。自己の自由が破壊される世界に、患者は自己の実存を譲り渡してしまうのである。これはもっとも極端な主観性に埋没することであると同時に、主観性の疎外された対極であるもっとも極端な客観性に転落することである。

第三節　実存分析と人間学

現存在分析の意味

フーコーは同時期に、ビンスワンガーの『夢と実存』の序文を書きながら、ハイデガーの存在論と実存分析に依拠した現存在分析の観点から、精神の疾患と人間の実存の緊密な関わりについてさらに深く考察している。第三の実存論的なモデルを深めたこの現存在分析のテーマは、やがて検討するフーコーの人間学との関係を考える上で重要なので、ここでビンスワンガーの『夢と実存』と、この書物に寄せたフーコーの序文によりながら、この問題を詳しく検討してみよう。

ここでフーコーが紹介する実存分析は、「その原理そのものと方法が最初から、その対象である人間、というよりは人間存在の比類ない特権だけによって規定されている(30)」ものであり、一つの人間学を前提とするものである。この人間学は、現存在という人間のあり方を存在論的に捉えようとする理論であり、当時のフランスで主流であった「科学的な」心理学と方法論を、正面から批判するものである。

「科学的な」心理学の基本的な考え方は、人間を自然科学の対象に還元することであった。これに対して存在論的な人間学は、世界における人間の存在そのものを問題にしようとする。そしてフーコーがこのビンスワンガーの論文からとくに感銘を受けたのは、人間が共通の世界からもっとも離れてゆく眠る者の世界で見る〈夢〉という現象を基礎として、実存の積極的な内容を確定しようとしていることにあった。

『ミシェル・フーコー思考集成I』の「年譜」によると、フーコーはこの時期にフリードリヒ・ニーチェを読み始め、『精神疾患とパーソナリティ』のタイプ原稿の裏面に、「発表されることのなかったニーチェ論」を書いていたという。そこに引用されている部分では、フーコーは次のように述べている。「近接する三つの経験──夢、酩酊、そして狂気」と。[31] このニーチェ論は、ニーチェの処女作『悲劇の誕生』を分析しながら、アポロンの夢とディオニュソスの酩酊や狂気の関係を考察するものだったようであるが、フーコーがビンスワンガーの現存在分析に見いだしたのは、夢という独特な体験を手がかりに、狂気の意味を考察する方法であった。

フーコーは現存在分析について、それが体験の特異性を考察する上で非常に役立ったことを、後になってから次のように指摘している。

「現存在分析」または「現象学的な精神医学」と呼ばれる〈体験の〉解読は、わたしが精神病院で働いていた頃、精神医学のまなざしという伝統的な読解の格子とは異なるものを模索していた頃に、そのまなざしに対抗するものを探すにあたって役立った。基本的に特異で、比較できない体験である狂気というものをめぐるこの見事な記述が、非常に重要だったのはたしかである。[32]

夢の体験と実存

夢という体験については、フロイトの『夢解釈』が有名だが、フーコーは『夢と実存』の序文において、フロイトの夢の解釈にはいくつかの重要な欠陥があることを指摘している。

まずフロイトの夢解釈では、夢の内容の意味論的な解釈が重視されるあまり、夢がどのようなイメージの力を借りるかは、問題とされない。たとえばフロイトの有名なシクラメンについての研究論文の夢を考えてみよう。[33] その夢からフロイトは、シクラメンが妻の好きな花だったこと、妻にその好きな花をもって帰るのが稀であると自分を責めていたことを思いだす。これは自責につらなる連想の系列である。この連想がコカインという植物についての研究論文の記憶を引きずりだす。これもまた自責につらなる連想の系列のひとつだろう。

また研究論文という連想から、幼児の頃に父親から図鑑を千切ることを許されたことを思いだす。フロイトによると、これは愛書癖の隠蔽記憶であり、父親とのコンプレックスの記憶につらなるものである。

さらに研究論文であるという事実に、個別研究についての好みと、書かねばならなかった多数の論文についての自己正当化の記憶がつながる。これは夢の中での自己弁明の系列である。いずれにしてもこのシクラメンの図鑑についての夢は、「妻や私自身の道楽、コカイン、同業者に治療をうける場合の煩わしさ、個別研究に対する私の偏愛、植物学のごとき若干の学科に対する私の怠惰」など、「多方面にわたった談話の数々の筋道のひとつ」[34] ずつにつながってゆくのである。しかしフロイトが自分の夢から紡ぎだすのは、さまざまな記憶と連想の〈意味〉だけであり、イメージは「対立矛盾する意味の複数化」が現われる形式にすぎない。

フロイトは、イメージがともなう世界そのものを分析しようとせず「夢の言葉の形態論的構造と統辞論的構造を未解明のままに放置しておく」[35]のである。しかし夢はイメージとして表現されるのであり、イメージには固有の動的な力がある。それは意味としては取りだすことができない。たとえば同じ空間でも、それが明るい広々とした空間であるか、暗い牢獄の空間であるかによって、空間のイメージは形態論的に異なったものとなる。フーコーは、イメージの世界は固有の法則と構造をそなえているのであり、意味そのものよりも多くのことを語っていると考える。

第二の問題として、フロイトの分析においては、フロイトの夢の分析では、夢を生きる主体の問題が考察されないという欠陥がある。フロイトの分析においては、夢に登場する主体は徹底的に客観化されてしまう。フロイトにとっては、夢の主体はつねに解釈を施される客体であり、その主体性は「夢見る者と彼が夢見ていることとのどこかに宙吊りにされた主体性」にすぎない[36]。

フロイトの夢の解釈は、基本的に自己の夢を中心としていた。『夢解釈』の典型的な夢の分析においては、フロイトみずからが夢の中に登場し、そしてその時に思いついた内容を、その夢を見た前日の記憶や幼児の記憶と、解釈の際の連想に基づいて分析してゆく。たとえば有名な「イルマの夢」ではフロイトが患者を前にしてある薬品を想起する[37]。その夢を分析するフロイトは、その薬品と化学的な組成が類似した別の薬品や、類似した名称の薬品に連想の網を広げて、夢の主体の〈フロイト〉がなぜそのようなことを考えたかを分析する。

後年の精神分析では、患者の夢の分析を無限につづけることはできなかった。夢の回想がとぎれるところに、フロイトは抑圧の存在を見いだし、そこに抑圧されるべき何かが潜んでいたのだと考える。しかし『夢解釈』ではフロイトは自分の夢についての解釈を無限につづけることができるかのようである。

ただしこれは大きな可能性であると同時に、重要な限界でもある。夢見る主体が考えた内容の〈意味〉を、夢の外部からフロイトが解釈するという方法がとられているために、夢がつねに主体の観点だけから分析され、その夢を成立させている場面の実存的な意味も、その場面を満たしている雰囲気の意味も、解釈できなくなるからである。ここでは真の主体は解釈する主体であり、夢見る主体は「矮小化された主体性[38]」としての地位を占めるにすぎない。

これに対してビンスワンガーの夢の分析では、夢の主体とは、夢見る主体そのものではないし、夢に登場する一人または複数の人物でもないし、解釈する主体でもない。夢の意味するものの土台そのものが分析されるのである。実存そのものの生成と全体性が分析されるのである。夢においては、場面のなかに登場する人物だけが夢の主体ではないのである。

夢に登場する人物は、夢の主体が生きている人物であるが、その人物は夢の場面においては単なる添え物であることもある。夢で描かれるさまざまな事物そのもの、あるいは場面の設定そのものが、夢における特有の〈主体性〉をそなえていることが多いのである。フーコーはそのことを、ビンスワンガーが引用しているある少女の夢の分析に依拠しながら説明している。ビンスワンガーの『夢と実存』の夢の弁証法的な展開の分析から、夢の主体について考察してみよう。

強度の鬱病にかかっていた三三歳の女性が海の夢を見た。この夢は、女性の実存の死と復活の物語であり、ビンスワンガーはこれをヘーゲル的な弁証法を使って説明している。第一の段階は、自己のうちに閉じこもっている主観性の段階の海の夢である。「わたくしは夢のなかで、はてしない海の岸辺に沿って歩いていた。そしてたえまなく荒れている海の狂乱は、いささかも静まる様子もなくわたしを絶望に陥れた[39]」。

この段階では、海（女性の自我）は自由のようにみえるが、実は支離滅裂で無秩序としかいいようのない主観性の混沌のうちに見捨てられている。ここで象徴されているのは、孤立した主観性のうちで恣意的なわがままを享楽している自我である。女性は夢の中で、「この海を鎮めることができれば、と心の底から願って[40]」いるのである。

第二段階では、この恣意的で閉じた自我が否定される。一人の背の高い男が網を投げて海をとらえる。「海はやがて死んでいった。無気味な静寂がわたしをつつんでいった。……わたくしは泣きながら、男の足元に身を投げて、海をもう一度自由にしてくれるようにと哀願した[41]」。この夢では、恣意的な自由は固定され、抑制され、静物の沈黙のうちに疎外される。そのときに夢を見ている主体は、苦しんで、もとの自由を乞い願う。「もう一度自由にしてくれるようにと哀願」するのである。

ここで象徴されているのは、主観性を否定する客観性のうちに投げ込まれた実存である。即自的な自由は、客観性の〈網〉のなかで一度否定されることなしには、真の意味で自由になることはできない。これは、主観的な恣意の自由としてではなく、他者との客観的な関係のうちで、自己のうちに取り戻された自由としてでなければ、真の自由はありえないと考えるヘーゲルの基本的な観点である。

そして第三の最後の段階において、夢見る実存の自由が回復される。「男が網をひきさき、海を放してやると、波はふたたび轟《とどろ》き、荒れはじめ、わたくしのこころのうちには、歓喜の喜びがおこった。そしてこのときわたくしはめざめたのである！」[42]。客観性が主観性のうちに取り戻される総合の段階において、夢見る実存は解放され、真の自由を見いだす。これは、客観性の運動のうちにおのれを認めることのできる自由の歓喜である。この夢の解釈においては、夢の主体とは〈わたし〉と語る女性ではなく、夢の運動そのものである。

夢見ている女性の患者は、なるほど夢の中で不安に駆られた人物であるが、同時に海でもあり、死の網を投げる不気味な男でもある。また、いやなによりもまず、最初は〈怒り〉のうちにあるが、次いで動きを失い、死に襲われ、最後に生の快活な運動を回復するこの世界そのものである。夢の主体ないし夢における第一人称は夢そのものであり、夢全体なのである。夢の中では、事物であれ、動物であれ、空虚な空間であれ、幻想を満たす遠く奇妙な物たちであれ、誰もが〈わたし〉と語るのである[43]。

夢見る主体にとっては、夢を見ることはおのれの世界を根源的に経験することであり、その根源性のために、実存は夢の中でみずからの名を名乗る必要を感じないほどである。夢の実存分析では、夢の擬似的な主体を分析するのではなく、夢の場面そのものを実存の運動として分析することを目的とする。

夢は世界の客観性と主体の経験の主観性の両義性を顕わにするのであり、目覚めている意識を魅了する客観性と断絶することにより、夢は主体に根源的な自由を回復させることができる。夢は主体の実存的な表現であり、「逆説的に世界へ向かう自由の運動と、自由がみずから世界を構成するための原初的な出発点を顕わにする」のである[44]。

フロイトはある論文で、夢において人間は倫理的でありうるかどうかを問題としたことがある。フロイトにとって夢は、個人の倫理性よりも「深い」ものであった。夢において顕わになるのは、認められなかった幼児期の欲望であり、これは個人の道徳性の規範「以前」のものであると考えたフロイトは、夢においては主体の倫理性は問いえないと考えた。フロイトの考え方では、母と寝る夢など、どんな不道徳な夢を見ても、それは主体の不道徳性を示すものではないのである。

しかし現存在分析の立場に依拠する『夢と実存』のフーコーは、夢にはある倫理的な価値があると考える。夢がこのような自由の運動であるとすると、「夢の経験はその倫理的な内容から切り離すことはできない[45]」。夢見る経験は自由の運動を、その真の意味において復元するからである。夢における経験は、主体において自由が根づくか、それとも疎外されるか、すなわち主体が世界のなかで責任を負うか、おのれを忘却して世界の因果関係のうちに落ち込むかを明らかにする。「夢、それは倫理的な内容のまったき露出であり、むきだしにされた心である[46]」。

フーコーはここで、夢に人間の実存の意味を取り戻しながら、この夢という体験が、人間の最も根源的な自由を明るみに出すことを指摘する。そしてビンスワンガーの現存在分析は、夢において示された主体の実存的なあり方から、その主体の治癒の方法を探るのである。

現存在分析の限界

しかしここで、フーコーとビンスワンガーの方法に微妙な違いがあることが明らかになる。フーコーにとっては夢、特に主体の死の不安の夢は、人間の実存が顕わになる特権的な夢であり、一つの重要な経験であるのに対して、医師であるビンスワンガーにとっては、夢の主体を分析し、了解する手段にすぎない。

ビンスワンガーにとっては、夢とはあくまでも精神疾患の主体が語る「個人の劇場」であり、「共通の世界」からの脱落を示しているのである。そして医師であるビンスワンガーは、精神疾患の主体に対して、「個人の劇場」にとどまりたいのか、それとも彼の夢から覚醒し、普通の生活に、共通の世界《コイノス・コスモス》に加わりたいのかという決断を迫る。ビンスワンガーは、「自己固有の世界と共通の世界のあいだの、虚偽と真理とのあいだの道案内人[47]」として、患者に治癒の手をさしのべるのである。

たしかにビンスワンガーは、患者の夢のうちに、患者を了解し、患者を「共通の世界」に連れ戻す手引きを見いだした。しかし死の夢に患者の実存の輝きを見たフーコーとは対照的に、ビンスワンガーにとって患者は、夢において共通の世界から転落していることを顕わにするのである。

これはビンスワンガーとフーコーのヘラクレイトス解釈の食違いとして象徴される。ビンスワンガーは、前述のヘラクレイトスの「目覚めている者たちには一つの共通な世界があるが、眠っている者たちは、それぞれが自分だけの世界に帰ってゆく」という断片をヘーゲル的に解釈する。目覚めている人々の共通の世界が、ロゴスと真理の場であり、単独者の意識は共同の真理の世界から逸脱した「非真理[48]」であると解釈する。

それに対してフーコーは、これをハイデガー的に解釈する。ハイデガーは、現存在は世界内存在として、つねに「本来的に」世界のうちに頽落し、〈世人《ダス・マン》〉として生きざるをえないと考えていた。この〈世人〉の眠りから覚醒するための手段が、「死への先駆」という決意の方法だった。人間は本来的に頽落し、非本来性の生を送っている。これに対して、人間がその本来性を取り戻すことができるのは、死という非日常的な体験へと「先駆ける」ことによってである。

ハイデガーにとっては公共的な世界は、すでに本来的な自己から頽落した世界であった。現存在は頽落した非本来的な世界を生きるのであり、死への先駆によって、高次の世界に戻るのである。ハイデガーは、人間が本来的な実存としてあるのは、死を先取りすることによって、良心の声に従って自己の無の可能性を直視し、〈世人〉という「非本来的存在の無地盤性のなかへの転落[49]」から回復することにおいてであると考えたのである。

これに対してビンスワンガーは、公共性こそが人間の本来のあり方であり、私秘的な世界に落ち込んでいる患者を公共的な世界に連れ戻すことに、医師の使命を見いだしたのである。ビンスワンガーにとって患者は「かれの夢から覚醒」しなければ、人々が織りなす共通の世界に復帰することはできないのである。

フーコーにとってこれは、患者の治癒を目的とする現存在分析の大きな限界のようにみえていたはずである。この序文の最初で、フーコーはビンスワンガーを人間学と存在論を結ぶ「道」のようにみなしていた。彼は現存在分析によって、「実存の人間学的な諸形態から存在論的諸条件へと往還するという方法をたえず作りだしていた[50]」と評価していた。しかしビンスワンガーはあくまでも精神科医として、人間学の「事実学」という側面に依拠しようとするのである。

夢の価値

フーコーはこの「往還」を高く評価しながらも、ビンスワンガーの方法の背後に控えている公共性についての暗黙の了解に満足することができない。治癒を目的とするとき、医者が正常者たちの公共的な世界を「共通の世界」であり、「普遍的な世界」とみなすのは、避けられないことだろう。しかしフーコーを捉えるのは、疾患のうちに苦しむ患者の人間の実存への希求、自由への希求なのである。フーコーはハイデガーとは違って、公共性を「頽落」と考えることはない。ビンスワンガーとともに、あくまでも正常人の世界が、公共的な世界であることを認める。そして患者の閉じた私的な世界は、公的なものを喪失した世界であることも間違いはない。しかし正常人の公的な世界のもつ「薄っぺらさ」もまた否定しがたいのだ。フーコーはその薄っぺらさと人間の公共性のもつこの両義性を表現するために、「共通な世界」という概念を「客観性の宇宙[51]」と言い換える。この客観性の宇宙は、いわば〈世人〉の世界であり、人間の個人的な実存を否定する威力をもった世界なのである。それだけに、この客観性の宇宙に安住することのできない精神疾患者は、公共性のこの両義性を裏側から照らしだすものにみえたのである。

それはフーコーの夢の概念に象徴的に現われている。ビンスワンガーは「眠っている者」たちの夢の世界から覚醒することが、正常者の「共通の世界」に戻ることだと考えたのだが、フーコーは夢のうちにはもっと深い実存的な意味があると考える。夢見ることは、私秘的な空間に失墜することではなく、「客観性の宇宙」とは別の「彼自身の世界」を根源的に経験することなのだ。

夢、それは最初の分裂が訪れる直前の黎明の世界、世界がまだ実存そのものであって、すでに客観性の宇宙と化していない時点の世界なのである。夢見ることは、もう一つ別の世界を経験するための、もう一つの方法ではない。それは夢見る主体にとって、彼自身の世界を経験するための根源的な方法なのである。……夢は、実存がまだ自分自身の世界である究極の時点に位置するものである。その彼方に目覚めの曙光が現われるやいなや、すでに実存はもはや自分自身の世界ではなくなるのである。(52)

人は誰もが夢から醒めねばならない。そしてぼんやりとした太陽に照らされた公共の世界のうちに歩みよるしかないのである。しかしだからといって、夢の価値が失われるわけではない。そこで人は自分の失われた実存をかいま見ることもできるからだ。夢は人間の根源的な自由と実存の可能性を示すのであり、この夢において、人間は自己の実存と自由の痕跡をとり戻すことができる。ここでは夢はニーチェ的な意味での特権的な体験なのである。

この夢の意味をその極限で示すのが、死の夢、とくに自分の死の夢であり、自殺の夢である。自殺を実行することではなく、自分の死を想像すること、それは夢を見ることと同じような価値をそなえている。自殺とは、「わたしが世界と化す起源のときをふたたび見いだす方法である。……自殺とは、想像の究極の神話なのだ[53]」。自殺は人間が自分と一体であって、「わたしの絶対的な現前[54]」を想像のうちで取り戻す方法なのである。

だからこそ自分の死の夢が、ハイデガー的な意味で自己のほんらいの実存に立ち戻る「本来的な夢」なのである。これに対して、精神疾患の患者たちの夢は、「非本来的な夢」にすぎない。人々との共同性からの失墜を告げる夢である。この夢においては、夢の主体は自由と実存を奪われ、悪しき共同性のうちに落ち込む。私秘的な世界は、プライベートな世界、他者のまなざしから保護された世界ではなく、最高度に疎外された世界なのである。ここに狂気の逆説が存在する。

狂気の逆説

狂者はあたかも自分だけの世界を守ろうとしているかのようにみえる。私秘的な世界だけに閉じこもろうとしているかのようにみえる。しかし精神疾患の患者は他者との世界を拒むことによって、ヘラクレイトスの〈眠る人〉のように、自己の妄想の内的な歴史に吸収されてしまう。そして「実存は、その本質的な自由が自己を全面的に疎外してしまうような、あの客観的な決定論に身を委ね、自己を放棄してしまう[55]」のである。他者からの自由を望んだ狂気の主体は、自己の自由を完全に喪失してしまい、医者という他者の診断に自己を委ね、「病気の決定論のなかに自己を記入してしまう[56]」のである。

この狂気の逆説においては、精神疾患の患者は主観性を確保しようとしながら、同時に自分の実存を、客観的な世界のうちに「譲渡」するのであり、そこで「自分の自由が破裂してしまう[57]」のである。患者は自己のうちの世界の意味を否定してしまうことで、「外部から与えられた宿命のように、世界に引き渡される」[58]。だからこの狂気の逆説のもとでは、「病とは最悪の主観性に退くことであると同時に、最悪の客観性のうちに転落すること」[59]なのである。

フーコーは、この逆説は現存在分析だけでは解明することができないと考える。ここに哲学と心理学の〈境界〉のような場所で、医者と患者の両方を眺めつづけてきたフーコーの強みがある。現象学的な現存在分析では、患者の世界が共同の世界からの失墜であると考えるだけで、その共同の世界がすでに〈狂っている〉可能性を考察することができないからである。

フーコーは、ビンスワンガーの現存在分析が、当時の精神医学の読解の枠組みを批判する上で重要な論拠となりうることを認めながらも、それが狂気の逆説を解明する上では不十分であると考える。そこには「共通の世界」の〈狂い〉の問題を考察する必要があるのである。

ビンスワンガーが患者を連れ戻そうとしているこの共同の世界は、それ自体がどこか狂気じみているところがあるのではないだろうか。精神疾患の患者が共同の世界を希求しながら、現実の共同の世界から逃れようとするのは、この現実の世界の〈狂い〉のためではないだろうか。フーコーは、患者が共同の世界から失墜するという問題は、世界そのものの〈狂い〉という問題を考察しないかぎり、解くことができないと考える。この問題を考察するのが『精神疾患とパーソナリティ』の第二部の課題である。

第四節　疾患の客観性の分析

狂気の社会的な意味

フーコーは『精神疾患とパーソナリティ』の第二部「病の条件」で、狂者が狂気という閉ざされた世界、私秘的で病的な世界に落ち込むことの現実の条件を探求する。まず第五章「精神の病の歴史的な意味」では、狂気の歴史的および文化人類学的な条件を考察し、第六章「葛藤の心理学」では、社会的な環境のなかで病が生まれるための条件を考察する。ビンスワンガーは、患者が私秘的な世界に落ち込んだのは、精神疾患があるからだと考えた。実存論的な分析には、患者の世界を理解し、患者にこの閉ざされた世界からの解放の道を示唆するという臨床的な価値がある。しかしこの分析では狂気の条件そのものを問うことはできない。そして狂気を分析するには、狂気の歴史的および社会的な条件を問わねばならない、とフーコーは考える。

ここでフーコーの問いは実存論的な分析から離れて、歴史と社会という人間の現実の条件と疾患の関係の分析へと向かう。これは精神医学の基礎と、精神医学が社会においてはたす役割を問題とする問いであり、精神医学にとっては危険な問いである。精神医学は患者を治療するということを目的とするが、どのような形で患者を〈治癒〉するかは、治療とは別の問題だからである。

そもそもどのようになれば、患者は〈治癒〉されたと考えるのか。精神医学の目的とすることは、患者が社会に復帰できるようにすることであろうが、それでは患者が復帰する社会はどの程度に〈健全〉であるのか。患者はどのような〈主体〉となれば、その特定の社会に復帰できると判断されるのか。

ここで精神医学の治療は、すぐに政治的な意味をおびるようになる。精神医学はある意味ではその社会における政治的な実践なのである。正常と異常の判定自体が、異常なものを排除し、社会的な秩序を確保するという実践と結びつくからである。

ビンスワンガーの実存論的な分析に不十分な点があるとすれば、それは実存論的な分析では人間の自由が発揮される具体的な社会をそのものとして考察できないことにある。フランス革命以来の近代の市民社会は、自由という抽象的な理念に基づいているが、患者の現状が示していることは、この「自由」の理念が実際には個人に自由をもたらすものではなく、きびしい抑圧をもたらしているということだった。

フーコーは第二部の最初の部分で、狂気の歴史的な分析を進めながら、この問題を考察する。フランス革命と啓蒙の哲学がもたらしたのは、人間の自由の概念であった。フランス革命の理念を表現した一七八九年の「人および市民の権利宣言」の第一条では、「人は、自由かつ権利において平等な存在として出生し、かつ存在する」ことを高らかにうたいあげた。[60] そしてフィリップ・ピネルが狂人たちを鎖から解放したのも、その数年後のことである。

しかしフーコーは、まさにこの啓蒙と理性の時代において、理性を失っていると判断された狂者が、「人間」の世界から追放されていくことを指摘している。フランス革命の理念では、人間とは理性をそなえた自由な存在であるべきである。しかし狂気や痴愚に襲われた人間は、その「理性」

を失ったと判断されると同時に、自由の能力までも否定されることになる。フーコーは、十九世紀に患者の「人間性」が回復されるとともに、患者が社会の具体的な関係から追放されることを、次のように指摘する。

理論的には、十九世紀には患者の人間性が全面的に承認されたが、事実としてはまさにこの時期に、患者は人間の世界から排除された。十九世紀には、精神疾患の患者は抽象的な人間性のうちに復帰する。しかしそれは具体的な社会から追放されることによってである。(61)

そして患者が自由の能力を否定され、具体的な人間関係の宇宙から追放されることによって、「精神疾患の患者」としての刻印をおされ、ほんものの患者となる、とフーコーは考える。患者に器質的あるいは心理的な異常性が存在するために病になるのではなく、社会に人間を疎外する状況が存在するために、人々は防衛反応を発達させ、それが精神疾患と診断されるようになると考えるのである。

これは、正常性と異常性の区別は社会と文化に依存するものであるという指摘とあいまって、『狂気の歴史』に向かう洞察を含んでいる。『精神疾患とパーソナリティ』の狂気と自由の概念の歴史的な分析は、修正した上で、改訂された『精神疾患と心理学』にそのまま再録されている。この部分で素描された考察の延長上に、『狂気の歴史』がその姿を現わすことになるだろう。『精神疾患と心理学』は、『精神疾患とパーソナリティ』の洞察の一部を拡大する形で書かれているのである。(62)

パブロフ理論

しかし『精神疾患とパーソナリティ』の第六章では、議論の方向を突然転換して、パブロフの反射理論を考察する。フーコーの『狂気の歴史』は、『精神疾患とパーソナリティ』の第二部の狂気の歴史的、文化的な考察の延長線上に位置づけられるだけに、この第六章はこの書物で不思議な位置を占めている。

しかもこの章の文章は、フーコーらしからぬ生彩を欠いた文章であり、あたかもソ連の公式的で教条的な心理学の教科書を引き写したような印象を与える。フランス革命の自由の理論とその逆説的な結果についてのそれまでの歴史的な洞察と比較すると、このパブロフの「高次神経系」の理論による説明は、異様な印象を与えるのである。

フーコーがここでパブロフの理論を解説する必要があると考えた理由としては、政治的な理由と、フーコーにとっての内的な理由が考えられる。まず政治的な理由としては、この時代のフランスにおける精神医学という背景的な状況を考察する必要があるだろう。フーコーは一九五三年にフランス共産党を脱党しているが、パブロフの理論は当時のソ連の公式見解であり、フランス共産党の理論でもあった。

一八四九年生まれのパブロフは、フロイトとほぼ同時代の生理学者であり、ロシア革命以前から反射理論の研究を行なっていた。パブロフの犬の実験は有名だが、食餌という無条件刺激を与えながら、反射的に分泌される唾液の量を計量して、犬の反応を「科学的に」測定したのである。そしてパブロフは、犬にストレスを与えていくと、人間の精神疾患に近い状態になることに注目した。犬も神経症になることを発見したわけである。ここで犬の生理学は犬の心理学に、そして人間の心理学につながることになる。

革命後のソ連は、このパブロフの生理学の研究成果を利用しながら、人間の身体の科学と心の科学を統一する視点を確保できると考えていた。これは生理学という科学的な視点から、人間の心理学の基礎を確立しようとするものであり、フーコーが最初に問題とした心の病の学と身体の病の学を、身体という生理的な場所から統一しようとする試みと言えるだろう。

フーコーが批判したフランスの「科学的な心理学」が、メタ心理学という虚構の学によって人間の身体と心を「上から」統一しようとしたとすると、パブロフとソ連の「唯物論的な心理学」は、人間の肉体と精神の病を、生理学によって「下から」統一しようとしていたわけである。

このソ連の公式的な心理学の理論は、生物学者のルイセンコが支持したミチューリンの栽培・飼育的な生物学と結びつくことによって、ソ連においては破壊的な効果を及ぼすことになった。ソ連は「共産主義」の社会であり、資本主義社会のような「疎外」や葛藤は存在しないはずだった。そして反射理論によって、人間の行動は条件づけによって変わるはずだと考えられたために、疎外のないソ連には精神疾患は存在しえないとされたのである。

しかし精神の病がソ連で消滅したわけではない。そのために精神疾患の患者であるということは、社会的な原因によるのではなく、器質的な原因によるものだと判断された。そして狂気の原因は生理学的なものであり、ミチューリン式の生物学的な「調教」によって矯正してゆけば、狂者はソ連社会の崇拝者になると考えられたのである。

ソ連と精神医学

ここで注目する必要があるのは、この理想的なソ連という社会を批判する人々は、「反社会的」な存在と考えられ、「狂者」として扱われるようになったことである。ソ連の各地に多数の「特別」病院が建設され、精神疾患者はそこに反社会的な犯罪者として収容されたのである。[63]

当時のフランス共産党は、ソ連の公式見解に基づいて、フロイトの精神分析の理論を資本主義のイデオロギーとして批判し、パブロフの理論を採用していた。フランス共産党の機関紙『ユマニテ』は、一九四九年にはフロイトの精神分析をスパイのイデオロギーと主張するキャンペーンを展開する。そしてその後、党内の精神分析家と精神科医に対して、「自己批判」を要求したほどである。

その後、フーコーのこの書物が発行される一九五四年頃まで、激しいフロイト批判の「十字軍」が展開されることになる。一九五一年には、精神科医のアンリ・エーが、共産党に好意的ながらも、パブロフの理論はソ連の共産党のパブロフ主義とは区別する必要があること、反射理論は神経系の障害の解明には役立たないことを指摘しているが、[64]共産党の全体の雰囲気には影響を与えていない。

フーコーが共産党を脱党した日付は明確ではない。しかし『精神疾患とパーソナリティ』のこの部分を読むかぎり、フーコーは政治的には共産党員のようにふるまっている印象をうける。この時期にはフランスの精神医学界では、まだパブロフの理論の妥当性については、結論がでていなかったと考えられるのである。

これは後にフーコーがソ連の精神医学の体制を激しく批判することになることを考えると、皮肉なことである。フーコーは一九八四年に行われたあるインタビューで、当時のことを想起しながら、ソ連を訪れた共産党の精神科医について、次のように語っている。

フランスの精神科医のなかでもっとも共産党寄りだった人が、一九五〇年代にモスクワを訪問した。そしてそこで「精神疾患者」がどのように扱われているかを目の当たりにしてきた。しかし戻ってくると、この精神科医は、一言も口を開かなかった。何も言わなかったのである。彼はそれについて語ることを拒んだ。数年後に亡くなったが、自分が見てきたことについては、一言も語らなかった。それほどのトラウマになっていたのである。(65)

ただしフーコーが政治的な理由だけから、共産党の公式理論であるパブロフの理論をここで要約したとは考えにくい。フーコーは、「メタ病理学」の前提を批判するためには、正常性と異常性の境界を取り去った視点から、精神の疾患を考察する必要があると考えたのだろう。そのためにパブロフの理論が適切であったかどうかは、現在からみると疑問であるが、フーコーが期待をかけた「唯物論」的な精神病理学とは、当時のソ連の教条的な精神医学と同じものではなかったはずである。

それはフーコーが『精神疾患とパーソナリティ』の「結論」において、精神医学の唯物論に「二つの要請」を掲げていることからも明らかだろう。一つは、「社会的な疎外と精神の錯乱を混同する誤謬を避けること」、もう一つは精神の疾患を「神経の機能の攪乱に還元し」て、「純粋に生理学的な観点から分析できると考える誤謬を避けること」(66)である。

最初の要請は、患者のパーソナリティを侵害する精神の病理に固有の位置を認める必要性を訴えたものであり、第二の要請は、反射理論のような生理学的な視点に精神医学を還元することを戒めたものである。これはこの書物の第一部の発達論と発生論におけるフロイトの評価とともに、当時のフランス共産党の公式見解を批判する意味をもったはずである。

フーコーはこの書物の最後の部分で、『エスプリ』の精神疾患の特集号をあげ、今後の精神医学が進むべき方向を示唆している。この特集号は、アルベール・ベガンが編集長となって発行した『精神医学の悲惨』と題する号である。フーコーが注目したのは、富裕でない人々が精神病院でどのような状況に直面するかをわかりやすく解説しながら、病院の改革の必要性を指摘している「精神病院における患者の条件」であろう(67)。病院の数の少なさのために、患者たちがいかに悲惨な状況にあるかを強調したこの文章は、ごく穏健な改革案の要請であり、狂気の問題に対する当時のフーコーの姿勢をうかがわせて興味深い。フーコーはこの延長線上に、擬似科学的なメタ心理学の前提を克服し、しかもメルロ＝ポンティのような現象学的な心理学とも異なる「真の心理学」の可能性を模索していたのである。

しかしフーコーのこの真の心理学のプロジェクトは、危うい基盤にのっていた。心の心理学と身体の心理学を統一するための論拠として、精神医学における位置づけが確立していないパブロフの反射理論に依拠せざるをえないことが、その危うさを象徴しているようである。

後年のフーコーが、この『精神疾患とパーソナリティ』を「若げのいたり《フォリー・ド・ジュネス》」と否認するのは(68)、この危うさへの自覚のためだろう。フーコーは、この記事で示唆されたような精神病院の改革運動に関与することもできただろうし、ビンスワンガーのような現存在分析を手がけることもできたはずである。あるいはこの書物の第二部の第六章に示された唯物論的な心理学の道を進みながら、狂気の「経済的・社会的な」分析を行なうこともできただろう。実際に一九七〇年代以降は、フーコーは精神病院や監獄の収容者の権利回復運動に積極的にかかわり、その制度的な権力の分析を進めるようになる。しかしフーコーがまず進んだのは、第五章の狂気の歴史的および文化的な条件の再構成という道であり、この方向での研究が『狂気の歴史』として結実するのである。

第二章　狂気の経験――『狂気の歴史』

第一節　狂気の歴史の可能性

二つの歴史

『狂気の歴史』は巨大な書物である。しかしその中心的なテーマは一つだ。それは、これまでの精神医学では見えなかったものを見えるようにすることである。狂気をめぐる精神医学には巨大な蓄積があるが、その精神医学の内部では見えないものがある。精神医学の〈手前〉にあって、精神医学では問うことのできないもの、いわば精神医学にとっては経験よりも前にあるアプリオリなもの、この精神医学の超越論的な前提を描きだすことである。

この見えないものを見えるようにすることというのは、フーコーの一生を貫くテーマだが、この時期のもう一冊の著書『臨床医学の誕生』もまさにこのテーマを中心として展開される。この章では、フーコーがこれまで不可視であったものをいかにして見えるようにしてゆくかを追跡してみよう。これはその後のフーコーの思考のパターンの基礎となる方法論なのである。

このフーコーの方法論は、医学の分野からは多くの反発をかった。精神医学の営みそのものを無効なものと宣言するかのように思えたからである。精神医学だけでなく、他の分野からも、これは堅実な実践を否定するフーコーの「ポストモダン性」を示すものとして多くの批判が集中した。しかしこうした批判は、フーコーの思考のもつほんとうの意味を理解できないことによるものである。フーコーが、これまで見えなかったものをどのように「見た」(1)のか、『狂気の歴史』のテクストから考えてみよう。

フーコーは見えないものを見えるようにするために、『狂気の歴史』において、大きく分けて二つの分割線を引いている。医学の内部にとりこまれた狂気《フォリー》と、医学の手のとどかない狂気(これをフーコーは非狂気《ノン・フォリー》と呼ぶ)の間の分割線と、そして合理的に思考する理性《レゾン》と、その枠組みに入らない思考(これをフーコーは非理性《デ・レゾン》と呼ぶ)の間の分割線とである。(2)

医学は合理的な理性に依拠しているが、医学の手のとどかないところにある狂気には、理性という手段ではとうてい対処することができない。そしてこの狂気は、理性的な思考の枠組みには収まらない思考と結びついているのである。『狂気の歴史』が目指すのは、狂気の歴史と非理性の歴史が、その資格からして異なるものであることを示すことによって、理性が見ていると信じているものの背後にある〈見えないもの〉のありかを示すこと、そしてその背後の世界が理性の及ぶ世界よりもはるかに広いものであることを明らかにすることである。

この背後の世界を探検するためには、狂気の歴史を考察するだけでは足りないだろう。理性の及ばない領域は、たんに狂気の領域であるだけではなく、たとえば夢の領域があり、性的な禁忌の領域があるだろう。ビンスワンガーの『夢と実存』の序文で考察されたように、夢はその人の実存がもっとも顕わになる領域であり、「みずから真理について[3]」問いかけるべき舞台でありながら、つねに理性と対立するものとして扱われてきた。夢の中では誰もが無意識の力に動かされているのであり、理性は眠り込んでいる。それだけに理性は夢を「現前の光」のもとに断罪し、たんなる夢幻現象として嘲笑する[4]。

あるいは性的な禁忌は、西洋の文明において、倒錯や近親姦の禁止として、「道徳の起源[5]」となってきたものである。性的な欲望を分割し、否定する線が、道徳の線と一致したものとされてきたのだった。狂気の歴史は、こうした夢や性的な禁忌（および倒錯）と深い関係にあり、フーコーは狂気の歴史についてのこの書物を、「こうした遠大な調査の最初のもの、しかもおそらくはもっとも容易なもの[6]」と位置づけているのである。

この書物がたんなる狂気の歴史ではなく、このような非理性の広大な領域の歴史を目指す最初の試みであることは、一九六一年にプロン社から出版されたときの最初のタイトルが雄弁に語っている。現在のタイトルは『狂気の歴史――古典主義時代における』であるが、当初のタイトルは『狂気と非理性――古典主義時代における狂気の歴史』だった[7]。この二つのタイトルが語ることは、狂気の歴史をたどることができるのは、古典主義時代あるいはそれ以降にすぎないこと、そして狂気を非狂気と分割する線が引かれるまでは、狂気そのものが成立していないために、ただ非理性の歴史しか考えることができないということである。非理性とは、「狂気がまだ分割それ自身と不可分な経験のまま、未分化の経験にとどまっている零度[8]」なのであり、その歴史は狂気の歴史とは違うものとして書かれる必要がある。この書物には狂気の歴史と非理性の歴史の「二つの歴史」[9]が描かれていると考えるべきなのである。

狂気の歴史の可能性

ということは、タイトルとは裏腹に、たとえば貨幣の歴史や風車の歴史を書くのと同じように、狂気の歴史をその起源から書き始めることはできないということである。すでに考察してきた一九五四年の『精神疾患とパーソナリティ』の第二部の第五章で、フーコーは精神疾患の原初的な形式として、憑依をとりあげ、まず古代のテクストにおいてその取扱いを考察していた。イエスがゲラサの人の憑依をサタンの行為とみなして、魔除けをする「マルコによる福音書」第五章のよく知られた部分を引用しながら、「キリスト教の思想はここに、神的なものと悪魔的なものの間に引き裂かれた人間の〈劇〉を見いだしていたのである」[10]と述べている。

この「劇」は人間の身体と精神の問題として演じられるものだが、中世においては憑依は身体の倒錯の表現と考えられ、魂は身体のなかで自由なままだとされていた。しかしルネサンスの時代にはこの関係が逆転して、憑依は精神に憑くのであり、神のつくった身体の自然の秩序はそのままで維持されていると考えられるようになる。狂気は精神の狂いだということになる。

これに対して近代の啓蒙の時代には、この劇がもう一度反転する、とフーコーは考える。狂気は人間の弱点であり、人間の本来の能力を奪われた状態だと考えるようになるわけだ。フランス革命において人間は自由な存在とされていたが、狂気は人間からこの自由を奪うものと判断され、狂者は自由な主体として取り扱われず、他者から管理される存在となる。すでに指摘したように、フーコーは「理論的には十九世紀には患者の人間性が全面的に承認されたが、事実としてはまさにこの時期に、患者は人間の世界から排除された。十九世紀には精神疾患の患者は、抽象的な人間性のうちに復帰する。しかしそれは具体的な社会から排除されることによってである(11)」と語っていた。

このようにフーコーは一九五四年の時点では、狂気の歴史は身体と精神のどちらに狂気の場を求めるかという「劇」として描けると考えていたわけである。しかし一九六一年の『狂気の歴史』の段階では、フーコーはこのような形で狂気の歴史を描くべきではないと考えるようになった。狂気の歴史を書くということは、狂気の「野生の状態」にさかのぼることを目指すものではなく、非理性のうちから特定の部分が狂気として分離され、とり除かれるにいたったある「決定」にさかのぼることを目指すものだと考えるようになったのである。フーコーはこの事情について次のように語っている。

狂気の歴史を書くということは、狂気の野生の状態そのものを復元することではない。これはけっしてできないからだ。そうではなく、狂気の歴史を書くということは、狂気を閉じ込めている歴史の総体について、構造的な研究を行なうことである。この歴史の総体とは、狂気についての観念、制度、法的な措置、警察的な措置、科学的な概念の全体で構成されるものだ。構造的な研究は、近づきえない原初の純粋な状態にさかのぼるのではなく、理性と狂気を結びつけると同時に分離する〈決定〉へとさかのぼらねばならない。構造的な研究は、意味《サンス》と無意味《アンサンセ》・非理性を対立させると同時に、その対立に意味を与える絶えざる交換、闇に隠された共通の根、起源となる〈決定〉を見いだそうとしなければならない。このようにすることで、歴史の時間にとっては異質なものでありながら、歴史の時間の外部では決して理解することのできない稲妻のような〈決定〉の姿を、理性の言語と時間の約束から、闇のなかの虫たちのつぶやきを分離したあの〈決定〉の姿を、ふたたび浮き上がらせることができるだろう[12]。

精神医学という学問への疑念

それは同時に、フーコーがそれまで従事してきた精神医学という学問にたいして、根本的な疑念をつきつけることでもある。かつては精神の医学の「メタ病理学的な前提」に疑いを抱きながらも、その学問そのものは自明の前提としていたフーコーが、いまやこの学の素性と起源そのものに批判的なまなざしを向けるようになったのである。

というのは、精神医学の狂気を「野生の状態において捉えようとする知覚[13]」は、すでに狂者を「城塞」に収容すべき存在として「決定」してしまった世界のまなざしであり、非理性の真の姿を捉えることができないだけでなく、反対にこの決定によって規定されているものだからである。精神医学という学問は、狂気を治療の対象として構成することができるものではない。「〔狂気を治療の対象として〕構成する力があるのは、狂気を分割する身ぶりのほうであって、その分割がひとたび成立し、戻った平穏のなかで築かれる〔精神医学という〕科学のほうではない[14]」からである。

フーコーは精神医学に決定的に背を向けたのである。その事情について、フーコーは『精神疾患とパーソナリティ』と同時代に執筆した論文で、「心理学の失格」の理由としてあげていることが示唆的である。フーコーはフランスでメルロ＝ポンティ的でない「真の心理学」と呼ばれている学問、すなわち精神医学には、重大な欠陥があると考える。第一に、それはすでに紹介したように「計量し、数値化し、計算する心理学[15]」であるが、人間の心をこのような数学的な方法で処理できると考えるところに、重大な誤謬が存在している。心理学という名称をもちながら、この計測的な学問は人間の心の内部にかかわることを拒むのである。心理学は心的な生に直面すると「障害にであう」のであり、こうした生にたいして絶対的な外部性を維持しようとする。そのため「心理学研究は必然的に、外部性、無関心なまなざし、参加しない観客などの神話[16]」に依拠せざるをえないのである。そして心の働きをあたかも「悪魔払い」でもするかのように、学問の対象から追放してしまうのである。

この姿勢のために心理学は、人間の内的な生から絶縁した閉じた構造をとらざるをえない。心理学が依拠するのは「心理測定とさまざまな試験」であるが、その測定や試験の有効性は、それが及ぼす効果という外的な基準によって定められるのではなく、「自己のうちから借りてくる基準[17]」に頼るしかなく、これは前もって決められているものなのである。これは科学というよりも、「呪術的な企て[18]」に近いものといわざるをえない、とフーコーは批判する。この呪術では患者も、その心のメカニズムも、苦悩も、まったく意味をもたないのである。病院での勤務で何よりもフーコーの心を惹きつけたのは患者だった。しかし心理学は、個別の患者そのものにはまったく無関心なのである。

フーコーは心理学がこのような姿勢を示すのは、心理学がみずからの誕生の場を否認しようとするからだと考えた。心理学がこうした実証的で技術的な性格をおびるようになったのは、実証的な科学となったからではなく、そのほんらいの対象である人間のもつ「否定性」、その無と不安と死を忘却したからだと考えたのである。すでにフーコーは死の夢という否定性のうちに、人間の実存のもっとも輝かしい現われを見いだしていた。心理学が人間の心という重要な課題にかかわる学であろうとするならば、心理学は「みずからに固有の空間を、人間の否定性のさまざまな次元のうちに見いださねばならない[19]」とフーコーは断言する。「心理学は冥界への回帰によってしか救われない[20]」のである。

第二節　狂気の批判性と悲劇性

中世における非理性

それでは近代の狂気と、学問としての心理学の可能性そのものを生みだし、「理性と狂気を結びつけると同時に分離する」この〈決定〉は、どのようにして可能となったのだろうか。そのことを考えるには、決定が下され、狂気が理性から切断される前の状態を調べる必要があるだろう。そしてそれについては、フーコーが語るミシェル・ド・モンテーニュの逸話が雄弁である。

『エセー』によるとモンテーニュは、ヨーロッパ旅行の途上で狂気の詩人タッソーを訪問したことがあり、そのおりに狂気について考察している。モンテーニュは、「狂気というものが、人間の精神のもっとも敏活な働きといかに密接に結びついている」[21]かに注目する。タッソーの偉大な作品は、狂気によってはじめて可能となったものではないか。狂気が詩人を人の理性の及ばぬ領域まで運ぶための手立てとなったのではないか、と考えるのである。

ここでモンテーニュは、狂気を理性を超えた力のように考えている。これは古代のギリシアの伝統をひきつぐものである。たとえばプラトンの『ファイドロス』では、狂気とは〈神懸かり〉のような状態であり、神が人間の意識を訪れたしるしと考えられていた。人間には理性で認識できないものを認識するための〈眼〉が植えつけられていて、理性を失った狂人においては、その〈眼〉の働きが純粋になるのである。フーコーが『夢と実存』の序文で、狂気と夢を二つの対称的な経験として描いたように、プラトンでも狂気は夢と同じように、神との間の特権的な通路だった。そしてモンテーニュにとっても、「狂気はその激しくひそかな力にほかならなかった」[22]のである。

非理性の三つの形象——愚者、道化、怪物

フーコーは、古典主義時代、すなわち啓蒙の世紀である十七世紀以前には、古代的な伝統をひきついで、狂気が二つの大きな特徴をそなえていたと考えている——悲劇的な伝統と、宇宙論的な伝統である。これらの伝統においては、狂気は理性と対立するものではなく、理性と別のものとしての非理性でありながら、理性を凌駕する力をもったものとして感受されていたのである。

フーコーは『狂気の歴史』の第一章において、近代から始まる狂気の歴史ではなく、それ以前のヨーロッパのこうした伝統のうちにある非理性の歴史を描きだしている。中世のほとんどすべての

期間をつうじて、人々の心を占めたのは「死」だった。「死を想え《メメント・モリ》」が中世の合い言葉であり、多数の絵画に描かれた死の舞踊は、中世の人々の妄執のあり方を示している。「十五世紀という時代におけるほど、人びとの心に死の思想が重くのしかかり、強烈な印象を与えつづけた時代はなかった。〈死を想え《メメント・モリ》〉の叫びが、生のあらゆる局面に、とぎれることになく、ひびきわたっていた」のだった[23]。

ところが中世の末期になると、死の思想よりも、非理性を象徴する具体的な人間の形象が注目されるようになる。人々の心のうちで大きな位置を占めるようになった第一の形象は、狂者と愚者だった。「十五世紀の後半期に入る前、もしくはその少し先までは、死の主題だけが支配的だった。人間の終末〈としての死〉、時代の終末は、ペストと宗教戦争という様相を呈していた」が、十五世紀末になると「大いなる不安が旋回し、狂気の嘲笑が死とそのきまじめさにとって代わる[24]」のである。

狂気はこの中世末期の時代にいたって、「ヨーロッパの文化の地平に、にわかに起こった一つの不安をそっくり象徴する[25]」ものとなった。狂者は、「威嚇と嘲笑、世界のもっている目が眩むほどの非理性、人間のちっぽけな愚かしさ[26]」などのさまざまな姿で現われ、人々を不安に駆り立てたのである。

また中世の絵画、演劇、彫刻などの分野で目をひくのは、「愚者の船」である。中世の末期から多数の文学や絵画に描かれたこの船は、都市や共同体から排除される狂者たちを満載して、あてどのない旅に出る。それまでは都市のうちで容認されていた狂者たちは、まとめて町から追いだされ、死ぬにまかされたのだった。

非理性の多様な姿を形象する第二の人物は、舞台に登場する道化である。シェイクスピアの『リア王』の道化が象徴するように、理性の不在を示すはずの道化は、「真理を保持する者として、舞台の中央に位置する」[27]のである。「道化は、理性的なところがなく間が抜けた自分の台詞によって、個人的には理性的な言葉を語り、それが喜劇的な調子で、喜劇を大団円に導く」[28]のだった。

非理性の第三の形象は、多数の教会堂に取りつけられた怪物たちである。このグロテスクな怪物たちは中世においては、欲望にとりつかれた人間の「霊魂が、いかにして動物のとりこになるか」[29]を示すものだった。罪悪に耽《ふけ》ると、人間が獣にひとしい姿に変身することを教えていたのだ。「ところが十五世紀になると、人間の狂気の画像である例のグロテスクな怪物の図柄は、数多くの誘惑のなかの特権的な形象の一つとなる」[30]。この図柄は、狂気が一つの誘惑であること、「自分の狂気の幻影のほうが、生身の人間の欲望をかきたてる現実よりもはるかに多くの魅力がある」[31]ことを告げているのである。

狂気の悲劇性

中世の末期に、絵画や造型などの分野で描かれた多数の狂気の画像の特徴は、人間というミクロコスモスを超えた巨大なマクロコスモスの力を人々につきつけたことにある。そして人間のうちに宇宙論的な規模での悲劇的なものがときおり姿を現わすことを印象づけるのである。「幻惑するさまざまな形態に近づいた宇宙的なひろがり」[32]の悲劇性が人々を魅惑した。人間の狂気は同時に、

「世界の悲劇的な狂気[33]」を象徴するものでもあったのである。

たとえば人間のもつ動物性が、人間の規模を超えた大きな力として描かれる。動物性は「その無秩序、その激怒、奇怪な途方もなさのもつその豊かさなどによって人間を呪縛する一方で、人間の心の中にある暗い怒り、不毛の狂気を暴く[34]」のである。

次に狂気は、人間の無知を、そして同時に人間を超えた神的な知のありかをかいま見せる。理性的な人間は自分の小さな理性で世界を断片的に把握することしかできない。しかし狂者は「難解で閉ざされた秘教的な知[35]」に直接にあずかっていて、「この知を完全無欠な球体としてすっかり所有する[36]」と思われていたのである。

このように狂気は人間の動物的な欲望を暴き(これが人間の真理だ)、人間の無知を暴き(人間は理性では真理に到達することができない)、それによって「大地の胎内に隠されていた」近寄りがたい真理に出会うのである。それは人間の真理であり、世界の真理である。「人間が勝手きままに自分の狂気をくりひろげるとき、彼は世界の暗い必然に出会う[37]」のであり、「いたるところで狂気は人間を魅了する[38]」のである。

狂気の批判的な性格

一方で文学、哲学、思想の分野では、狂気はさらに別の様相を示すものとして描かれる。絵画などの造形的な分野では、狂気のもつ宇宙論的な性格とその悲劇性が強調されたのにたいして、文学や思想の分野では、狂気がもつ批判的な性格が浮き彫りになる。狂気はここでは人間のさまざまな思い上がりを打ちのめすような力をそなえているために、人間のもつ知の空しさを暴く役割をはたす。

造型の世界とは異なった文字の世界では、狂気はその神的な知によって威厳を示すわけではなく、人間の認識の空しさを示すことによって、その威厳を示す。「狂気が認識の真理であるのは、認識のほうが取るに足らぬものとなっているから[39]」である。人間の学問は「経験という偉大な〈書物〉に訴えかけずに、誇りをかぶった書籍や無益な議論のなかに埋没している[40]」のである。人々が狂気に陥るのは、自分には十分な知があると思い込むからであり、狂気はこの愚かしい思い上がりにたいする罰である。

人間がこうした思い上がりに陥るのは、何よりも〈自惚れ〉が働くからにほかならない。エラスムスの痴愚神は、「この世のなかにいる人間の数だけ、わたしの肖像があるように思います[41]」と語ったが、人間の数だけの狂気があるのは、思い上がったすべての人間のうちに、狂気という道化がうずくまっていて、知があるという言葉を語りながら、自分の無知を暴露しているからである。「人間それぞれのなかにこそ狂気がある。というのは、人間は自分に寄せる愛着をとおして、そして自分にいだく幻想をとおして狂気を作りだすからである[42]」。

だから狂気が暴くのは人間の自惚れ《フィラウティア》であり、さまざまな人間に固有の悪徳であり、その多様な相にもかかわらず、悪徳が退屈なまでに単調であることである。「愚者の船」に乗せられた人々を描くブラントの『阿呆船』では、「あらゆる身分階級の人々のその痴呆、盲目、迷誤、愚鈍[43]」などの多数の悪徳が、狂気となってさまざまな様相を呈していることを描いている。「狂気の経験は十五世紀には、とくに道徳的な風刺の傾向をおびる」[44]のである。

美術という形象の世界では、狂気の宇宙論的で「悲劇的な」傾向が顕著だとすると、文学や思想という文字の世界では道徳的な省察という「批判的な」傾向が支配的になる。「宇宙的なヴィジョンをもつ形象と道徳的な省察の動き、悲劇的な要素と批判的な要素、この二つの要素は今後はさらに離れてゆき、狂気の深い統一のなかに、大きな深淵を穿つ」ことになる。[45]

中世とルネサンスの後は、この狂気にたいする批判的な意識がさらに顕著になる一方で、悲劇的な要素は宇宙論的なヴィジョンとともに、「暗闇のなかに没して」[46]ゆく運命にある。この批判的な意識は啓蒙や理性に覆われてゆくからである。この非理性の歴史において、古典主義時代の理性によって完全に隠蔽されたこの宇宙的で悲劇的な要素は、それでも失われたわけではなく、理性にたいする信頼が喪失された現代になって初めて蘇ることになる。それを告げているのが「槌を取り落とした」ニーチェと、「太陽を軸とする世界の大なる狂気」[47]を宣告するかのようなアルトーの作品である。

悲劇的なものの衝撃

地下にもぐったこの水脈の悲劇的な姿を描くこと、それこそがこの『狂気の歴史』のもう一つの目標である。フーコーは研究の途上においてこの悲劇的なものに出会ったときの衝撃を、決して忘れることはないだろう。後の著作において、この水脈に連なる文書の研究が間歇的になんども姿を現わすのは、その衝撃の強さを示すものである。たとえば家族を殺害して精神の異常を疑われたピエール・リヴィエールの手記『わたし、ピエール・リヴィエールは……』（一九七三年）におけるフーコーの解説、『監獄の誕生』（一九七五年）において紹介された犯罪者たちのさまざまな文書、乱心などを理由に封印状によって監禁された人々についての記録を紹介した強烈な文章「汚辱に塗《まみ》れた人々」（一九七六年）、そしてある両性具有者アレクシナ・Bが自殺する前に残した手記についての印象的な文章「神秘なる両性具有者」（一九七八年）などがその一例としてあげられるだろう。

この衝撃については、フーコーが「汚辱に塗れた人々」のなかで、次のように回顧している。「ずいぶん前のことになるが、ある本のために（もちろん『狂気の歴史』のことだ）、似たような古文書を利用したことがあった。こうした古文書を引用したのは、もはや燃え尽きて灰になってしまったこうした微細な生に出会ったときに感じた（そして今なお感じつづけている）あの震えのためだと思う。わたしはそれを書き留めて固定したいくつかの文章のうちで、この生に出会ったのだった[48]」。フーコーは滑らかな言葉の下に感じとられる「生の剰余、暗い妄執と悪辣さの混じりあい、敗北と執拗さ」に感動し、「心の琴線を揺さぶられたことを告白[49]」している。

いまなお強いきらめきを発しながらぼくたちの心を撃つ力のあるフーコーのこれらの文章は、そしてフーコーが出版したことによって初めて読めるようになったこれらの悲劇的な文章は、〈狂気の歴史〉とは別の〈非理性の歴史〉の水脈がときおり露頭したものにほかならない。ある論者が指摘しているように、これらの古文書が「与えた直接的で、激しく、情緒的な印象が、フーコーを離れることはなかった[50]」のであり、これはフーコーのその後の思想活動の重要な源泉となったのである。

第三節　古典主義の時代の狂気

デカルトにおける切断

この中世の伝統は、ルネサンスにおいてもひっそりと受けつがれている。シェイクスピアやセルバンテスの作品ではまだ狂気は死と深い結びつきをそなえている。マクベス夫人は狂気に陥って初めてダンカン王殺害の真実を語るようになるが、そのときもやは死は避けられないものとして近づいている。オフェリアが錯乱の歌をうたうとき、それはもはや死のときである。

しかし古典主義の時代の理性と啓蒙の光は、かたときだけにせよ、この「狂気が凝視した夜、そこから不可能なものの諸形態が生まれでた夜[51]」を消してしまった。もはや「狂気は、世界と人間が果てる境にある終末論の一つの形態ではなくなって[52]」しまったのである。これを象徴するのが、モンテーニュからわずか半世紀あとのデカルトである。フーコーは、デカルトでは狂気についての考え方がまったく異なっていることに注目する。『エセー』の最初の部分が発表されたのは一五八〇年、『方法序説』の出版は一六三〇年である。この間に、哲学者の思想方法において、いったい何が起きたのだろうか。まずデカルトのテクストで調べてみよう。

デカルトは哲学は絶対に確実なものに依拠しなければ、砂上の楼閣のようなものになると考えていた。スコラ哲学のような思考方法では、ほんとうの哲学はありえないと信じたのである。そしてその確実なものを見つけだすために、確実ではないものを取り去ろうとする。これが方法的な懐疑である。

『方法序説』で素描され、『省察』で詳しく描かれたこの方法的な懐疑の道程において、デカルトはみずからを確実なものと考えている理性にとって、いくつかの〈罠〉があることを暴きだす——感覚と狂気と夢である。これらはどれも、さまざまなみせかけのもとで、理性を迷わせる可能性があるのである。

デカルトはまず、感覚は真理の基準ではありえないことを指摘する。人間にとって、感覚がなければいかなるものも認識できないという意味では、感覚はたしかなもののように見えるが、「感覚はしかし、ときおりは欺く」(53)のである。たとえば遠くから眺めると丸く見えた塔も、近づいてみると四角だったことがわかる。どうして丸く見えたのか、不思議に思えるほどである。一度でも欺いたことのあるものは、信用するにたらないとデカルトは考える。

しかしデカルトは同時に、その時点での感覚そのものは、疑うことができないことを指摘する。丸く見えた塔はほんとうは四角いのだとしても、この丸い塔という感覚は、偽りではない。丸く見えるというのが、正しいわけだ。これを否定してしまうと、何ものも確実とはいえなくなる。そこでこの懐疑の段階では感覚によって知覚した内容は疑いうるものだが、現実の直接的な経験だけは疑えないものとして残されることになる。

次の段階で狂気の問題が検討される。もしもこのありありとした現実の経験を疑うとしたら、それは狂人の仲間入りをすることだ、とデカルトは考える。わたしのこの確実な感覚からは、「今わたしがここにいること、炉辺に坐っていること、冬着を身につけていること、この紙を手にしていること[54]」は確実なことに思える。しかしここではデカルトは一瞬だけ、自分が狂っているのではないか、確実だと信じているだけではないかと疑ってみる。狂者が「赤貧の身でいるその時に自分は国王であるとか、素裸でいるその時に紫衣をまとっているとか、粘土製の頭をもっているとか、全身これ南瓜であるとか、ガラスでできているとか[55]」言い張っているのと同じではないだろうか。

こうしてデカルトは、最初の段階で確保された「現在のありありとした経験」の直接的な確実さすら疑ってみせる。しかしここで注目すべき点は、この段階で行なわれる懐疑の目的は、他の段階の懐疑とは異なり、ある確実なものを確保するために行なわれるのではなく、懐疑する主体の妥当性そのものを確保するために行なわれるということである。

狂気とは、懐疑そのものを不可能にしてしまうものであり、懐疑の意味を失わせてしまうものである。自分が国王であると思い込む主体にとっては、人間一般にとっての真理と虚偽を区別する基準を確定するための〈懐疑〉の意味がなくなるからだ。だからこの懐疑の役割は、懐疑の可能性の否定の根拠を取り除くだけであり、疑いえないものとして残されているのは、相変わらず「直接的な経験」である。だからこの段階の懐疑は、確実なものだけを取りだすという作業において、他の懐疑とは異なる性格のものなのだ。フーコーはこの懐疑の特殊性に注目する。

ただ、デカルトはすぐに第三の段階に進むので、フーコーの注目したこの特殊性を考える前に、次の「夢」の懐疑の段階を検討しておこう。ここでは夢の可能性に基づく懐疑が行なわれる。有名な荘子の「胡蝶の夢」のように、ぼくたちは夢の中で懐疑をしているだけで、目が覚めてみれば、夢だったということになるかもしれない。するともっとも疑いえないはずの現在の直接的な経験の内容の確実性そのものが疑問になる。この段階の後で疑いえないものとして残されたのは、経験の形式そのものだけになる。

デカルトは、たとえぼくたちが夢を見ているとしても、夢の中にでてくる物体の本性、延長、大きさと数、場所と時間など、夢の材料と一般的な特性は疑いえないと考える。そこで、この形式性に依拠する数学という学問だけは、「わたしが目ざめていようとも、眠っていようとも[56]」、疑いえないものとして残されるわけである。二＋三＝五という算術の規則の展開の確実性と、四辺形が四つの辺をもつという定義そのものによる分析的な命題の確実性は疑いえない「透明な真理[57]」なのである。ぼくたちは夢の中でおつりをはらう時にも、正しい算数をするからだ。

ところでこれは『方法序説』では語られていないのだが、『省察』においてはデカルトは懐疑をさらに進めている。この第四の段階は「マラン・ジェニー」（悪霊）の段階で、ここでは神に相当する悪意をもつ霊の存在の可能性が提示される。デカルトは「真理の源泉たる最善の神ではなくて、ある悪意に満ちた、しかもこの上なく力能もあれば狡智にもたけた守護神が、その才智を傾けて私を欺こうと工面してかかっていると想定しよう[58]」と提案する。

ここで懐疑の対象となるのは、すべての普遍的な特性と真理である。ここでは算術の正しさそのものも懐疑にさらされる。するとすべてが疑いうるものとなったかのようである。しかしデカルトはそこで〈わたしは存在すると考える〉こと、懐疑しているわたしの存在自体を、最後まで疑いえないものとして確保する[59]。これがコギトである。そしてデカルトは自然的な理性ではなく、こうしたコギトの確実性だけから出発することで、確実な哲学が確立できると考える。

フーコーが注目するのは、この第二の「狂気」の段階の懐疑の特殊性である。この段階では、狂気が人間の懐疑の妥当性そのものを揺るがすものとして考えられているからである。フーコーはこう語っている――「思考を狂気から守るのは、真理のもつ恒久性ではなく、……狂人たることの不可能性である。狂気の不可能性は、思考の対象にとってではなく、思考の主体にとって本質的なのである[60]」。

デカルトの懐疑の本筋は、外的な感覚、夢、マラン・ジェニーという三つの段階で進んでいく。懐疑のそれぞれの段階のあとで、疑わしいものが排除され、確実なものだけが残る。最初の外的な感覚の懐疑のあとで残されたのは、現在のこの感覚の内容の確実性である。夢の懐疑のあとでは、自然的な理性の形式的な確実性だけが残される。マラン・ジェニーの懐疑のあとでは、神の善意だけが確実なものとして残される。そしてここから逆転して、デカルトは順次、前の段階で不確実なものとして残されたものを、確実なものと認定することになる。

狂気はこの懐疑の道筋の本道ではない。デカルトの懐疑において狂気という想定がはたしているのは、懐疑を一歩ずつ進めることではなく、懐疑を行なう可能性そのもの、懐疑を行なう主体の資格を確実なものとすることである。デカルトがここで考えたのは、懐疑する主体であれば、それは理性的に思考する主体であり、その主体が狂気であることはありえないということだった。ここで注目したいのはデカルトは、思考する主体が狂気であることは、理性的な懐疑の営みの性格そのものからしてまったく想定することもできない、と考えていることである。

狂気の想定はまったく相手にするにも足らぬこと、反論にも値しないことと考えているのであって、そのためにデカルトは狂気の可能性を否定すらしない。「気ちがいと思われてしまうだろう」と書いた直後に、「まさに、そのとおり、ではあるが[61]」と言って、デカルトは夢の考察に移ってしまう。狂気の可能性は一瞬だけ現われたかと思うと、明確に否定されることもなく、すばやくかき消されてしまう。デカルトは狂気などは考察するにすら値しないものとして無視するのだ。それはデカルトが当時の読者たちにも、そのことが自明であり、暗黙の合意であると考えていたことを示すものである[62]。

これはモンテーニュとは対照的だ。〈わたしは何を知っているか〉という疑問形でしか知について表現できないと考えた〈懐疑の人〉モンテーニュは、『エセー』の「われわれの能力で真偽をはかるのは愚かである」という文章で、信じられないようなことを頭から否定することの愚かしさを説いている。モンテーニュは、人間の認識や信念のどれほど多くが、理性ではなく習慣によってつくられているかを指摘しながら、信じられないことに直面しても、それをありえないことと決めつけてはならないと戒める。それは人間の理性の「可能性の限界を知っていると自負する向こう見ずな思い上がりだからである[63]」。

この宗教戦争時代の懐疑の達人は、とても信じられないような宗教上の奇蹟の物語も、一概に排除すべきではないと諭《さと》しながら、「なぜわれわれは思い出さないのか、われわれの判断のなかにさえいかに多くの矛盾を感じるかを[64]」と語っていた。ルネサンスの頃までは狂気は、宇宙論的な性格をそなえていて、神的な知への通路という性格を失っていなかったのである。狂気が人間の推論的な思考の制約を一挙に乗り越えて、神的なものに近づく可能性が認識されていたからである。

しかし近代のある時期に、狂気は思考の可能性そのものの対極として考えられるようになる。デカルトは『省察』において、理性と狂気の対立をごく当然のものとして、ほとんど自明のこととして考えている。この自明さの雰囲気は、デカルトという哲学者、あるいは哲学的な思考という枠を超えて、大きな変動があったことを思わせる。いわば時代の空気そのものが、ルネサンスの頃とは違ってきたのである。狂気を「理性の他者」においやるという暗黙の合意は、時代の空気のなかで、人々の心のうちで、習慣的な思考のうちで、ごく当然なものとして考えられ始めたに違いない。フーコーが注目するのは、たんにモンテーニュからデカルトにいたる哲学的な思考の道筋の変化だけではなく、人々の感性と思考のうちに、この変化をもたらしたものなのである。

大いなる閉じ込め

この時代の空気の転換を象徴するのが、大いなる閉じ込めという出来事である。ブランショのちょっと大袈裟な表現をかりると、「ほとんど同じ時刻に」[65]、突然のように人々は狂者、自由思想家《リベルタン》、無神論者、神を冒瀆する者、夫とセックスをすることを拒む女性など、「理性的」でないと感じられる人々を、それまで癩病の患者を閉じ込めていた施設に収容する。実にパリの市民の百分の一にあたる六千人の市民が、この施設の内部に設立された一般施療院に収容された。これは国王の命令によるものだったが、市民の感受性に何か変化が生じていないかぎり、このようなことは考えにくいだろう。

フーコーはこう述べている。「ごく隠密に、おそらく長い時間をかけて、ヨーロッパ文化に共通の社会的な感性が形成されたに違いない。そしてこの感性が十七世紀の後半に、突如として表面に浮かび上がってきたのだ」[66]。この社会の感性が、この監禁施設に収容すべき人々のカテゴリーを指定し、このカテゴリーにあてはまる人たちを実際に監禁したわけである。

これが、権力の外的な強制だけではなく、市民の側からのイニシアティヴで行なわれていたことは、この種の施設が市民側の主導ですでに建設されていたことからも明らかだろう。一六七六年にフランスのすべての都市に一般施療院を建設する命令が国王から発布されているが、王が命令する前から、リヨンにはすでに一六一二年から、トゥールには一六五六年からこの種の施設が存在していた[67]。

これが西洋の社会の全般的な時代的な転換を示すものであることは、こうした施設が建設されたのがフランスだけではないことからも明らかだろう。バーゼルには一六六七年に、ブレスラウには一六六八年に、フランクフルトには一六六四年に、ケーニヒスベルクには一六九一年に、この種の監禁施設が建設されている[68]。ヨーロッパの各地で突然のように、監禁施設の必要性が認識されるようになったかのようである。

イギリスではもっと早い時期から登場していたが、とくにこの時期に、こうした施設が監禁だけをするのではなく、貧民の労役場として経済的に運営されるようになっていたことが注目される。後の救貧法につながる感性がイギリスでは顕著なのである。一六七〇年にはチャールズ二世の命令で労役場《ワークハウス》の設置に関する規定が定められている。一六九七年にはブリストルに最初の労役場が設置され、法人組織として運営された。そして労役所が「施療院に変わってしまわないように、伝染病の患者を厳しく排除することが勧告された」[69]のだった。

これらの施設は「施療院《オピタル》」と名づけられていたが、近代的な意味での病院《オピタル》ではなく、まして狂者だけを収容するものではなく、労働の規律に反するすべての人々が閉じ込められていたことはよく知られている。十八世紀末にヨーロッパの各地の監獄を回って巡察したハワードは、「監獄によっては精神薄弱者や精神病患者をも収監している」ことを嘆いているほどだ[70]。

そしてこの大いなる閉じ込めが権力の強制としてではなく、西洋の社会の時代的な感性の変動を示すものであることは、この時代に起きたもう一つの変動からも明らかだろう。この時期に西洋の社会ではどこでも、街路を照明するようになる。興味深いのは、それが規律に反する人々を監禁する施設が建設されたのとほぼ同時期に、同じようにヨーロッパのさまざまな国々で行なわれたことだ。

ヨハン・ベックマンの『西洋事物起源』によると、パリでは街路照明が本格的に始まるのが一六六七年。そして一六七一年からは、十月から三月までは「月夜であっても、ランタンが点灯される」ように命令された[71]。ロンドンでは一六六八年に、市民は街路を照明するために、全住民は決まった時間にランタンを吊るすことが命じられた。アムステルダムでも一六六九年にはそれまでの松明《たいまつ》による篝火《かがりび》が禁止され、ランタンで街路が照明されるようになる。ハーグでは一六七八年にすべての街路にランプが装備される。コペンハーゲンでは一六八一年に初めてランプの照明が採用され、一六七九年にはベルリンの住民は、三軒に一軒が順番にランタンをともすように命じられている。

このように、一六六〇年代の後半に、ほとんど同時にヨーロッパの街々に照明が採用されたわけである。そして監禁の場合と同じように、ここで注目されるのは、照明が権力による治安維持の手段であると同時に、パリの例のように、夜間の犯罪を防ぐために市民が自発的に寄付を申し出るという例があることである。照明は王たちが臣民を支配するために必要とするものであると同時に、人々の生活のために、夜間の通行の安全のために必要とされたのである。

　このようにヨーロッパの街路があかあかと照明され、「いかがわしい人物」が一斉に施設に収容されたことは、この時代の社会の感性の大きな変化を告げるものだろう。国王だけでなく、都市の住民が、それまでのような闇のなかでの犯罪の横行や、労働しない人々の存在を許さないという姿勢を示し始めたわけである。近代の啓蒙の時代が近づいているのである。デカルトは狂気をまったく理性に反するものであると暗黙的にみなしたが、こうした暗黙的な前提は、こうした時代の空気のなかで生まれたものだろう。

　こうして、西洋の社会におけるこうした変動を背景に、デカルトの哲学が近代哲学の端緒を示すわけだが、これは哲学においていくつかの重要な帰結を生むことになる。一つは理性と〈理性の他者〉との間に分割線が引かれ、人間の理性だけが信じうるものとなったことである。そしてデカルトが考えたように、身体は精神とはまったく別の実体、さまざまな事物で占められる延長という実体の領域に閉じ込められた。そしてコギトの確実性のもとで、精神の営みだけが人間の人間らしさを保証するものとなる。主体と客体、精神と身体などの近代哲学のさまざまな二元論はここに根差している。これは現代にいたるまで、大きな難問を引き起こすことになる。身体を精神とは別の次元で考えようとすることは、たとえば医学においても重要な帰結をもたらすからだ。

狂気と道徳

もうひとつ考えておきたいのは、この大いなる閉じ込めをもたらした時代的な感性がもっていた道徳的な色彩である。フーコーは『狂気の歴史』のなかで、狂者がいかに道徳的な対象として取り扱われたかを描きだしている。そして狂気がこれまでのように、悲劇的な体験や、宇宙論的な体験として取り上げられるのではなく、道徳的な罪と結びつけられるようになるためには、思想のうちでの大きな変革が前提とされていた――労働についての考え方が変わらねばならなかったのである。

これまで述べてきた時代の感受性の変化は、この労働観における底深い変動と切り離して考えることはできないだろう。すでにマックス・ウェーバーが『プロテスタンティズムの倫理と資本主義の精神』において、宗教改革にともなって、労働についての考え方がいかに変動したかを詳しく検討している。ウェーバーは、新たに誕生しつつある資本主義の社会では、遊戯が罪悪とみなされ、労働が倫理的な意味をもってきたことを明らかにしていた。資本主義の社会では、労働が自己目的となり、労働そのものに倫理的な価値が与えられたのである。

中世では労働は重要ではあったが、それは個人の生存のため、そして社会の存続のためであり、それが目的そのものとされることはなかった。トマス・アクィナスは社会にさまざまな職業があるのは、それぞれの個人の性質の違いであり、それは神の摂理によって定められたものだと考えていた。労働する人はその素質によって労働するのであり、労働そのものに重要性はない。

しかしこの初期の資本主義社会にあっては、労働そのものに価値が見いだされるようになる。ウエーバーはこう語っている。「それだけでなく労働は、神が定めた生活における自己目的となった。パウロの『働かざるもの、食うべからず』という言葉は、無条件にすべての人に妥当する。労働意欲の欠如は、神の恩寵をうけることのできる地位を喪失していることを示すのである」[72]。ウェーバーが指摘しているように、中世の禁欲という倫理に対して、資本主義の精神は労働という倫理を発見したのである[73]。

ここで注目されるのは、狂気を治療すると称する医学が、この道徳との結びつきを強めていることである。医学は道徳といわば「共犯」の関係にある。西洋社会において新たに形成された狂気に対する感性においては、狂気は性病と同じ種類のもの、なんらかの〈罪〉を犯したものと考えられていた（別の文脈においてではあるが、フーコーはフロイトの精神分析において、「あらゆる狂気は何らかの性愛障害に根拠がある」[74]と考えるようになったのは、この西洋の感性と無縁ではないと考えている）。

このために狂気を〈治療〉するという医学的な行為には、ある意味においてその罪を〈罰する〉という道徳的な行為が含まれていたのである。そして狂気が罪であるとすると、人間が罪を犯すのは肉体によってであるから、治療においても肉体を罰すべきだということになる。治療とは、患者の身体を罰する行為であり、瀉血、下剤、頭上からかけるシャワー、強制労働など、過酷なまでに患者である犯罪者の肉体を責めることにほかならない。

そして狂気そのものも、道徳的な要素から定義される。アンシャン・レジームのフランスにおいては、ある人間が狂人であると判断し、権力に監禁を要求するのは家族であった。家族の道徳にふさわしくないと判断された人間は、たちまち狂人と分類され、監禁され、身体を責め苛まれることになる。狂気を定義するのは、家族制度であった。

フーコーは印象的な例を取り上げている。十八世紀初めのこと、十六歳の妻が夫と同衾することを拒んで、こう申し立てたのである――「わたしは夫を愛しません。それを命じる法律はないのです。だれもが自分の身体と心を自由にする権利をもっているのですし、心を与えずに身体だけを与えるのは一種の罪です」[75]。当時の社会にあっては論理的すぎ、家族のモラルに公然と反抗したこの女性は、狂人と判断されて監禁されるのである。

同じように、性病、同性愛、放蕩などの形で性の自由を表明していた人々は、家族や社会から狂人と見なされ、監禁されることになる。これは一つの道徳的な革命であり、フーコーは現代の精神病理学も、「狂気にかんするわれわれの科学的で医学的な認識も、非理性の倫理的な経験が過去にもっていた仕組みをひそかな根拠としている」[76]と指摘している。この道徳的な感性のもとで、理性と理性でないもの、理性と狂気の分割の線が引かれたのであり、デカルトの暗黙的な身ぶりは、それを写しだしたものにほかならないのである。

これからは、放蕩者、リベルタン、浪費癖のある父親、神を冒瀆する者、親不孝者、娼婦、自殺志願者、錬金術師、無宗教者などが、「気違い」「低能者」「気のふれた者」などとともに、非理性のカテゴリーに分類され、監禁されることになろう。そしてある人間を監禁するかどうかを決定するのは医師ではない。

マルキ・ド・サドの生涯が明らかにしているように、古典主義時代のフランスでは、家族が国王に提出した封印状によって、人々が監禁されていた。監禁されるのは、家族の事情によってであり、医学的な理由からではない。そこでは医師の診断はほとんど考慮にいれられていないのである。ここには、現代の禁治産と類似した要素がある。家族と司法権力の問題である禁治産に医師の診断書が必要とされないように、古典主義時代のフランスにおいて、ある人を監禁するには家族の申請だけで十分だったのである。

このようにして監禁された〈非理性〉の人々は、秘密扱いにされた。そもそも〈家族の名誉〉を守るために、これらの人々は監禁されたからである。しかしこの非理性のカテゴリーに混同された〈本物の〉狂者は特別な扱いをうける。見世物にされたのである。フランスでは革命までは、ビセートルの施療院に遠出して重症の狂者を見物することが、パリ市民の日曜の気晴らしだったという(77)。狂者は、格子の向こうで、理性の好奇のまなざしにさらされることになる。「狂気は、見られるべき物となった。もはや自己自身の奥底に潜む怪物ではない。奇妙なメカニズムをそなえた動物であり、ずっと前から人間性が消滅している動物性である(78)」。

市民たちが狂人を平気な顔で見物することができたのは、狂人がもはや人間ではなく、一種の「動物」だからである。独房の壁に縛りつけられているのは、正気を失った人間ではなく、自然の凶暴さに悩まされている動物だからである。そして狂人が凶暴な動物であるなら、狂人は病人ではないことになる。古典主義時代においては、狂人の治療は真剣に考えられなかった。病を治療することではなく、野獣を飼い馴らすように、調教し、愚鈍化するべきだと考えられていたのである。動物の次元にある狂者においては、いかなる道徳性も問題とならない。当時の「非理性」というカテゴリーには二種類の対照的な人々が含まれていた。道徳的な秩序から排除された有罪者と、動物的な次元に存在し、いかなる〈罪〉ともかかわりのない狂者である。道徳に反するとみなされた人間存在と、道徳的には罪のない動物的な存在である。片方は施設のうちに監禁され、労働させられ、罰せられる。もう片方は見世物にされ、野獣のように飼い慣らされるのである。

これはこの時代の狂気の大きな逆説ともいうべきものだろう。狂気とは理性の他者である。しかし狂気は理性との関係においてしか存在しえない。狂気が存在するのは、理性にとってだけである。狂気はいわば理性の手前にある。理性にとっては純粋な否定性であり、明白な理性の不在だからである。

しかし同時に狂気は理性と同じ平面にある。狂気における理性の不在が認識されるのは、理性的なものの構造においてだからである。狂気は、見世物として存在しながら、しかし理性にとっては不在であるものである。理性にとっては否定性でありながら、しかも理性を行使しうる人間にとっては、固有の秩序があり、論理的なものとして現われることができるものである。「狂気とは、理性の否定である。それでいて狂気がみずから語ることができるのは、理性においてだけである。要するに、狂気が非理性であるということ、そのことにおいて狂気に対する理性的な把握がつねに可能であり、必然になる」のである。(79)

第四節　狂気の新しい分類

医学と道徳の「同じ夢」

この狂気と道徳の結びつきのなかから、近代的な心理学と精神医学が誕生してくる。そのためにはある条件が必要であった。「大いなる閉じ込め」から「大いなる不安」の時代への転換である。資本主義社会の誕生期の十七世紀半ばには、理性的でない「非理性」の人々はすべて同じ施設に収容された。

そのためには、すでに述べたように、中世において癩病の患者が収容された施設が転用されることが多かった。ただしこれには異論もあり、[80]フーコー自身が指摘しているように、癩病の患者は共同体の外部に追放されるのが原則であったが、「大いなる閉じ込め」は共同体の内部での監禁だったことに大きな違いがあった。

問題は、「非理性」の者たちを監禁することを目的とした施設が、その内部に危険な病を抱えるものとして知覚されるようになってきたことである。[81]施設の内部で危険な熱病が流行しているという噂が流れる。かつての癩病が姿をかえて、非理性の人々を襲っているかのようである。「新たに収容された人々は、あたかも癩病に感染したようにみえた」のだった。[82]

ただし、この「病」は厳密な医学的な思考において〈疾患〉とされたわけではなく、〈病気に近いもの〉[83]とみなされたのである。非理性は「身体の病でもあり、精神の病でもある」幻想的な病魔に、[84]「見える癩病」[85]になった。そしてここで医者が登場する。治療する役割をはたす者としてではなく、非理性の者たちを公的な空間から排除する者としてである。この大衆の不思議な恐怖心をきっかけとして、非理性は医学的な思考と対決するようになり、非理性が医学的な対象となるという

「進歩[86]」が達成されるのである。

医者（ホモ・メディコス）が監禁の世界に招かれたのは、罪と狂気を区別し、悪と病気を区別するための裁き手としてではなく、むしろ監禁施設の壁を通して漏れてくる正体不明の危険から、世間の人々を守るための守護者としてだった[87]。

そこで求められたのは監禁施設の廃止ではなく、監禁施設を改良することである。十八世紀半ばにフランス政府の命令で開始された改良運動が理想とした施設は、危険な汚染が外部に漏れ出ない施設であること、狂人を安全に見世物にできる施設であること、すなわち動物を収容する檻の本来の機能を果たす施設であることだった。狂人を見世物にするのは、「不道徳がもたらすさまざまな問題点[88]」を人々に見せつける道徳教育のためであったから、ここで医学と道徳が「同じ夢[89]」を見ることになる。

狂気についての新しい感受性

興味深いのは、この資本主義の初期の時代には、狂気にたいする特別な感性が研ぎ澄まされ、それが道徳だけではなく、社会のさまざまな側面に波及する「浸透力《フォルス・ペネトラン》」を、「環境《ミリュー》[90]」を持つようになると感じられていることである。いわば資本主義という社会には、狂気を育むに適した特別な「環境」が存在していると感じられるようになったのである。

まず資本主義の社会は、人間に自由を認める社会であるが、商業的な営みのうちで人間が恣意的な自由を認められるようになると、自由奔放な生活が助長され、それが狂気の原因となると考えられた。商業的な社会のもたらす自由は、「狂気の決定的な構成要素となる(91)」環境を提供するというのである。

また、宗教が伝統的な権威をそなえていたあいだは、宗教のもつ力が、「情念を抑止する環境(92)」をもたらしていた。また必要な場合には懲罰と制約を加えるという方法で、人間の狂気を防ぐことができた。しかし宗教の箍《たが》がゆるんでくると、良心の呵責に悩まされた人間は、宗教において「じかに狂気に達する(93)」ようになる。

最後に文明の発展は、学問研究を推進するが、それは人間を感覚的な世界から切り離す。そして観劇も想像力を解放し、感受性を狂わせる。これらのすべてが、狂気を促進すると考えられるようになる。近代の社会は、その内部において狂気の「種」を孕んでいるのである。社会が自己を生物のように、なにか危険なものを内蔵しているかのように感じ始める。もはや狂気はたんに檻の中に閉じ込められた動物を見物するようなものではなくなった。社会のうちで、「人間が、みずから知覚するものと時間と他者とのあいだで結ぶ関係が変化する〈環境〉のうちに、狂気が存在しうるようになる(94)」のである。狂気はもはや「自然の次元や失墜の次元には属さず、新しい次元に属する(95)」ものになる。

この当時の社会は、狂気という問題をみずからの社会と文明の歴史的な問題として意識するようになったわけである。フーコーは、狂気がかつてのような宇宙論的で悲劇的なものでもなく、動物性でもなく、社会のうちでの自分たちの生き方そのものから生まれるものであると感じられ、道徳的な側面をもつとともに医学的に治療されるべき〈疾患〉と感じられるようになるには、社会と文明のこのような自己認識の変化が必要だったと考える。

新しい自然

ここで興味深いのは、社会がみずからのうちに文明的な病の「種子」を孕んでいると考え始めるとともに、自然と野蛮にたいする見方が逆転することである。これは十八世紀の啓蒙の時代の重要なテーマとして登場する。近代の社会はもともとは、文明は自然から「進歩」してきたものだと考えていた。しかしこの時代に、文明は自然から「退廃」したものであるという見方が登場し、進歩という見方と拮抗し始める。

その代表となるのが、ルソーにおける自然の概念である。人間は純粋な自然の状態から堕落した存在であるというのが、ルソーの確信だった。文明とは自然からの堕落なのである。身体の病も精神の病も、この文明のもたらした「さまざまな種類の不摂生、あらゆる情念の手放しの発散、精神の消耗、無数の悲哀と苦痛」の産物であり、「魂はこれによって永遠に蝕まれる」[96]のである。

フンボルトは、「南アメリカの野生のインディアンのなかでは、精神錯乱者の例は」まったく聞かなかったと述べているが[97]、このルソー的なテーマによって、狂気は非理性から分離され、自然に対立する歴史的な性質をおびる。その極点がフランス革命である。革命とテロルが人々の精神にもたらした衝撃は非常に強いものであり、精神にそれがいかなる影響も及ぼさないことなどありえないと考えられた。精神科医のエスキロールは、「恐怖政治が原因となって狂気に陥りやすくなったのは、革命戦争の恐怖に長らく悩まされていた田舎の人々であった」と語っていた[98]。

この時代の西洋では、アメリカ大陸の発見と侵略の結果として、多数の〈野蛮人〉が西洋の社会に初めて紹介されていた。この〈野蛮人〉、「小さなカニバル」たちは、両義的な価値をおびて西洋文明の舞台に登場する。野蛮は文明にたいして劣ったものであると同時に、文明の病に犯されていない無垢な社会とみられるからである。ルソー、モンテスキュー、パスカル、ヴォルテールなどのさまざまな論者が、この野蛮の両義性の概念を展開するが、文明が「蝕まれた」ものであるという考え方は、近代の社会がみずからを「病める身体」として感じるようになったことの一つの帰結と言えるだろう。

そしてこの野蛮と文明の両義的な関係とともに、狂気における人間と動物の位置も逆転する。かつては動物は人間の反自然的な要素であった。狂者は人間性を喪失し、動物性を露呈した存在であり、そのために見世物になっていたのである。しかし今や、動物は狂気という文明的な病から解放された生き物であり、自然の幸福に属するものであるかのように考えられ始める。動物は狂気に陥らない。狂気になるのは人間だけであり、それは動物的な無媒介な生から逸脱することによってである。

そして人々が狂者を動物としてではなく、文明的な病として感じ、それが伝染性のものであるかのように感じ始めたときに、初めて狂気は医学的に処置すべきもの、科学的に研究すべきものと考えられるようになったのである。そしてこの知覚によって、狂者を監禁施設に閉じ込めておくのは

「人間的でない」という反応が生まれ始めた。「牢獄の中に精神錯乱者を収容しておいても恥とも思わなかった[99]」ことが「スキャンダル」になるのである。

狂気の分割

いわば狂気と文明についての新しい「知覚」が登場することが、精神医学の誕生の条件なのである。フーコーは、この新しい知覚のもとで、まず狂気に対する新しい分割が生みだされたことを指摘している。狂気が自然的な動物性の露呈ではなく、文明的な病として理解されるようになるとともに、狂者の新しい分類が導入される。それまでは、狂人の大きな分類として〈気違い《アンサンセ》〉と〈精神錯乱者《アリエネ》〉があった。これは厳密な分類ではなく、〈気違い《アンサンセ》〉とは妄想を抱く者であり、〈精神錯乱者《アリエネ》〉とは理性が欠如している者であった。デカルトのあげた例にも示されているように、〈気違い《アンサンセ》〉とは、自分が「ガラスでできている」かのような妄想をもつ者として考えられている。妄想者は、妄想につき動かされるが、精神錯乱者《アリエネ》はたんに理性の働きを感じることができない者であり、動物的な愚昧性を示すものであった。どちらかというと、白痴という概念に近いと理解することができよう。

しかし新たな知覚のもとでは、狂者を分類する基準は妄想が存在するかどうかではなく、理性がどれほど残存しているか、意味をどれほど理解できるかになる。この新しい基準によると、〈精神錯乱者《アリエネ》〉とは意味の幻に囚われている者であり、狂気のもっとも盲目的な力に悩まされている者である。これは社会で一般的に通用している論理を理解する能力を欠いた「きわめて恐ろしい」狂者である。これに対して〈気違い《アンサンセ》〉とは、まだ自分の見分けをつけることができる者であり、限定的な狂気である。〈気違い《アンサンセ》〉は完全な非理性ではなく、「邪道に落ちた理性、精神の個々の運動から永久に逸脱した理性」[100]を意味する。〈精神錯乱者《アリエネ》〉は完全な無意味の世界のなかに生きているが、〈気違い《アンサンセ》〉はまだ意味の世界のうちに生きている。ただその「意味が顛倒している」[101]だけなのである。

これまでは理性の外部に存在していた非理性という大きな塊《マッス》の内部に、理性が意味と無意味というあらたな分割線を入れたのである。そしてこれと同時に社会の内部にも、大きな切断が発生した。資本主義が本格的に発展してくるとともに、それまでは社会の外部と周辺だけに存在していた貧民の位置が逆転してくるのである。

十八世紀になって、いわば新しい社会・経済的な知覚が誕生し、これが監禁の意味を劇的に変動させることになる。重商主義的な経済においては、生産者でも消費者でもない貧民は監禁すべきものであった。放浪者である無為の貧民を社会から排除するには、監禁するしかなかったのである。

しかし工業が発展して多くの労働力が必要となると、貧民はいわば「国民」の仲間入りをするようになる。新しい経済学では、人口はそれ自体で富の構成要素となる。富は人間の労働と結びついているからである。すると働ける人々を監禁するのは重大な過ちであり、経済的な失敗となる。貧民は労働させるべきなのであり、労働市場から排除し、しかも慈善対策でこれを養うことは、二重のマイナスである。労働力を市場から引き上げ、資本を流通過程から引き上げるからである。

道理に適った唯一の解決策は、全人口を生産の循環のなかに位置づけ、労働力がもっとも不足している場所に人口を配置することだろう。そのためには、「社会的な空間から、あらゆる障害と制限を撤廃しなければならない[102]」。社会の内部の障害は、自由な労働を禁じている同業組合の存在であり、これを撤廃する必要がある。社会の外部の障害は、貧民を監禁して、社会の内部で生活することを禁じている監禁施設の存在である。これも撤廃する必要がある[103]。

狂者の「解放」

もちろんすべての監禁施設を撤廃するわけにはゆかない。重要なのは、ほんとうに監禁が必要な者だけを監禁するということである。監禁すべき者をその狂気の質によって、すなわち健康だが、非理性という理由で収容されている貧民と、精神の病のために監禁されている貧民とを、区別しなければならないのである。健康な貧民は労働市場に解放しなければならない。彼らは労働させて自力で自分を救済させねばならない。そして社会が救済するのは、〈病気の貧民〉だけに限定すべきである。しかし施療院は病気を治療するのに適した場所であろうか。施療院は病気を生みだす場所であり、病人は家庭で治療し、社会がこの治療に救済を施すべきではないだろうか。

　このように、監禁の空間を分割する大きな線が、監禁施設の内部と外部から描かれる。施設の内部からみると、狂人以外の非理性の人々は解放すべきである。狂気は施設の内部で〈狂気〉として知覚されるようになる。施設の外部からは、貧民を労働力として必要とする社会が、非理性の人々を狂気から明確に区別することを求めるのである。

　周知のように、ピネルはビセートルの精神病院で鎖に縛られていた狂人を「解放」した。これは有名な神話であり、ピネルの伝記でも輝かしい功績として描かれている[104]。しかしフランス革命以前に、狂者はすでに〈自由〉になっていたのである。フーコーは、ピネルの神話を脱神話化しながら、狂気が解放されたのは、「なんらかの形で人類愛が介入したためでも、狂気の〈真理〉が科学的かつ実証的に認知されたためでもない。経験のもっともひそかな構造のなかで営まれてきた緩慢な作業のおかげである[105]」ことを指摘する。

この解放のプロセスはほぼつぎのようなステップを経て実行された。まず人権という視点から、狂者と犯罪者を同じ施設に同じ方法で監禁することに対する批判が高まった。そのため監禁施設が非理性の人々の監禁の場でなくなり、狂者だけを収容するようになった。これが最初の分割線である。ここで狂者と非理性の他のカテゴリーの人々が分離される。

次に精神病者の疾患の重篤さに応じて、狂者そのものが分割される。その基準はすでに述べたように、理性の残存の程度、意味の存在の程度である。精神疾患者《アリエネ》には狂者《アンサンセ》とは別の治療と取扱いが必要なのである。

次に導入されたのは道徳性の観点であったが、これはそれ以前の監禁施設のイメージを持ち込んだものであった。ある理想的な監禁施設の夢想によると、すべての収容者は、その道徳性に基づいて分類し、それぞれ別の空間に監禁する必要がある。それだけではなく、それぞれ別の労働を割り当てる必要がある。情状を酌量された債務不履行者などは「日当たりのよく、穏やかな」場所に収容し、「公共の利益に役立つ仕事」を割り当てる。狂者《アンサンセ》や無神論者などの不道徳な者たちは、風あたりの強い場所に収容し、「不可欠だが、健康を損なう仕事[106]」を割り当てるのである。

ここで収容者の分類において、道徳と労働がそれぞれ密接に結びついていることは象徴的である。不道徳な者とみなされた場合には、重労働が課せられるが、このつらい労働は社会にとっては不可欠なものであり、「彼が追放されている社会の幸福に有益なものとなる[107]」のである。この労働には「二重の貨幣」が割り当てられていることも、当時の感性をうかがわせて興味深い。一つは、労働から社会にもたらす価値を反映した貨幣である。「収容者の労働は管理者にとっては販売価格となる[108]」。それは労働の産物を販売することができるからであり、不道徳な者に課せられる労働がつらければつらいほど、大きな価値を生むことになる。

もう一つの貨幣は労働がもたらす産物の代価である。収容者には「釈放を手にいれるための購入価格[109]」がつけられるのである。仕事ぶりが好ましい者は、高い評価を与えられて、釈放の可能性が高くなる。ただしこの価値は、道徳性の大きさと比例して計られる。不道徳な者には、いくらその産物の価値が多くても、釈放の価値は与えられない。釈放は道徳性が高いとみなされた者だけに認められる特権である。それだけではなく、どれほど「釈放貨幣」を溜めた者でも、「ミサの邪魔をしたり、無秩序な行動を示したり」すると、それが取り消されてしまうのである。「釈放は、〔労働の〕販売価値であるだけでなく、道徳価値でもあって、善行によっても獲得しなければならない[110]」のである。このようにして、労働と道徳的な行ないを蓄積することで、収容者は解放を手にするようになるのである。

もちろんこれは革命前後の時期におけるフランスの監禁施設における収容者の分類と労働についての夢想にすぎないし、「監禁の極端な神話[111]」である。しかし狂者が解放され、「治療」すべき対象として捉えるようになっていくためには、このような収容者の側での労働やふるまいの変化と、狂者にたいする社会のまなざしの変化が必要だったのである。

それを象徴的に示すのは、この新しい監禁の空間に狂人を監禁すべきかどうかを決定するのが、まだ医者ではないということだろう。狂人が施設に連れてこられた際に、その狂人を監禁するかどうかを決定するのは、医学的な診断書ではない。しばらくその狂人を施設に監禁しておいて観察し、この監禁の結果に基づいて、監禁すべきかどうかが決定されるのである。

この監禁施設においては、狂人はすべての周囲の要素から隔離され、中立で純粋なまなざしによって観察される。これからは、狂気は監禁において、その真理を顕わにするようになる。このまなざしは古典主義時代の見世物のまなざしとは異なる。古典主義時代においては、人々は狂人において人間の動物性と道徳的な教訓を読みとっていたのであり、これはいわば幻惑された視線であった。しかしこの新しいまなざしにさらされた狂気は、みずからの真理を明かす客体となった。狂気は客観性のさなかに失墜したのである。

非理性の経験においては、狂気はみずからの主体であったが、この新しい経験においては、狂気は自分から疎外された客体という地位に甘んじるようになる。そしていまや主体となったのは、ブルジョワ社会の自由な人間である。ブルジョワ社会の基本的な原理のおかげで、この私的であると同時に普遍的な市民の意識が「狂気の根本的な審判者」として、狂者を支配しているのである。[112] 狂者はこの市民社会の自由な人間にとって理解できる通貨を蓄積することで、治療されるべき病人としての地位を獲得し、解放の可能性を手にするのである。

第五節　心理学の誕生

狂気と法の新しい関係

この新しい市民の意識のもとで、狂気と法の関係が変質し始める。それをフーコーは初めて公開で陪審員による裁判が行なわれた情痴殺人事件を例にとって説明している。この裁判が行なわれたのは一七九二年のことであるが、この裁判のもつ意味を明らかにするため、フーコーはその十年前の一七八三年に行なわれた別の裁判と比較している。このわずか十年を隔てた裁判において、社会にとっての狂気の意味と心理学の位置の完全な変化が明らかになるのである。

まず一七八三年に行なわれた裁判では、ブルジョワという名前の男が、金を融通してくれなかった女性を殺害しようとした事件が裁かれた。この男が逮捕されると、男の家族は監禁か西インド諸島への追放を求め、そのための証拠調べを要請した。担当検事は家族の名誉を守るために、被告ブルジョワをそのまま監禁することを望んだ。アンシャン・レジームの封印状の感性がそのまま維持されているわけだ。しかし法務大臣に相当する地位である国璽尚書《こくじしょうしょ》のジョリー・ド・フルーリーは、正式な裁判を行なうことを命じた。そしてパリ最高裁判所での正式な裁判の結果、被告は狂気であると判断されて、ビセートルの監獄に送られ、「そこで他の気違いと同様に、監禁され、食物を支給され、治療を受け、医薬を与えられる」(113) ことが定められた。

このブルジョワという男はしばらく狂人収容区画にいたが、狂気の兆候を示さないので、仮病ではないかと疑われ、独房に移される。その後、狂人共同室に戻りたいと願いでると、乱暴な態度がみられなかったので、これが認められ、共同室で労働するようになる。ここで重要なのは、彼が狂気であるかどうかは、判決においては本質的な意味をもたないことである。

監獄においてこの男が狂気でないことが確認されても、裁判の妥当性そのものに疑問がさしはさまれることはない。たんにこの男の処遇が、狂人扱いから囚人扱いに変わるだけなのである。いずれにせよ、監禁されたままである。精神錯乱と犯罪には、内在的な関係は存在しないと考えられているのである。そして精神錯乱と刑罰の是非についても問題にされない。いずれも監獄に投獄して、社会から排除しておく存在にすぎないのである。

ところがフランス革命後の一七九二年の裁判では、まさにこの狂気と犯罪の内在的な関係が問題の核心となる。この裁判ではグラという名前の職人が、愛人の不貞の現場を押さえて、愛人を殺害した事件が裁かれた。情痴殺人事件が公開の場で、陪審員を前に弁護されたのは、フランスではこれが初めてであり、弁護士ベラールは犯罪と精神錯乱の関係を弁護方針の中心に据えた。「グラが未亡人ルフェーブルを殺害した瞬間においては、被告は心を奪うような情熱に支配されていたのであり、自分が何をしているかを認識し、理性によって導かれることは不可能であった。だから被告を死刑にすることはできない[114]」と弁護したのである。

弁護士はブルジョワ社会のモラルに依拠しながら、盗みのように社会の道徳に反する犯罪と、社会の道徳に抵触しない情熱の犯罪（情痴犯罪）を区別する必要があると訴える。そして情熱の犯罪は、「熱狂的な道徳[115]」に動かされて犯されるのであり、誰もが自分は無縁であると言い切ることはできないと陪審員に迫ったのだった。

ここで問題なのは、情痴犯罪が道徳的な罪であるかどうかではない。被告が情熱に駆られていて、理性的な判断を下せなかったかどうかが、有罪か無罪かを決める基準とされていることである。そして被告の心理状態を判断するのは、心理学的な考察である。被告が犯罪を犯す際に、いかに「嫉妬、頑固さ、忠実さ」に動かされていたが描きだされるのである。

結局、判決において陪審員たちは、弁護士が心理的なメカニズムを語るのを聞きながら、みずからもこうしたメカニズムとは無縁でないことに気づき、被告の罪を軽減した。心理学によって犯罪が「人間的」なものであることが示されるためには、被告は犯行の時点で理性を失っていたことを示す必要がある。一七八三年の裁判では、被告は理性を失っていたかどうかは問題とされなかった。しかし一七九二年の裁判では、被告は理性を失い、非理性に支配されていたとみなされる。そして非理性は人間のもっとも主観的で、内面的で、奥深いものとして、無理やりに客体化された。

狂気はかつては人間のうちの、眼を眩ませるような闇の存在を明かしていた。しかしいまや狂気は、人間のなかにおいてもっとも内面的であり、しかも人間のまなざしにもっともさらされたものとなり、「透明な大いなる構造[116]」となったのである。この透明さとは、狂気をもとにして人間の真理が明らかにされること、しかも人間が理論的には客体的な認識によって完全に透明でなければならないことを意味しているのである。これは人間の真の姿が認識されるのは、狂気においてであるということである。精神錯乱は、人間に関するあらゆる客観的な認識の中心に、ひそかな真理として据えられるのである。

人間の心の中で捉えられる狂気は、人間のなかのあるもっとも真実なものを表現するものとなる。狂気は人間のもっとも純粋な〈真理〉となったのである。これは心理学にとっては、逆説的な事態である。心理学が、人間の魂の〈真理〉を顕わにするとき、人間の理性の不在、責任能力の否定が顕わになるということだからである。「人間から真の人間にいたる道程は、狂気の人間を媒介とする」[117]のである。

しかし考えてもみよう。人間が理性によってみずからを支配することで自由になるというのが、啓蒙以来の西洋哲学の核心であった。しかし人間の〈真理〉が、理性の不在において顕わになるとしたら、人間はいったいどのような「理性的な動物」なのだろうか。そして社会を形成するのはどのような理性的な原理なのだろうか[118]。

フーコーはこの裁判の弁護と判決において、狂気と犯罪の間に明確な絆が確立されるようになったと考えている。これは「心理学が西洋の文化のなかで〈人間の真理〉となっていく操作プロセス[119]」のひとつなのである。この裁判をつうじて、犯罪の行為自体ではなく、それを犯した行為者の心理が、罪の性質と罰の大きさを決定すること、狂気には矯正可能な「よい狂気」と、道徳に反する「悪い狂気」があること、そして「よい狂気」から犯された犯罪には罰の軽減が可能であることが確立されたからである。

フーコーはすでに『精神疾患とパーソナリティ』で、狂気が心理学的な〈実体〉などではなく、文化的、社会的、歴史的な産物であることを指摘してきた。そして『狂気の歴史』では、狂気を認識するためには、ある道徳的な知覚をともなう「絶対的な主体」が要請されることを明らかにする。この「絶対的な主体」の場所に登場するのが、心理学者であり、精神科医である。

理性の他者

しかし奇妙なことにこの「絶対的な主体」の存在理由となるのは、狂者の存在だけである。理性は狂気によらなければ、みずからが理性であることを証明できない。ということは、理性は非理性によって、狂気によって定義されるということになる。西洋の理性は、みずからの基準によっては、みずからが理性的な存在であることを示せない。西洋近代の理性は、非理性をみずからの他者とすることで、自己を理性的な存在として確証するからである。

理性とは何か、それは非理性でないものである。これはトートロジーだ。そこで近代の理性は、狂者を理性的な思惟の外部に追放したデカルトの挙措にならって、理性とは狂気ではないものだと定義する。心理学の端緒がほとんどつねにこうした〈自己の他者〉の考察から始まるのは、意外なことではない。狂気は理性の他者であり、この他者によって理性が定義されるのである。

人間の人格の統一性とその多様性を考察する人格心理学は、人格の二重性の分析から始まる。人間の記憶のメカニズムを研究する記憶心理学は、記憶ではなく忘却を考察する健忘症の研究に依拠している。人間の言語の獲得の謎をめぐる言語心理学は、失語症の研究を手がかりとする。人間の知能についての心理学は、精神薄弱者の研究を基礎とする。人間の〈真理〉は、その「真理」と見なされたものが消滅するときに、初めて語りはじめ、「人間はみずからと異質なものとなったときに初めて姿を現わす」のである[120]。

この〈真実な存在〉を目的とする「心理学的な人間」〈ホモ・プシコロギクス〉は、〈頭の狂った〉人間の末裔である。心理学は人間の錯乱の言語しか語ることができない。フーコーは、狂気の歴史をたどりながら、実は心理学というものが誕生するための条件を描いてきたのである。狂気は心理学の一つの任意の対象ではなく、心理学の成立の条件そのものである。この心理学という学問は、十九世紀以来の西洋世界に固有の文化的な事象なのだ。狂気の歴史はある意味では心理学の誕生の歴史でもあった。『狂気の歴史』のタイトルを『狂気の歴史──心理学の考古学』と名づけてもよかったのである。

フーコーは、狂気を分析しながら、狂気が理性の他者として排除されたことで、狂気が心理学の可能性の条件となっていることを明らかにした。ある学問の可能性の条件となっているものは、その学問の内部では問うことができない。可能性の条件はいわば不可視のものとなるのである。

空間と時間は数学の可能性の条件である。幾何学の内部では、ある図形がひろがりをもてる根拠について問うことはできない。加算の際に生じているはずの時間的な経過について、代数学の内部で問題にすることもできない。同じように心理学にとっては、狂気が学問の可能性の条件となっている。心理学には、狂気そのものを「見る」ことはできないのである。だから心理学の内部からは、狂気のほんとうの意味を把握することはできないのだ。

異常なものは正常なものの鏡であり、正常な状態はこうした鏡なしには認識できないという逆説を、フーコーは「人間、その狂気、その真理──これらの三つの項からなる人間論[121]」と呼ぶ。いわばこの〈狂気の人間論〉においては、狂気こそが、人間の本質をその認識の客体として、外面的なものとしてありのままに示すのである。人間は狂気において、モノとなり、客体となり、外部となった自己の本質を認識する。

ヘーゲルの人間学

この〈狂気の人間論〉は、ヘーゲルの哲学のうちに表現されている。ヘーゲルは病とは何かと考えて、こう答える。動物を人間にするものだと。ヘーゲルの定義では、病とは有機体の一部の器官が全体を無視してでも自己を主張することによって発生するものである。「有機体が病気になるのは、その組織または器官の一つが、非有機的な力との闘争のなかで刺激され、そのため自己をあくまで自立したものとして堅持し、自己自身の特殊な活動に固執して、全体の活動に敵対する[122]」からである。

動物には人間のような精神が欠けている。動物の個体はそのために「自然の領域の内部に置かれている」のであり、動物のうちにも普遍性は存在するが、それは自然との統一をもたらすことができるような性質のものではない。この動物はまだ自然の「類」のうちのひとつの個体にすぎない。類と個を統合する手段がないのである。そのために動物のうちの普遍性は「否定的な威力であって、個体はこの威力から暴力をうけ、没落していく[123]」のである。だから動物はほんとうの意味では死ぬことはない。ただ不健康になって、「没落」するだけである。あるいは「生命は無過程的な習性へと堕落し、個体はみずからを殺す[124]」のである。

だから普遍性が存在しない、すなわち精神が存在しないということが、「動物の根源的な病[125]」なのである。真の意味での全体と一致することができないからである。そこで動物がほんとうの意味で「死ぬ」ことができるようになるためには、動物のうちに、この全体と一致することのできる力が生まれる必要がある。そのためには、「自然のうちにたんに自体的に存在しているにすぎなかった概念[126]」が具体的な普遍性へと、精神へと変化しなければならない。すなわち病気によって動物は自然のうちに自体的に存在するものであるのをやめて、精神をもつ人間になる必然性を認識することになる。

動物は病になることで、全体にたいする特殊意志の貫徹が危険なものであることを学ぶきっかけを与えられる。これを学んだ動物はもはや動物ではなく、人間と呼ばねばならない。個別的で特殊な意志という全体にたいする否定性としての病気をきっかけとして、動物はもっと高い次元へと進むようになるというわけだ。ここで病という否定性は、小さな否定性ではなく、動物の本質そのものを明らかにする大きな否定性の役割をはたすことになる。

興味深いのはヘーゲルの人間学では、精神をもった人間においては、動物において病がはたした役割を、犯罪がはたすということである。犯罪を犯すということは、個別的で特殊な意志をもって、自己の利益のために、国家において普遍的な法として定められた他者とのきまりに反するということである。犯罪においては他者の権利が侵害されるが、「侵害は否定されるべきものでしかない。侵害に積極的な意味を見いだすのは、犯罪者の特殊な意志だけである[127]」。この特殊な意志が否定されなければ、法は回復されない。

しかしヘーゲルはこの法の回復は、犯罪者にとっては自己の特殊な意志を否定して、普遍的な意志へと進むための重要な一歩になると考える。犯罪者もまた人間として「理性的な存在なのだから、彼の行為は一般性をもつ[128]」のであり、その行為が否定されることが、犯罪者にとっての利益である。だから犯罪者のうちで二つの自由が拮抗することになる。一つは特殊意志を貫いて自分の個別的な利益を追求しようとする自由であり、もう一つは、法のもとでの自由がふたたび確立されるように、「自分のうちにある法によって罰せられ、自身の法の支配下におかれる[129]」という法の自由である。このように人間は犯罪を犯すときに、自分の私的な自由を上回る普遍的な自由の存在を認識し、それにもとづいて、自己を処罰することを求めるようになる、とヘーゲルは考える。

いわば人間は否定性としての犯罪を犯すことによって、普遍的な自由を認識した真の意味での社会の一員になることを学ぶのである。そして私的な自由よりも高次にある普遍的な自由を行使することによって、自分の真理と精神というもののあり方を認識することになる。これがヘーゲルの人間学の根幹にある考え方だろう。

フーコーは心理学の根底にも、これと同じ人間学があると考えるわけだ。狂気は人間の本質を理解できるように顕わにする。そこから真の人間のあり方を把握する可能性が生まれた。心理学は、人間の真の姿を狂者においてみることで可能となった。しかしこの真の人間は、錯乱し、倒錯した形でしか、現われない。人間が自分の真理に直面できるのは、狂気という歪んだ鏡なのである。

ここで働いているのがヘーゲル的な弁証法であるのは明らかだろう。まず素朴な人間がいる。この人間は理性的な人間だと自分を思い込んでいる。しかしある異常に直面する。理性は病にかかるわけだ。そして病んだ理性のために誤った判断を下し、公的な利益よりも自分の私的な利益のほうが貴いと考えて、犯罪を犯す。犯罪の背後には理性の歪みという病が働いている。しかしヘーゲルが指摘したように、この病というものは、動物が人間になるために必要なものである。ヘーゲルの人間学の視点からみると、動物は身体に変調をきたす病気になることはあっても、精神の病である狂気には襲われない。それは動物には精神がないからである。人間だけが狂気になるという特権をもっている。

そして人間は自分が理性的な存在であるということを否定されて、真の人間の姿を認識するきっかけを与えられる。人間は自分の否定的な姿を基礎にして、そしてそのことだけによって、自分の真理を認識できるようになるわけだ。これは犯罪を犯すことで、人間が共同体の意味を認識できるようになるのと同じ構造である。

心理学という学問の限界

しかしそれにはある代償が必要となる。それは心理学が成立するためには、狂気をたんなる精神の疾患として扱う必要があるために、狂気の意味を考えることが不可能になるということだ。だから心理学は、狂者を子供として、罪人として、不道徳者として扱うことで初めて可能となる。心理学は、理性と非理性を分割する線によって狂者を解放し、自由を与えると言いながら、実際には狂者から自由を奪うことで、学として成立している。だから心理学は狂気を解明できないし、説明できない。狂気こそが心理学を説明するのである。

人間が「心理学の対象となしうる種」となったのは、狂気と人間の関係によって心理学が可能となった瞬間のことである。この瞬間から、狂気と人間の関係は、排除と処罰の外的な次元と、道徳性への帰属と有罪性という内的な次元によって定義されるようになった。狂気をこの二つの基本的な軸によって位置づけることによって、十九世紀初めの人間は狂気を把握することができるようになった。そしてこれによって初めて、一般的な心理学というものが可能になったのである。(130)

こうして理性は狂気を摘発し、みずからの他者として排除する。その排除の神経症的な身ぶりのうちに、理性は理性的であるということはどういうことかを考える手がかりを放逐してしまう。そして医学的な手段で、ひとたび排除しておいた狂気を「治療」することしかできないのである。フーコーに精神医学界から批判が出るのは当然である。フーコーは精神医学の内部からは「見えない」ものを描きだしているからだ。「見えない」ものを「見える」ようにすること。フーコーの一生の試みの端緒がここに結実する。

第三章　狂気と文学――『レイモン・ルーセル』

第一節　作品の不在

作品の可能性

フーコーが『狂気の歴史』で明らかにしたのは、心理学も精神医学も狂気の真の姿を「見る」ことはできないということだった。狂気を専門とするはずの精神医学も心理学も人間学的な構造のうちで、狂気を理性の外部に、すなわち自己の外部に排除せざるをえない。狂気こそが心理学を可能にするものであるならば、心理学はその成立のための「超越論的な条件」である狂気をただ前提とするだけで、それを考察することは方法論的に不可能だということになる。それではこの排除された狂気は、つねに理性の外部にあって、理性には捉えることができないものなのだろうか。

実はフーコーは『狂気の歴史』の最後から一つ前の段落で、この問いに答えている。

だからニーチェの傲慢さとゴッホの卑下のうちに、狂気の最初の声がいつしのびこんだのかを知ることは、問題ではない。狂気は作品・営み《ウーヴル》の最後の瞬間にしか存在しない。営みは狂気をぎりぎりの境界までいつまでも追いやっている。営みが存在するところには、狂気は存在しない。しかしそれでいて、狂気は営みと同い年である。狂気こそが、営みの真理の時間を始めるからだ。営みと狂気がともに生まれ、ともに完了する瞬間、それは世界が営みによって呼びだされ、営みの前にあるものに対して責任を感じる時間の始まりを告げる瞬間である[1]。

狂気は、作品という営みの最後の瞬間にしか訪れない。しかし狂気は作品・営み《ウーヴル》と「同い年」なのである。これはどういう意味だろうか。ここでまず確認しておきたいことは、狂気のテクストというものは存在しないということだ。古典主義の時代においては、狂気は沈黙の領域に属するものであった。狂気をテーマとして取りあげたテクストは多いが、狂気はつねに理性の陰画《ネガ》としてしか考察されない。狂気そのものは沈黙しているのであり、狂気は自立的な言語活動を展開する可能性を奪われている。「古典主義の時代には狂気の文学は存在しない」のである[2]。作品は不在なのだ。そして作品があるところでは狂気は不在である。しかし狂気が作品と〈同い年〉であるからには、残された作品というテクストから、不在の狂気のテクストを解読する必要があるということだ。

心理学は狂気を理性の他者とみなし、治療の対象としたが、そのために狂気の真の姿を捉えることができなかった。それでも理性の他者である狂気を捉えようとするならば、それは言語によるしかないとフーコーは考える。「言語は狂気の最初で最後の構造である。言語が狂気を構成する形態である」[3]からである。言語は妄想として狂気の特徴となる。「身体とともに精神に、言語とともにイメージに、文法とともに生理学に属しているこの妄想——ここにおいて、狂気のすべての円環が閉じ、そして始まる[4]」のである。

言語の力

実は言語によって狂気を捉えようとする試みは、すでに存在していた。フロイトの精神分析である。フロイトが同僚のヨーゼフ・ブロイアーとともに狂気の治療にあたっていた頃に、精神分析の基礎となる方法がつくりだされた。これは患者のアンナ・O嬢がみずから始めた方法であり、「トーキング・キュア[5]」（会話療法）と名づけられた。話すことによって、アンナは神経症の症状を解消できることに、みずから気づいたのである。これは患者がみずから、自分の意識を言語化することに、精神的な疾患を治癒できる能力があることを認識したという、きわめて注目すべき実例である。言語は狂気を「悪魔祓い」する力があるらしいのだ。

そしてフーコーも、精神分析は狂気を「道徳的なまなざしの砦」から解放して、対話の構造のもとにもたらしたと評価する。精神分析は「まなざしの黙した魔術の代わりに、言語の力を持ち込んだ[6]」のである。しかし精神分析は、この対話の構造の根底に、医師と患者の不均衡な関係を持ち込んでいた。患者が絶え間なく語り、医師が沈黙のうちにそれに耳を傾け、そして魔術的な力を行使して、患者との間に「転移」の関係を築き上げ、それによって患者を〈治療〉するのである。

精神分析は、「監視者の絶対的なまなざしを、監視される者のはてしない独白による言葉で裏打ちするのであり、このようにして狂人収容施設における非相互的なまなざしの古い構造を保持しながら、その構造を返答のない言語の新しい構造によって、非対称的な相互性のなかで釣り合わせる[7]」のだった。

しかしフーコーはこのような精神分析は、言語による一つの〈詐術〉のようなものだと考えた。精神分析では、狂気をとりまく道徳的な構造も、家父長的な制度も、そのままに温存されているのであり、言語の治癒力は、狂気をほんとうの意味で「治療」するものではないからである。さらにフーコーは、フロイトのエディプス・コンプレックスのような概念は、西洋の文化において家族と父親がそなえていた家父長的なあり方をそのままにして「一つの運命という意味づけ[8]」を与え、これをさらに補強する役割をはたすと考えた。

そこでフーコーは、狂気を精神分析のように言語の詐術にゆだねるのではなく、文学作品のうちに探りだすことが可能ではないかと考えた。しかしここには大きな逆説がひそんでいる。狂気と創作、狂気と作品のあいだには深い断絶が刻まれているからである。「アルトーの狂気は創作活動のなかに滑り込んでいない。その狂気はまさしく〈営みの不在〉である[9]」。〈槌〉がニーチェの手から滑り落ちて以来、ニーチェの書いたものは「哲学には属さず、精神医学に属している[10]」のである。だから文学のなかに狂気を探しても空しいのである。フーコーがここで模索しているのは、文学の精神病理学的な判定でも、狂気の文学的な表現でもない。狂気と理性の接する場所で開ける〈無意味の意味〉の逆説である。

しかしこれはどこかブラックホールにも似た逆説である。ブラックホールが存在することは、直接に証明できない。理性の光を当てても、光はそこから脱出できない。狂気は理性の非在によってだけ確認できる。狂気に陥ったニーチェが書いたテクストは、精神医学の対象であり、文学の対象ではなくなる。狂気が存在するテクストは、〈狂気のテクスト〉ではないのである。

しかしフーコーはそれでも狂気は作品と「同い年」だと考える。それは近代の文学作品においては、狂気が作品の根拠であったと思われるような作品があるからである。狂気と文学の共存の可能性を示すのは、ニーチェであり、ルソーであり、ルーセルであり、アルトーである。ここでは作品の力が、狂気と同じ源泉に根差しているように思える。これらの作品は、「狂気の歴史」の背後に、パランプセストのように重ね書きされた「非理性の歴史」の痕跡なのである。

この非理性の歴史に点在する作品においては、作品を可能にする言語が、同時に狂気の経験的な空間に向けて作品を開くことがありうるのである。ここに言語のもつ力がある。フーコーはこの言語の力に注目することで、狂気をその不在のテクストから解読しようとする。というのも、「作品とは、その定義からして非狂気であり[11]」であり、「作品は精神錯乱のうちには場をもたない[12]」からである。作品が存在するということは、そこで言語の原初的な逸脱の力、純粋な侵犯の力が働いていることを示すのである。作品の主体の〈狂気〉ではなく、作品の言語の〈力〉こそが重要なのである。

フーコーはこの「言語の力」という考え方を提示することによって、狂気の問題を道徳性の問題から分離する。古典主義の時代においては狂気は道徳性と分かちがたく結びついていたが、非理性の歴史においては、狂気は道徳とは別の次元に存在していたからである。非理性の歴史をたどるということは、作品のうちに自立するものとして示された文学空間を模索するということでもある。

ここで重要なのは、作品の個々の〈主体〉であるよりも、作品のうちで、非人称的な言語が開く根源的で原初的な空間である。そしてこの言語の力を開示するのは、まさに非理性の力なのである。

フーコーはこのようにして、非理性の歴史をたどることで、作品のうちに働く言語の非人称的な力に注目する。そこで働いているのは作品の主体であるというよりも、非理性のつぶやきであり、言語の営みである。そこではいわば人間という至高の主体は消滅しているのである。

第二節　ルーセルにおける三つの逆説

ルーセルの魅力

この言語作品における狂気と死の問題を典型的な形で示しているのが、フランスの小説家のレイモン・ルーセルの作品である。フーコーは『狂気の歴史』のうちで「影のうちにとどまった非理性の経験[13]」を描きだした作品として、ネルヴァルやアルトーとともにルーセルの名前をあげている。ルーセルの作品はニーチェやヘルダーリンなどとともに、狂気と文学の深いむすびつきを明らかにした特権的な作品である。フーコーは一九六三年にはガリマールから、ルーセル研究のモノグラフィ『レイモン・ルーセル』を刊行している。

『狂気の歴史』からこの『レイモン・ルーセル』にいたる一九六〇年代前半の時期は、いわばフーコーの文学時代であり、この時期にフーコーはルソー、ヘルダーリン、クロソウスキー、バタイユ、ブランショなどの作品について集中的に考察したのだった。後にフーコーは、この時期に文学的な考察を展開した理由について、「ニーチェ、バタイユ、ブランショ、クロソウスキーは哲学の外部にでるための方法だったのです[14]」と説明することになる。しかしこれらの文学作品の考察は、たんに「哲学を厄介払いする[15]」ためというよりも、言語の力と主体の死についての深い洞察に基づくものだった。

ルーセルの作品が非理性の領域に属する文学作品として、フーコーにとくに重要なものと思われたのは、ニーチェの作品の場合には、作品は狂気の不在であり、狂気は作品の不在であるのにたいして、ルーセルの作品はある意味で狂気が可能にした言語空間だったからである。ルーセルが作品を書くことができたのは、自分が太陽を宿した栄光の存在であると信じていたからであり、その恍惚のうちで著作にいそしんだのだった。ルーセルは担当医のピエール・ジャネにその恍惚状態について、「光線の矢が私から漏れだして壁を貫いており、私は自分の裡に太陽を宿しているのであって、私自身のこの凄まじい閃光を妨げることはできないのでした[16]」と説明している。そして執筆している本が出版されれば、「全宇宙を光明に浸した[17]」だろうと確信していたのである。ルーセルにあっては、自己妄想的な恍惚の狂気のうちで、作品の可能性が信じられ、文学空間が構築されていた。ルーセルの作品において狂気は、いわば作品が成立するための超越論的な条件となっていたのである。

三つの逆説

フーコーはルーセルのこの狂気をその背後の動因としながらも、いささかの狂いも狂気の匂いもしない文学空間に魅惑されたのだった。この節では、この虚構の空間のうちで自立的なものとして働いている言語の力を考察するために、フーコーがブランショ論「外の思考」で考察した逆説を手がかりに、ルーセルの作品に内在している三つの逆説について考えてみたい。これらの逆説は、主体と言語の複雑な関係を照らしだしてくれるのである。

フーコーが「外の思考」で考察したのは、「わたしは嘘をついている」という逆説である。これはいわゆるエピメニデスの逆説で、よくクレタ人の逆説とも呼ばれ、ふつうは「クレタ人は嘘つきである」という表現で示される。しかしフーコーはあえて「わたしは嘘をついている」と表現する。そして「わたしは嘘をつくというこのただ一つの明言のうちに、ギリシア的な真理はかつて震撼させられた」[18]と断言するのである。

「クレタ人は嘘つきである」という文は、この文を語っている主体がクレタ人であることを示す別の文がなければ、逆説とはならない。これに対して「わたしは嘘をついている」という文の〈わたし〉は、この文を語る主体でもある。この文を語る主体が、語る内容についてその真理性を否定するわけだ。

このような文は、自己言及的な文と呼ばれる。自己言及的な文には、内容について自己言及する場合と、形式について自己言及する場合がある。「これは漢字だけでできた文である」という文は、その形式に言及するものであり、この文は漢字のほかに、ひらがなを使っているので、正しくない文であることはすぐにわかる。これにたいして内容についての自己言及的な文は、「わたしは日本人である」というような文である。こうした文は外部的な証拠がなければ、その真偽は決定できない。ところが「わたしは嘘をついている」という文は、こうした内容についての自己言及的な文とは大きな違いがある。この文はその内容に言及しているのだが、その内容が真理であるならば、その文を語る主体の真理性が揺らいでしまう。もしもその内容が偽であれば、この文の真理性が否定されてしまう。どちらにしても、この文はみずからを否定するのであり、自己言及的な表現につきものの謎を顕わにするのである。

この逆説と同じような自己言及性をもった二つの逆説として、「わたしは死んでいる」と、「わたしは狂っている」を考えることができる。語るという行為は、語る主体がその行為の場に現前していることを要求する。しかし「わたしは死んでいる」と語る主体は死者であり、この現前の要件をみたさない。また、デカルトの狂気の考察でとりあげられたように、狂者とは、自分が狂っていることを知らない者である。「わたしはナポレオンである」という表現と、「わたしは狂っている」という表現は両立できない。以下ではこれらの「わたしは」に始まる三つの自己言及的な文につきものの逆説が、ルーセルの作品のうちでどのように展開されているかを考えてみたい。

「わたしは嘘をついている」

バートランド・ラッセルは集合論を検討しながら、命題の集合に、その命題そのものについて言及した命題を含めると、逆説が発生することを指摘した[19]。いわゆるラッセルの逆説である。ギリシアの古代から伝えられているこの逆説は、ラッセルの逆説の禁止命令に違反した最初の文かもしれない。だからこの文は、ラッセルの指示に従って、命題そのものと、命題について語る命題を明確に区別する「二階の表現」を導入すれば、逆説ではなくなる。

しかしフーコーはこのブランショ論で、この表現はこのままでも、逆説ではなくなる可能性があることを指摘する。この逆説が逆説であるのは、「わたしは嘘つきである」と語る「わたし」と、この主語の「わたし」が分離しうることを前提としているからである。語っている「わたし」を、べつの「わたし」のまなざしが見つめ、語っているわたしの言葉の真実を否定しているのである。それが逆説であるのは、この二つの〈わたし〉が同じ「わたし」という言葉を語るからである。

しかしもしもこの文が語っていることが、たんに「わたしはいま何かを語っている」ということにすぎず、そこで語られている内容が「嘘をつく」ということにすぎないならば、この「わたしは嘘つきである」という語にはいかなる逆説もなくなると、フーコーは指摘する。それは「わたしは死んでいる」と「わたしは狂っている」の残りの二つの逆説にもそのままあてはまる。これらの文において、語ることで現前する〈わたし〉は、「誤謬に陥るあらゆる危険を書き消して明言されるような砦[20]」であって、そこにはいかなる逆説もないことになる。

この「わたしは語っている」という文は、じつは真理しか語らない文、トートロジーの文なのである。そして「わたしは嘘をついている」「わたしは狂っている」「わたしは死んでいる」という逆説の文には、つねにその文を語る主体が想定されているのに、この「わたしは語っている」という文にはほんとうの意味での主体はない。主語にどのような人が入ろうとも、つねに真理である文、同語反復の文になるからだ。

いわばここで語っているのは「人間」ではなく、「言語」なのである。語っているのは、ぼくやあなたではなく、言語そのものである。だからこの「わたしは語っている」という文が顕わにする空虚な場は、「言語がみずからの空間を見いだす空虚(21)」といわざるをえないのである。デカルトの「わたしは考える」というコギトの文は、「わたし」と語る主体の存在の確実性をもたらすが、「わたしは語っている」という文は、この「わたし」と語る主体を消滅させ、空虚な場そのものを示してしまう。ここでは「語る主体」はなにも意味をもたないのである。

言語が語るだけの抽象的な空間。これは放映をやめたあとのテレビのブラウン管にうつる白々しいノイズの世界のように思われるかもしれない。しかしフーコーが考えるこの空間は、自動的なノイズの空間とはまったく別の種類のもの、文学の空間である。

文学空間は、人間の日常の生活とは異なる種類の空間である。そこでは言語は人びとの生活のためには使われない。言葉は人間が利用する手段ではない。紙の表面にたち上がるのは、言語だけの空間である。ここに日常の生活とは異なる「異・空間」が開ける。「異・場」すなわち、ヘテロトピアである。書物の内部の特定のページという「具体的に位置が限定されているにもかかわらず、すべての場所の外部にある(22)」空間だからである。

文学作品の自立的な空間は、すべての作品に共通してみられる。マラルメの詩の空間から、コルクの部屋に閉じこもって、自分の時間を生き直すように虚構を構想したプルーストの小説空間にいたるまで、こうした自立的な空間を開かない文学作品はないとも言えるだろう。しかしフーコーをとくに魅惑したのは、この自立的な空間が言語の力だけではなく、狂気や死と分かち難く結びついている文学作品だった。

その極北にあるのがレイモン・ルーセルの作品だった。ルーセルの作品には、「わたしは語る」という逆説と、「わたしは死んでいる」そして「わたしは狂っている」という逆説が、文学作品の主題としてではなく、作品の構造と手法そのものに含まれているのである。

ルーセルの手法

ルーセルは、自己の作品を一つの文章から始め、それを（ソシュール的な意味での）シニフィアンとシニフィエの類似性と差異に基づいて、一つの作品空間を構築する。たとえば『アフリカの印象』に収められている「黒人たちの間で」というテクストは奇妙なことに、アフリカで得た印象について語るものでも、黒人について語るものでもない。ルーセルみずからが、自分の著作の方法について解説しているところによると、聴覚映像（シニフィアン）の類似性に基づいて、一つの作品空間を構築することが問題だったのである。

Les lettres du blanc sur les bandes du vieux billard（古い橦球台のクッションの上の白いチョークの文字群）という冒頭の文章を、「綴り字の並べ換え遊び」（メタグラム）の方法で、Les lettres du blanc sur les bandes du vieux pillard（老いた略奪者の戦士団にかんする白人の手紙群）という最後の文章に、音と意味の類似性とわずかな差異性だけを頼りに、どのように結びつけるかが、この作品における作者の手腕のみせどころであり、ここにまったくの虚無から一つの壮麗な文学空間が構築されるのである。

ルーセルはその手法について、「その二つの文章を見つけてしまえば、あとは第一の文章で始まり、第二の文章で終わることができるような物語を書けばよい」と説明している[23]。この手法によって成立するのは、現実の世界から隔離され、意味だけで織り成された円環としての純粋な文学空間である。この空間において開かれるのは「もろもろの同一性と差異の大きな戯れ」である。「これらの同一性と差異は、まるで鏡の中のように反復され、たえず事物から言葉へと赴く。そして地平線に姿を消すことはあっても、つねにそれ自体に立ち戻ってくる」とフーコーは語っている[24]。

ここで顕わになるのは、言語そのものの力である。この差異の鏡の国のなかで明らかにされるのは、「溺れた言語の存在論的な力[25]」なのである。『ロクス・ソルス』という作品でも、同じような仕掛けで、見たことも、聞いたこともないような奇妙な機械類が描きだされる。この言語は、「同義語の法則と、もっとも正しい節約の原理に数学的にしたがって[26]」、さまざまな異様な存在(非-存在)をつくりだすのだ。

たとえばCrachat à deltaという語は、騎士章の上位階級のΔ形をした勲章を意味する。Crachatは勲章を、deltaはギリシア語の大文字のデルタを意味するからだ。しかしすべての語と同じように、この語の背後には、同音異義語の無数の系列がつながっている。『プチ・ロベール辞典』によると、Crachatという語には、(一)唾《つば》や啖《たん》、(二)侮辱、(三)勲章、(四)噴出物、発射物、(五)ガラス製品の内部の羽毛状の傷、(六)植物のネンジュモ属といった意味がある。deltaという語にも、(一)ギリシア語の四番目の字母デルタ、(二)三角洲、(三)三角形をしたものという意味がある。

これらの組合わせからはすぐに、三角形に積み重なった啖、三角洲をつくりだす噴射物、ガラスの三角形の傷、三角形を形成した藻などのイメージが生まれる。そして作品のなかでもっとも適したイメージを、その前後の語と文脈のなかから選びだすわけだ。そしてルーセルがこの語で選んだのは、「一人の男が実に堂々たる、多量の、大河のような唾を飛ばしたために、それがローヌ河やメコン河のように、三角洲を作ってひろがる[27]」様子だったのである。

このように、普通の語の使用法にあえて逆らうことで、語の同義的なイメージだけで作品の世界を構築するのが苦行に近いものとなるのは、たやすく想像することができる。ルーセルはある詩作品の一行を考えだすために、十五時間もかかったと友人に語ったことがある。「三時間のあいだに一人の作中人物の名前しか見いだせないこともあった[28]」ともいう。「わたしは一つの文章ごとに血を流しています[29]」というのは、実感だったに違いない。

こうしてこの作品のなかには、「〈歌うダニ〉、人間オーケストラである〈木の幹人間〉、〈血を吐きながら自分の名前を署名する牡鶏[30]〉」などが登場することになる。この「一度も設計されたことのない機械、怪異な植物、ゴヤですら夢見なかったような不具者、十字架に磔《か》けられたクラゲ[31]」などが語っているのは、「言語の内的な次元、すなわち言語自身による言語の死刑執行、そして自分の死骸の破砕された輝きからの蘇りという次元[32]」にほかならない。言語はその日常的な使用方法を壊滅させることで、新たな生を獲得するのである。

黒い太陽

そしてこの幻想的な世界が顕わにするのは、言語の本質的な不決定性でもある。さきに引用した文章において、blancが白墨の白さという色を示すのか、それとも黒人に対比された白人の人種的な特性を示すのかを決定するのは、前後の文脈だけである。bandesがビリヤードのクッションであるのか、それとも略奪者の群であるのかを決定するのは、ルーセルの作品の構造だけなのである。

　ここで作品を紡ぎだすルーセルはたしかに作品に署名した「作者」ではあるが、ほんとうの意味での作者と言えるかどうか、疑問といえよう。ルーセルは創作する際に、自分の実際の旅行の経験を書かないことを戒律としていたという。みずからの経験にもとづいた作品の「作者」となることを禁じたのである。一時期のシュールレアリスムが目指したように、「自動書記」のマシンと化そうとする。作品を編み上げる糸を吐きだす紡織機のようになろうとするのだ。

　この「言葉－機械」となったルーセルを動かしているのは、言語の自立的な力である。しかしフーコーは、この言語の自動的な営みによってつくりだされた華麗な文学空間の中心には、巨大な虚無、巨大な欠如が存在していることを指摘している。作品は自立しているものの、その真の作者は言語という無人称的なものにすぎず、作品をつくりだす著者は、作品が生まれるための手助けをする「マシン」にすぎないからである。

　そもそも言語というものは豊饒であると同時に、空しく、貧しいものである。言語が豊饒であるのは、言語の中心が空虚なものとなっていて、そこには何も存在しないことによって、無限の表現が可能になるからである。フーコーはそれをルーセルの太陽体験に譬える。言語の中心には一つの太陽が存在するが、その太陽は実は暗黒の太陽、ブラックホールのような太陽であり、巨大な空虚なのである。ルーセルの太陽体験では、みずから太陽となって発する言語の光が、周囲の壁を貫き、「全宇宙は光明に浸される」はずだった。ルーセルは言語の力が自分のうちの太陽によって生まれると感じていたが、その太陽は実は巨大な空虚にすぎないものだった。

かつてバタイユは、空は井戸のように逆に穿《うが》たれているのであり、太陽は、「井戸の底の死骸のように大空の奥にいる(33)」と語ったことがある。いわば地球にいるぼくたちは井戸の上に吊り下げられていて、どうにか井戸である空に落ちないですんでいるのである(もちろんこれは物理的には真実である)。

バタイユのように、空が井戸のようにぼくたちの頭上に穿たれていると考えるならば、中空にある正午の太陽は、井戸の底で輝いているように見えるはずだ。井戸の底では太陽は、光を与えるのではなく、暗黒に輝いている。そしてフーコーは、ルーセルの作品においては言語空間の中心にこの不可視の太陽があり、死のような禍々《まがまが》しい黒い光を放出していると考える。言語空間の核心は、ぼくたちには見ることができない無と欠如の場所である。

これが太陽であるのは、この欠如が作品のすべてを内側から照らしだし、作品を可能にする根拠になっているからである。作品はこの中心の欠如の回りに構築されている。この「光明をもたらす不在(34)」、「言語の豊穣な空虚(35)」がなければ、ルーセルの作品はそもそも生まれることができなかったはずである。

そしてこれが暗黒の太陽であるのは、これは誰も見ることのできない欠如そのものだからであり、「見る」という可能性そのものを否定するからである。ルーセルの作品を読む者は、その中心にある「欠如」を感じることはできる。しかしそれを直視することはできない。この太陽は、作品のいかなる言葉によっても描きだされない。フーコーはルーセルとアルトーを対比しながらこう語っている。

そこには本質的な非両立性があると考えるべきである。これは中心に空洞が存在しているようなものであり、この空洞を何ものも埋めることはできない。この空洞こそは、アルトーが作品において接近しようとしながら、絶えず遠ざかっていたものである。作者によって作品から遠ざけられ、作品によって作者から遠ざけられる。この骨髄のような廃墟に向かって、アルトーは自分の言語を投げ込む。営み《ウーヴル》の不在である作品《ウーヴル》を穿ちながら。この空洞はルーセルにとっては、逆説的にも太陽である。……この太陽の底から〈語〉が立ちのぼる。しかしその〈語〉が太陽を覆い、太陽を隠してしまうのである。[36]

またここで顕わになるのは、言葉の貧しさである。言葉はそれが示す事物よりも〈少ない〉ものであり、この節約のエコノミーによって、はじめて言葉は何かを意味することができる。「言葉が存在と同じように豊かであったら、それは物の分身でありながら、無駄で無言の存在になるだろう。つまり言葉は存在しないだろう。しかし事物は、言葉が存在しなければ、それを名指す名前がなければ、夜のなかにとどまっていただろう。ルーセルは言葉というものが、このように光明をもたらす欠落であることを、苦悩にいたるまで、いわば妄執にいたるまで感じていた[37]」わけである。

ルーセルの太陽体験について精神科医のジャネが述べているように、この「栄光と光明の発作[38]」は一つの狂気の症状であり、この狂気こそが、ルーセルの作品を可能にしたのだった。ここで言語は、「作品と狂気がそれによって通じ合い、排除しあう不在[39]」の役割をはたすのである。

これは言語の逆説的な二重性である。言葉は物を照らしだす。しかし言葉が必要なのは、物が目の前に不在である時である。言葉には、物の不在が存在する。言葉は物の不在をその存在によって告げる。フーコーは、ルーセルがこの言葉の逆説を活用することで、自分の言語空間を構築したことに注目する。ルーセルは「自己しか表現しない言語の創造者、その二重になった存在において、絶対的に単一な言語、言語の言語、中心にある至高の欠落のうちに、みずからの太陽を閉じ込めている言語の創造者」なのである[40]。ルーセルがこれらの作品を創造できたのは、「わたしが語る」のではなく、「言語が語る」からなのであるが、その言語が語るための条件は、「わたしは狂っている」ことにあったのである。ルーセルが「言語の創造者」であるためには、言語を介して狂気が作品と手を結ぶことが不可欠だったのである。

「わたしは死んでいる」

このルーセルの作品において、作者であるはずのルーセルは、いくつもの意味でみずからの死を認識し、想定し、予告している。まず作者のルーセルは、この「自己しか表現しない言語の創造者」として全能の存在であると同時に、この表現の空間から排除された他者でもある。ルーセルは「作者」としてしかこの空間に関わらないが、この空間はルーセルという人格も肉体も必要としないかのようである。必要なのは言語だけの自立的な運動であり、「作者」はそれを生みだすための一つの装置にすぎないのである。

だから作者であるはずのルーセルは、作品の宇宙のなかにあっては「わたしは死んでいる」ことを認めざるをえないのである。語っているのは作者ではなく、言語のもつ力だからである。「わたしは嘘をついている」という文が「わたしは語っている」という真理を告げていたとすると、ルーセルの作品の全体は、ルーセルという作者の死を告げている。ルーセルの言語の空間においては、空間のなかに生きる主体は同一性を維持できず、主体はつねに死に直面しているのである。

そもそも言語を語る主体は、ある意味で自分の死を想定するものである。フーコーは後に「作者とは何か」という文章で、作者というものがつねに死者の役割をはたすことを指摘することになる。「作者の刻印とは、もはや作者の不在という特異性でしかない。作者はエクリチュールのゲームのなかで、死者の役割をひきうけねばならない」[41]。エクリチュールというものの核心には、黒い太陽のように死が潜んでいるのである。

またデリダが指摘したように言語とエクリチュールは、つねに主体の〈遺言〉の構造をそなえている。「すべてのエクリチュールは本質的に、遺言的である」[42]のである。〈わたし〉が語るのは、〈わたし〉の死後にこの文章を読む他者のためである。読者とは作者の死後において、その作品を読む人々なのである。書くという行為には、つねに遺言という性格がつきまとう。

デリダはさらに、書かれたものだけではなく、自分が語るすべての言葉が、すでに語る者の死を告げ、語る者の「喪の仕事」を行なうとまで考えている。語った言葉は、語る端から、その主体の手のとどかぬものとなり、その主体が考えてもいなかった正体を暴くという意味で、語る主体を裏切ると同時に、その主体の真理を明らかにするものであるからだ。「私には自分の声が聞こえますが、私に聞こえるすべてのものは、音色なしの全体なのです。音色とは、私が各瞬間にそれについて私の喪を行なうところのものであり、文体とは、私が各瞬間にそれについて私の喪を行なうところのものなのです(43)」。

そもそも言語表現というものは、そこにおいてしか〈わたし〉にもっとも固有の表現は行なわれない場でありながら、その表現に使われる言語は、すべてが他者の言語であるという逆説をそなえている。ルソーがかつて半ば嘆きを隠しながら指摘したように、〈わたし〉は自分のもっとも語りたいことを語るために、幼い時期から他者が押しつけてくる言語を学ばされたのである。〈わたし〉は母親に自分のもっとも切実な要求を伝えるのに、自分だけの言葉を使いたかっただろうが、母親はそれを拒み、他者の言語、〈わたし〉と母との外部にいる第三者である父親の言語を〈わたし〉に押しつけたのである(44)。

だから言語においては、人間は最高度の自己の可能性を信じながら、その言語が外部から、他者の言語として押しつけられたことに、最大の自己疎外を感じるのである(45)。言語表現とは、自己の真理の表現であると同時に、自己の死の表現でもある。他者の発明した言語の宇宙を「血を流すように」構築していったルーセルの作品の宇宙は、言語と主体の死と〈遺言〉の構造を明示する。

さらにフーコーは、ルーセルがこの作品を解読するための「鍵」として、自己の死を想定していることに注目する。ルーセルは一九三〇年五月に、バーゼルにいるビンスワンガーの治療をうけるために、パリを出発する。そしてパレルモのホテルに滞在していたときに、死亡するのである。「かれはパレルモに滞在し、毎日のように麻薬を摂って、大いなる至福感にひたっている。彼は自殺する、あるいは殺されることを試みる」[46]のだった。

ルーセルは結局、自死とも病死ともつかない死に方を選んだ。自死であることを示す情況証拠は疑いえないが、ルーセル自身はそれを否定する身ぶりを示して死んだのである。フーコーはルーセルの死が、言語の多義性という特性に基づいた「機械」であるこの作品世界を解読するための「最後のテクスト」[47]であり、「鍵」であると考えている。

ルーセルは、自分の世界を一つの自立的な文学世界として理解できるようにするための書物『わたしはどうやってある種の本を書いたか』を刊行するための条件として、「死後出版」であることを求めていた。自分の死を条件として、自分の死がそれを実際に可能とするようにしつらえておいたのである。

ルーセルの文学空間の仕掛けを理解できるようにするために必要だったのは、すでに指摘したように言語の自立的な空間をつくりだすための「トリック」であるが、これが明かされないかぎり、ルーセルの作品の謎は解明されないままだったろう。フーコーはルーセルの死の意味について、「これらの機械仕掛けのすべてが読みとれるために必要だったのは、暗号ではなく、背後に穿たれたある種の〈孔〉のようなもの、まなざしに視野を与え、これらの無言の形象を地平に退かせて、それらを一つの空間において差し出す〈孔〉のようなものである」[48]と指摘している。ルーセルは「死後出版」を条件としたこの書物によって、いわば自分の死の場所から作品をのぞき込むための

〈孔〉を、鍵穴を読者に提供しようとしたのである。

しかしルーセルはこのトリックは、『アフリカの印象』以外の本には適用されないと断言している[49]。しかしその他のルーセルの著作にもさまざまなトリックが用意されていることはすぐにわかる。だからこの鍵とはもっと別の鍵があるに違いない、しかもいくつも。ルーセルが自分の死によってこの『アフリカの印象』を読むための「鍵」を残したとすれば、ルーセルは死によって、他の著作のための「鍵」を永遠に葬り去ったことになる。フーコーが語るように「露呈された秘密のテクストは、それなりの秘密、それが他の諸テクストにもたらす光によって明るみにだされると同時に隠蔽されてしまうような秘密をもっているのではないか[50]」と思わざるをえないのである。

ルーセルの死は、他の著作の読み方について、読者にかぎりない謎を残す。「二重の底があるというただそれだけの可能性が、耳を澄ませる人にとっては憩いなき不確定さの空間を開く[51]」のである。ルーセルは、テクストを解読するための鍵を読者に与えることで、「顕示の口実のもとに、言語がそこからほとばしる地下の真の力を隠そう[52]」としたのではないかという疑念が読者につきまとう。ルーセルはみずからの死によって、読者にこのような「罠」を仕掛けたのである。「わたしは死んでいる」と読者に語りかけながら。

「わたしは狂っている」

そう、ルーセルは狂気に脅かされていた。ルーセルの作品は狂気が可能にした言語空間であることは、もはや繰り返すまでもないことだろう。それはルーセルの自己妄想的な恍惚の狂気において、作品の可能性が信じられ、文学空間が構築されたという意味においてであり、狂気はルーセルの作品においては、作品の内容ではなく、成立のための条件である。

しかし狂気は文学をつくることができるのだろうか。狂者が書いた文章は、それでも文学作品なのだろうか。文学批評の世界ではしばしば、文学者の精神病理学的な診断（病蹟学）が人々の関心を惹きつけるが、狂った者の作文は文学作品となることができるのだろうか。狂者の文学とは、「わたしは狂っている」という文と同じように逆説ではないだろうか。狂気と文学はたがいに排除しあうはずだからである。

これは非常に逆説的な事態である。狂気は文学の領域には入らない。狂気の言語はもはや考察の対象とはならない。しかし語りえないものを語るという試みを繰り返すことができるのは、文学の作品だけなのだ。第二章で取り上げたように、デカルト以後の近代の哲学は、狂気を理性の外部に放逐した。心理学も精神医学も、狂気を理性の外部に排除することで、可能になったのである。狂気を精神の疾患として片づけようとしながら、人間の真の姿をこの狂気を通じてしか、認識できないのである。

だから心理学にも哲学にも、狂気について語る言葉がない。このとき、狂気について語ることができるのは、狂気にみちた創作活動であり、文学だけなのである。こうした活動では、創作を活気づけ、動機づけるのは、狂気だけである。次の節で検討するように、アルトーは語りえないものに直面して、それを語ることだけに熱中した。創作とは、自分のすでに知っていることを語るものではありえない。憑かれたように、自分が語りえないもの、自分にとって未知なものを探りだし、語ろうとするところにしか生まれないのである。狂気と文学、狂気と芸術が「同い年」であるのはそのためだ。

三つの逆説の意味

これらの三つの逆説は、どれも同じことを語ろうとしている。言いえないものを言うには、ひとつの空虚に向かって語るという狂おしい営みが必要である。それは理性的な表現が不可能となる場所を目指すものであり、狂気を宿す危険を犯すことだ。しかしこの危険を犯さずに、理性から排除されたものについて語る方法はないのである。

フーコーは、近代的な狂気とは異なる非理性の伝統のうちにあって、非理性の暗闇のなかで一瞬だけ、その言語の異例な力を輝かせてみせた狂気の文学者たちのこうした危険な営みに注目したのだった。『狂気の歴史』は精神医学の〈見えないもの〉を暴きだし、近代的な学問にとって見えなくなっている「地平」を明らかにする書物であると同時に、こうした狂気の文学者たちに捧げたオマージュでもある。

しかしここに大きな逆説が孕まれていることも否定できない。ここでさまざまな近代的な学問にとって「不可視の地平」とされたものは、狂気を孕んだ文学的な表現でしか暴くことも考察することもできないとすれば、それはすべての理性的な学問の可能性を、そして何よりも理性的な考察に依拠する哲学の可能性すら否定してしまうことになりかねないのである。

これをあからさまに指摘したみせたのが、ジャック・デリダのフーコー批判だった。デリダはフーコーが非理性の作品のうちに、理性の届かない言語の力を求めたことに強い違和感を抱いた。理性批判はあくまでも理性の内部で行なわれるべきものであり、非理性の側から理性批判を行なうことには、ある自己矛盾が含まれるからである。完全な非理性には、理性を批判することはできない。それは非理性だからであり、共通の場が存在しないからだ。理性批判は、理性の言葉でもって、理性の内側から行なわれるべきである。そのことをデリダは「文章というものは本質的に正常なのです。……ロゴスは、そのもっともつつましい構文においては理性なのであり、またすでに歴史的な、一つの理性なのです[53]」と指摘する。

このデリダによる批判は、非理性の例から理性を批判する営みへの批判としてまっとうなものであり、後にユルゲン・ハーバーマスも似たような道筋でフーコーを批判することになる[54]。しかしフーコーが非理性に脅かされた文学作品に魅惑されたのは、それが何よりも自分自身にとって切実な問題であったからでもある。フーコーは若年の頃から、狂気に脅かされつづけていたのである。そしてフーコーは理性と非理性の「境界」に位置するさまざまな作品のもつ力に惹きつけられながらも、伝統的な形而上学としての哲学とは違うスタンスから、新たな哲学を模索するのである。次の節では、フーコーが魅惑されつづけたアルトーにおいても、これらの三つの逆説が働いていることを確認してみよう。

第三節　アルトーにおける三つの逆説

「わたしは狂っている」

アルトーは狂人だった。しかしアルトーの作品・営み《ウーヴル》の存在は、狂気の不在を告げるはずだ。それではアルトーは狂っていないのだろうか。ぼくたちは、アルトーが「アルトーさん、あなたは頭がおかしいようです、あなたは狂人です(55)」というような文章を書いているのをみると、そこにアルトーが狂人でないことの証拠をみようとする。狂者がこんなことを書くわけがないと思うからだ。そしてそのすぐ後で、アルトーが「わたしの頭はおかしくない、わたしは狂人ではない」というごく当然な文章を書くと、急に不安に襲われるのである(56)。

「わたしは痴愚である、思考の抑圧によって、思考の畸型によって。わたしは空虚である、わたしの舌の麻痺によって(57)」と語ったアルトーは、みずからが狂気であることを認め、精神病院に入院する。しかし西洋の理性とその医学的な「治療」がどのようなものであったかは、電気ショックによって背骨を折られ、歯をすべて失ったアルトーがよく知っていることだろう。アルトーは西洋の医学という大きな重圧のもとで、近代の理性が排除することで失ったものを、人間に取り戻させようとした。

「どう考えてもあなたは気違いとしか言いようがない。しかも監禁すべき気違いだ」という対話の相手の台詞にたいして、アルトーは「もう一度、そしてこれを最後に、人間を解剖台に乗せ、人間の解剖学的な構造を作り直すのだ。もういちど言おう。その解剖学的な構造を作り直すのだと。人間はその構造がまずいために病んでいるのだ」と答える[58]。

人間をその「神、そして神とともにその器官ども[59]」から解放しないかぎり、アルトーはみずからの狂気も、近代がかかえこんだ複雑な病も治癒することはないと考える。アルトーは身体を苦しめる精神医学に抗して、人間の身体と理性そのものを作り替えることを要求するのだ。アルトーは、みずから「わたしは狂っている」と語る。自分が狂気の主体であることを認めないかぎり、狂気を排除する近代の理性の立場に立たなければならなくなるからだ。アルトーが指摘するように、狂者とは、リア王の道化のように「社会がその言葉を耳にしたくなかった人間である。その人間の口から耐えがたい真理が語られるのを阻もうとした人間である」からだ[60]。

だからアルトーはこのように、社会から排除された狂者であり、道化であることを認めながら、社会の「耐えがたい真理」を語るために、みずから「わたしは狂っている」と語りつづける。しかし同時にアルトーはみずからの「狂気」を否定する。それは、近代の社会にとって他者である狂者を自認することは、狂気をみずからの他者として措定しながら自己を定義した近代の理性と非理性の切断線をそのまま認めることになるからだろう。「わたしは狂っていない」というアルトーの怒号は、いまもまだ虚空のうちを響きわたっている。「わたしは狂っている」という逆説を生きることでアルトーは、近代の理性の大きな陥穽を身をもって示してみせるのである。

「わたしは死んでいる」

この「わたしは死んでいる」という逆説もまた、アルトーの直面している困難を象徴する。死んでいる主体が「死んでいる」とみずからについて語ることができないのは自明であるが、思考が「腐食している」ことを文学のモチーフそのものとしたアルトーにとっては、自分は社会においていつも「死んでいる」ことを認めざるをえなかった。

「自殺について」という若年の頃のアンケートでアルトーは、「確実なのは、わたしがとうの昔に死んでいるということです。わたしはすでに自殺しています。人がわたしを自殺させたという方が正確かもしれないのですが[61]」と答えている。しかしアルトーは、自分が生ける死者であると言いたいわけではない。アルトーは、この社会では人は死ぬことすら奪われているということを強調したいのだ。というのは、自殺することによっては、生きながらに死に、死にながらに生きているアルトーという〈問題〉は解決しないからだ。アルトーはこう語る。「わたしは死に対する欲望は感じない。わたしが感じるのは、存在しない欲望だ。このわたし、痴愚と放棄と締念と鈍麻した出会いの享楽であるアントナン・アルトーのうちに、そもそも墜落しないでいることの欲望だ……[62]」。

エマニュエル・レヴィナスは「イリア」という概念で、人間が存在に過剰に襲われていることの不安を語っている。「そこにある」ことを示すこの語は、人間が主体としてまず存在するためには、存在の過剰という〈悪〉から抜け出る必要があることを示したものだ。このレヴィナスの「イリア」とも似て、アルトーは「存在しないことを欲望」しながら、自分が生きているということが、直視できないような悲惨な事態であることを見つめようとする。

この欲望は奇妙に錯綜する。アルトーを眺めるアルトーは、自分が死んでいることを直視しながら、自分が死ぬこともできないことを同時に認識する。この死んでいるアルトーと死ねないアルトー、「わたしは死んでいる」と語るアルトーと、「わたしは死ぬこともできない」と語るアルトーのたがいに否定し合う弁証法が、彼の作品の動性《ダイナミズム》を生みだす。その動性をミイラをめぐる二つの詩でみてみよう。

「ミイラへの祈願」(63)と「ミイラからの便り」(64)という二つの詩で、アルトーはみずからをミイラとして描き出す。ミイラであるということは、「わたしは生きている死者だ」ということであり、同時に「わたしは死んでいる生者だ」ということだ。ミイラは生きることも死ぬこともできない者であり、生と死の中途にあって凝固した存在、さまざまな騒がしい「現象の巷」にあって、みずから動くことのできない存在だ。アルトーは「ミイラへの祈願」という詩では、このミイラを自画像として外側から描きだす。この詩で語りかけられる〈汝〉とは死んでいるアルトー、すべてのものの不可能性のうちに凝固したアルトーだ。そして〈われ〉はこの死んでいるアルトーを外側から描きながら、ミイラと絶対的なもの、〈光〉との通いあいを描き出す。また「ミイラからの便り」では、ミイラは語る主体として登場する。しかしどちらの作品にも、ミイラを見るアルトーとミイラであるアルトーが登場し、弁証法的な対話を交わす。

このミイラとなったアルトーには、まだ身体はあるが、その身体の肉はもはや生に触れることはない。その言語は身体の表面から外に出ることはない。ミイラは舞台の緞帳《どんちょう》を閉ざすように、唇を閉ざしている。声は「音の道」を通ることがない。手は身ぶりを忘却し、脳は観念を形成することがない。身体は新鮮な肉としてあるのに、いかなる役にもたたない。空虚のうちでアルトーを宙吊りにして、ひたすら苦しめるのだ。生きながらにして、死の空虚のうちに閉じ込められることの恐怖。

アルトーの苦闘

アルトーにとって、生とはすでに死であるが、それは精神のこの空虚のためである。身体はアルトーをこの空虚から解放することには役立たず、アルトーをこの空虚のうちに拘束する。アルトーの作品の重要な主題は、この精神の無能力を、この思考の腐食を描きだすことにある。ぼくたちは、みずからの思考の空虚と廃墟を描き続けるアルトーのこの果敢な営みに惹きつけられる。文芸誌『ＮＲＦ』の編集長で、アルトーから詩作品の出版を求められたジャック・リヴィエールもまた、アルトーの詩作品を公表するつもりはなかったが、作品の不可能性についての交換書簡なら、出版する価値があると考えた。ブランショとともに、ぼくたちはその不思議な意味について、「このことの異常さ」に、もっと驚いてもいいだろう[65]。

ブランショは、アルトーのこの苦闘を残酷な「詩的理性」の苦闘だと考えている。アルトーは理性を喪失していたのではなく、詩的理性をもっていたがために、残酷なまでの闘いの暴力に引き込まれたと言いたいのだ。ブランショはこの闘いの産物であるアルトーの作品には大きな欠如が存在していることを認めながら、「それらの詩の欠点が、その欠如をおおっぴらに表現し、その欠如の必然性を深く究めることによって、豊かさと化し、完成と化す[66]」と考えるからである。

ブランショは、この詩的理性を、「分離として理解された思考の本質にかんして、また思考がその無限の力にたいする限界として、おのれ自身にさからって」[67]不可能性を確立する試みであると考えた。ある「本質」を求めることが「詩的理性」の宿命だと考えたからである。この理性を本質へと向かわせるブランショの考え方を批判したのがデリダだった。デリダにとっては、アルトーという一回的な存在を、「詩的理性」の本質の「症例」のうちに還元する臨床医学的で、「本質主義的な」[68]手つきが、「批評的で臨床的な解釈」[69]が、気に入らなかったのだ。たしかにアルトーの苦闘を西洋近代の理性の一つの形式である「詩的理性」の闘いとして考えることは、アルトーの直面していた問題の一部を解消してしまうことだろう。

しかしブランショがここでアルトーの省察が生みだしたある普遍的な理念について語っているところに注目したい。ブランショは、アルトーが詩を空間として認識し、その空間が純粋に生成としての性格をもっていたことを強調した。この理念はアルトーの詩が、思考することの不可能性を考えるために、詩という作品のうちに、未聞の空間をつくりあげる必要があったことから不可避的にでてくるものである。すでに紹介したアルトーの「ミイラへの祈念」は、文学の空虚な薄い空間のうちに、思考することの不可能性そのものを、ミイラという像として描き出すものだった。

演劇と身体

なによりもこの「思考することの不可能性」が、アルトーの「残酷な演劇」の原理でもあったことは特記しておくべきだろう。アルトーは演劇において、「言語に、身体的な動揺を引き起こす可

ある。[70]

ションを使い、なにかを実際に引き裂き、顕示する力を取り戻させること」を目指していたからで

能性を取り戻させ、言語を分割し、空間のうちに積極的にばらまき、絶対的で具体的なイントネー

干からびて現実を動かす力のなくなった分節言語を改造し、舞台という空間の場で現実の生きた力を取り戻させることが、アルトーの演劇の重要な目的だった。デリダが指摘するように、アルトーは演劇の理念のうちで、エクリチュールの概念を激しく否定していく。「書き物はどれも豚のようなもの」、本とかテクストとか雑誌などは「いい加減に倒さねばならない墓[71]」のようなものだからだ。書き物を書き続けたアルトーにとってエクリチュールは、「わたしは嘘をついている」という逆説に似た自己言及的な逆説になりかねない。

それでもアルトーは書くという行為で、自分が「死んでいること」を顕わにせざるをえなかったのである。アルトーは死ぬまで書きつづけた。自分の生きていることのうちに自分の「死」を確認するためである。自分の「生」が誰かに奪い去られ、自分は奪われた生を生きていることを告発するためである。アルトーは死の直前にこう書いていた。「十年も前から、わたしの感性にまで降りてきたのは、もっとも恐ろしい石棺の行進、死者たちと生者たちの不治の世界の行進である。かれらは欲望する（わたしたちの世界ではそれは悪徳に由来する）、死にながら生きようとすることを[72]」。

「書く」というどこか「豚」のような営みは、アルトーにとっては、「わたしは死んでいる」ことを語りながら、「わたしは死んでいない」ことをみずからに確認する営為だったのである。

「わたしは嘘をついている」

アルトーは「わたしは嘘をついている」という逆説をそのままでは語らない。同じことを、「わたしの言うことはナンセンスだ」という逆説で語る。もしもアルトーの書いているものがナンセンスであり、無意味であるならば、アルトーの作品のすべてが意味を失う。実際にアルトーはいつも、自分の作品の現実的な意味を、他者と共有できる意味を疑いつづけていたようにみえる。「わたしの言っていることに、意味はないのではないか」というのが、アルトーが抱いていた強い疑念だっただけに、アルトーはいつも「わたしの言っていることには意味がある」と言いつづけたのではないか。アルトーがしばしばみせる自己の作品の価値への尊大なまでの自尊の念と、それを理解しない他者への苛立ちは、狂気の涯にまでいたる自己の作品の価値に対する懐疑の裏返しでなくて何だろう。

そのことを考えると、アルトーがルイス・キャロルの『鏡の国のアリス』のナンセンス詩を翻案し、さらにナンセンスで無意味にみえる詩作品をつくりだしながら、キャロルは自分を剽窃したと非難しているのは興味深い。そこにはアルトーの深い戦略を思い描くことができるのではないだろうか。

ジル・ドゥルーズは『意味の論理学』に収めた「精神分裂者と少女」という文章で、このアルトーとキャロルのナンセンスの意味を考察している。(73) ドゥルーズはキャロルのナンセンスに対して、アルトーが強く反発していることに注目する。アルトーはキャロルのナンセンスが「表層のものにすぎない」と感じたのだ。それはどうしてだろうか。ドゥルーズはそれはアルトーが精神分裂症だったからだと判定する。

ドゥルーズは、アルトーが翻訳したキャロルの『鏡の国のアリス』のジャバウォッキーの詩の二行目の最後から、キャロルのテクストとは質の違う〈ずれ〉が発生していることを指摘する。「枢要の部分で、創造的な崩壊が発生するのだ。……わたしたちは戦慄しながら感じることができる。これは精神分裂者の言語なのだ[74]」と。

しかしポール・テヴナンが指摘しているように[75]、アルトーはここで精神分裂者として翻訳しているようにはみえない。たしかにアルトーにとっては身体の表層と内部の違いはそれほど明確には意識されていないが、それが「精神分裂症である第一の証拠[76]」とするには、あまりに根拠がうすい。「すべてが身体的なものである」というアルトーの言葉を、「自分の身体の表層や皮膚に無数の小さな孔が開いているのを察知できる能力[77]」をもつ精神分裂者に特有のあり方と断定するのは、すこし無理があるようだ。アルトーは豊富な言語学的な知識に基づいて、多様なカバン語[78]をつくりだし、あるいは自由に創造性を駆使しているようにみえる。アルトーとキャロルの違いは、ドゥルーズが指摘するよりもはるかに小さい。

アルトーはここで文学という空間の表層のうちで、キャロルと同じような戦略でナンセンスを語りながら、語のもっているありきたりの役割を剝がし、語にもっと別の身体を与えようとしているのだ。アルトーは残酷の演劇において、分節言語の形而上学への批判を試みたが、この翻訳もそれと同じことを目指していると考えるべきだ。アルトーは西洋の分節言語は「さまざまな観念を裸にし、干からびさせることを望んだ。そこでは観念は不活性な状態で示され、東洋の言語のように、語られるだけで自然とのアナロジーの全体系を揺り動かすことはなくなった」と指摘している。[79] アルトーは、一つの語のうちに無規定な複数の語が含まれるカバン語をつくることで、ひからびた言葉に、すでに失ってしまった活性をとり戻させることを目指したのである。

アルトーはこの翻案では、残酷の演劇とは別の道で、分節言語を異化し、目覚めさせ、空間のうちで人々に衝撃を与えることを目指しているのであり、精神分裂症の言語を語っているのではないだろう。だからドゥルーズの文章に反して、しかしドゥルーズの文意と一致して、アルトーの戦略とキャロルの戦略は共通の原理に依拠していると考えることができる。

カバン語と残酷の演劇

そのことをキャロルの作品とアルトーの翻訳で実際に検討してみよう。キャロルはまったく意味のありそうもないナンセンス詩をつくりだし、その「無意味な」言葉の背後に隠れたさまざまな意味を「解説」することで、一つの詩に多数の読解の可能性と多数の詩の空間をつくりだした。「ナンセンスはつねに移動しつづけ、秘教的な語やカバン語のうちで表現される。そして二つの面に同時に意味を分配しつづけるのだ。キャロルの作品が鏡の効果のように戯れるのは、この表層の組織の場だ[80]」というドゥルーズの診断は、まったく正しい。

そのためにキャロルが『鏡の国のアリス』のジャバウォッキーの詩で活用している手法は、本章の第二節で検討したルーセルの「古い撞球台のクッション」の手法と同じものである。「シニフィアンとシニフィエの類似性と差異[81]」に基づいて、語の「襞《ひだ》」を展開し、他の語をその襞のうちに連結するのである。たとえばこの詩の一行目の冒頭ちかくのBrilligというカバン語を調べてみよう。キャロルの詩でこの語が「午後の四時」を意味するのは、ディナーのために材料を煮る（broiling）ことを始める（begin）時間だからだ[82]。

ここではアルトーはキャロルとルーセルの原理に忠実だ。アルトーはこのbrilligというカバン語をroparantと訳す。意味は同じ「午後の四時」である。ディナーのために材料を焼く（rotir）ための肉の下拵《したごしら》えができている（parer）時間だというカバン語だ[83]。キャロルでは始める（begin）の語がうまく生きていないので、煮る（broiling）だけからでもbrilligは導けそうだが、アルトーはきちんとカバン語に訳し直している。キャロルの原文では語の説明のためにイタリックになっているのは、煮る（broiling）だけだが、アルトーの訳文では、焼く（rotir）と下拵えができている（parer）の両方がイタリックになっている。ここではアルトーはキャロル以上に原理に忠実に工夫している。

しかしドゥルーズが指摘するように、三行目くらいからアルトーはキャロルの原理からはみだし始める。mome rathsはキャロルによると「迷った（緑）の豚」を意味するが、アルトーのGhore Uk'hatisはもっと複雑な含意をもっている。アルトーの説明によると、Uk'hatisは勅令（Ukhase）、急ぎ（hate）、痴呆（abruti）などを含むのであり、「ヘカテのもとでの夜の揺れ、すなわち真っ直ぐな道から放り出された月夜の豚」を意味する。テヴナンが指摘しているように、既訳の訳者アンリ・パリゾのverchons forugusのverchonsは、cochons verts（緑の豚）のカバン語であるが、キャロルのmomeもアルトーのGohreもその起源の不明な「完全な発明」の語であり、カバン語ではない。キャロルとアルトーは同じ原理を採用しているのであり、ここでは「この側面で競いあおうとしていない」[84]のはアルトーではなく、パリゾである。[85]

しかしドゥルーズはこのアルトーの訳語が、「意味の下の領域において、アクセントと子音の要素の間で、連想のチェーンを働かせる。……意味を作りだした瞬間から、意味を効果的に吸収してしまう」[86]ことを正しく指摘している。アルトーが目指しているのはまさにそのことであり、これは精神分裂者の言語ではなく、言葉に失われた活性をとり戻させるようとする「残酷の演劇」の言語なのである。

ドゥルーズみずから、このアルトーの「残酷の演劇」の戦略の二つの要素を提示している――受動的なナンセンスと能動的なナンセンスである。そしてこの二つのナンセンスが「恐怖の演劇」と「残酷の演劇」に対応することを指摘する。受動としてのナンセンスは「傷つける音声学的な価値のうちで炸裂」し、能動としてのナンセンスは「分節されないアクセントの価値を溶接」すること、これが「ばらばらの身体」と「器官なき身体」に対応するのは、まったくそのとおりだろう。[87]

ただこれは、二元論的な対立であるよりも、一つの身体の両義的な側面、一つの演劇の両義的な側面を示すものと考えられる。残酷の演劇は恐怖の演劇という側面から切り離せないし、器官なき身体も〈ばらばらの身体〉という側面から切り離せないからだ。どちらも西洋の分節言語を揺るがし、炸裂させ、新しい空間と新しい身体の可能性を模索する試みに、プラスの効果とマイナスの効果の両方を発揮させる両義的な概念だ。

アルトーは、古典的な演劇で読み上げるように語られる言葉と古典的な傑作を嫌悪していた。こうした演劇や言葉では、日常の空間を引き裂くことができないからだ。厳密に文法を守ったキャロルとは反対に、あるいは「キャロルに抗して」文法の構造そのものを破壊しようとしたアルトーは、意味のないこと、ナンセンスを、キャロルよりもさらに過激に活用する。

舌語

その意味のなささを究極のところで示しているのが、舌語(88)だろう。晩年のアルトーは、文章においても、ラジオなどの演劇的な場においても、誰にも理解できない舌語を多用するようになる。晩年の「残酷劇」から一例を引こう。「オ　ペダナ　ナ　コメフ　タウ　デダナ　タウ　コメフ／ナ　デダヌ　ナ　コメフ　タウ　コメフ　ナ　コメ(89)」。このような舌語は誰にも理解できないだろう。しかしアルトーは、これはフランス語のような一つの言語を超越して、すべての人に理解できる言語だと主張していた。このような意味不明な舌語の利用は、この作品の放送の妨げになっただろうし、アルトーが狂者と疑われる根拠ともなっただろう。しかし誰にも理解できないこの言語で、アルトーは誰にでも理解できるある明確なメッセージを伝えているのはたしかだろう。

アルトーはまず「わたしの言っていることはナンセンスだ」というメッセージを伝える。そしてナンセンスとしか思えない言葉を語るようにみせかけながら、その演劇的な行為のうちに、西洋の分節言語と文法の体系を炸裂させるような純粋な力動性の空間をつくりだそうとするのである。これは「わたしは嘘をついている」というエピメニデスの逆説に劣らぬ力をもつ逆説であるかもしれない。

晩年のアルトー

晩年のアルトーの写真はいたましい。ロデーズの精神病院を退院して、パリのカフェ「ドゥ・マゴ」に坐っているアルトーを見たバタイユはこう語っている。「彼はぞっとするほど蝕《むしば》まれた状態だった。これまで見たなかで、もっとも年老いた人の一人だった(90)」。当時のアルトーはまだ五十歳ほどだったはずである。

アルトーはみずからをミイラとして描くことから始めた。このミイラは「この謎めいた肉の血管のうちに流れる意味のすべての跳躍は、一つの世界のありかたであり、別の出産のしかたである(91)」はずだった。しかしアルトーのミイラの「跳躍」は、詩、演劇、映画、ラジオ放送、デッサンなどのさまざまなメディアにおいて挫折を重ねつづけた。挫折の大きさは、アルトーの身体の荒廃のなにほどかを説明するだろう。しかしアルトーが語りえないものを、これまで語られてきた言語と異なる言語で語りつづけようとした苦闘の跡に、バタイユとともに「なにかむごいもの、わたしからみて、むごくてしかも不可避なもの(92)」を感じざるをえない。この言葉は、同じ時期に、内的体験の概念によって、アルトーとは別の道から、思考不可能なものを考え詰めていたバタイユならではの言葉である。短いが、どこか敗残の仲間の戦士に向けるようないたわりのまなざしを感じる。

第四章　死と科学──『臨床医学の誕生』

第一節　医学のまなざしの意味

『レイモン・ルーセル』と『臨床医学の誕生』の隠れた結びつき

ディディエ・エリボンの伝記によると、フーコーは、『臨床医学の誕生』の刊行と『レイモン・ルーセル』がまったく同時に刊行されるように細心の注意を払ったという(1)。実際には『レイモン・ルーセル』は一月遅れて出版されるが、エリボンが指摘しているように、フーコーは「ここでは同じことが語られていることを示す(2)」ことを望んだのだろう。それではこの二冊の書物は、どのような意味で「同じこと」を語っているのだろうか。

その内的な関係を暗示しているのが、『臨床医学の誕生』の序文の最初の文章である。この文章は、この書が「空間、言語、死にかかわる書物であり、まなざしにかかわる書物である(3)」ことを明らかにする。この書物では空間、言語、死、まなざしという四つのテーマについて考察するというのだが、それではこれらの概念はたがいにどのような関係にあるのだろうか。

まず空間と言語の関係については、フーコーが当時のヌーボー・ロマンの小説を論じた「空間の言語」という一九六四年の文章が示唆的である。この文書においてフーコーは、文学が時間と空間の秩序とどのような関係を結ぶかを考察する。まず文学は、近代まで時間の秩序に基づいていたとされる。「書くということは、これまでの数世紀にわたって、時間の秩序にしたがってきた[4]」のである。文学が線形的なエクリチュールとして、線形的な時間の流れを描きだすのは、ごく当然のことだろう。この時期までの典型的な文学は、『オデュッセイア』のように、故郷に帰還する回帰の時間の言語、『聖書』の物語のように〈約束〉が実現されるまでの時間の言語としての性格が強かったのである。

しかし現代文学において言語は空間的なものとなった。言語の運動は起源への回帰ではなく、「隔たり、距離、中間的なもの、散乱、破断、差異[5]」などを示す空間的な運動となったのである。これは文学空間においては、弁証法的な歴史の運動ではなく、純粋に空間的な言語の運動が重要な意味をもち始めたということである。

この言語の運動の場としての空間は、すでに考察してきたように、文字の描く線から立ち上がる垂直な空間である。ほとんど立体性のない〈薄い〉場所に、ヘテロトピア（異・場）に、言語の空間が誕生する。これは、ルーセルがその類いまれな手法で描きだした空間にほかならない。ルーセルは最初の〈鍵文章〉から出発して、最後の文章にいたる虚構の空間をつくりだしたのであり、この空間においては、言語が太陽のように狂気と作品の空間を照らしだし、充実させていた。

同じようにヌーボー・ロマンにおいても、まなざしは事物を照らしだし、書物の空間のうちに構成する。事物のさまざまな動きは、「こうした動きを追いかけ、報告する眼、あるいはみずからそういう動きをなしとげる眼によって二重にされている。というのも、このまなざしは、中立的ではないのだ。このまなざしは事物をその場に残しておくようにみえるが、実は事物をその厚みにおいて潜在的に事物そのものから引きはなす」のである。(6)

言語が事物を呼びだし、事物に光をあて、事物から「いわば〈標本〉を抽出し、集めて(7)」一つの空間をつくり上げる。この空間をまとめ上げるのは、作者の、あるいはルーセルでいえば〈太陽言語〉のまなざしである。作品の空間をつくり上げるのは、このまなざしの力である。

フーコーは『レイモン・ルーセル』において、まなざしの力が言語の力と同じ地位にあることを指摘していた。作品のなかでさまざまな事物をつくりだし、描きだすのは言語の力であるが、それは同時に作者のまなざしの力でもある。まなざしは、言語において事物を写しだす「レンズ」となる。これは「言葉をつくる装置」であり、「ものを見るためのレンズ(8)」である。作品のなかでは言語がまなざしとなって事物をながめ、まなざしがレンズとなって事物を語るのである。

このようにルーセルを含めた現代文学の作品を可能にしているのは、ほとんど自律的なものとなった言語のまなざしなのである。作品の空間のなかで、まなざしが言語のレンズとなって、自立的な文学空間が開かれる。フーコーが『臨床医学の誕生』の序文であげた四つの概念のうちの三つはこのように密接に結びあう。空間と言語とまなざしは、ルーセルのつくりだしたような文学作品では不可分なものとして結びついているのである。

それではこの空間と言語とまなざしという三つの概念は、死とどのように結びあうのだろうか。

この言語と死の結びつきが、きわめて原初的なものであることは、第三章の三つの逆説のうちの「わたしは死んでいる」の逆説において、すでに詳細に検討してきた。しかしこの三つの概念と死はさらに別の意味で、しかも『狂気の歴史』とも『レイモン・ルーセル』とも深い形で手を結んでいるのである。それは精神の病である狂気と、身体の病である疾患を媒介として結ばれるのである。

最初の精神の病である狂気と言語の（そして文学空間とまなざしの）結びつきがきわめて深く、強いものであることは、三つの逆説の残りの二つ「わたしは死んでいる」と「わたしは狂っている」の考察で明らかにしてきたことである。ルーセルにおいてはみずからの狂気の経験とその自覚こそが、文学作品をつくりだす原動力となっていた。フーコーが『臨床医学の誕生』で明らかにしようとするのは、精神の病ではなく、身体の病と死が、患者を診断する医師のまなざしと、疾患を語る医者の言葉と、死亡した患者の解剖する医師のまなざしと言葉を介して、特権的な結びつきをつくりあげていること、そして死や疾患と結びついたこのまなざしこそが、近代的な医学とその実践の場である病院を創立するための原動力となったことである。文学空間を創設したまなざしは、病院という医学的な空間を拓くのである。これこそが、『レーモン・ルーセル』と『臨床医学の誕生』が「同じこと語っている」というフーコーの言葉の意味だろう。それではまなざしの主権に服するこの空間は、どのような構造において、医学の空間であり、文学空間であるのだろうか。

科学としての医学の誕生

『狂気の歴史』がある意味で「心理学の誕生」を語る書物であったとすると、『臨床医学の誕生』は「医学の誕生」を語る書物である。そして科学としての心理学が、精神病理学という医学的な分野において誕生したことを確認したフーコーにとっては、『臨床医学の誕生』は『狂気の歴史』とかなりの程度まで共通したテーマを考察する書物となる。ただし『狂気の歴史』がルネサンス以来の西洋の狂気体験を分析しているのに対し、『臨床医学の誕生』は十八世紀末から十九世紀という限定された時期における科学的な医学の誕生を分析する。

フーコーはまず『狂気の歴史』でも取り上げた十八世紀半ばの医師ピエール・ポンムのまなざしを提示する。ポンムはヒステリーの女性を治療しながら、その女性の脳から剝離してきた膜状の物質について「水びたしにした羊皮紙の断片のような、粘膜の切れはし[9]」と、「神経病理学のもろもろの古い神話[10]」の言葉で語っていた。それから百年後には、別の医師が脳と脳膜の損傷について、たとえば「他の偽膜はその表面にしばしば欠陥の痕跡をとどめており[11]」と、現在とほとんど変わらない解剖学的な表現で叙述するようになる。フーコーはこの二人の医師の表現を対比しながら、この言葉の違いはどこから生まれたかと問いかける。

神経病理学が解剖学に進歩したからというのがもっとも簡明な答えであろうが、フーコーが問題にしているのは、その進歩を可能にしたのはどのような条件であったかということである。「十八世紀の医師には、自分の見ているものが見えなかったのだ。しかし数十年のうちに、幻想的な形象は消え失せ、そこに開けた空間が、事物のありのままの輪郭を、視覚にもたらした[12]」と説明したのでは、「進歩」を前提として、現在の時点から回顧的に物語っているにすぎず、説明にはならないのである。ここで実際に変化したのは、まなざしと病との配置であり、「語る者と語られるものの間の位置と姿勢の関係[13]」である。まなざしに「見えるものと見えないもの」の関係、それこそが医学的な言語の誕生を可能にするものである。

　十八世紀末の数年間において医学が誕生したということは、医師がそれまでの思弁から離れて突然のように、現実の事物を科学的に見始めたことを意味するわけではない。それは、すべての具体的な知識に必要な「見えるものと見えないもの」の関係の構造が転換したことを意味するのであり、「そのためにまなざしと言葉の領域以前にあるものと、その領域を超えるものとが、まなざしと言語のなかに登場したのである。言葉《レ モ》と物《レ ショーズ》の間に新しい連合関係が結ばれ、それが見るということを可能にした[14]」と考えるべきなのである。

　しかしこの「黎明のまなざし[15]」は逆説的なことに、十七世紀以来のまなざしと視覚の特権性を失うことを意味する。デカルトやニコラ・マールブランシュなどの哲学者にとっては、見ることは〈自然の光〉という理性の絶対性によって、その威力をえていたのであるが、新しい医学では、まなざしの威力は光から借りてきたものではない。新しいまなざしは事物の堅い物質性の周囲をめぐり、もはや自然の光にではなく、その物質の暗い内部に〈真理〉を見いだすのである。

　ここに物がその自律性を獲得する。そして個体の科学を禁じていたアリストテレスの呪縛が解け、科学が初めて人間の個体を対象とし始める。臨床医学的な経験とは、西洋の歴史において初めて、具体的な個体が合理的な言語に向かって開かれたことを意味する[16]。

フーコーはこのことについて、医師が患者に最初に問いかける言葉が象徴的であると考えている。昔は医者は初めて診察室を訪れた患者に「どうしたのですか」と尋ねた。しかし医学が科学として確立されてからは、医者は「〔身体の〕どこが具合が悪いのですか」と尋ねるようになったという。[17] 最初の問いでは、患者の身体と病の〈身体〉は一致していない。病が患者の身体を越えて広がっているか、あるいは患者の身体は病の身体とずれているのである。そして問題とされているのはどのような兆候が現われているかであり、個人としての病人の存在ではない。個人は、ある特定の種としての疾患が表現される場にすぎず、医師がつきとめる必要があるのは、その疾患がどのような種のものであるかということである。この時代の医学は病の種を明らかにすることが病を治療するための方法であると考える〈種の医学[18]〉なのである。これをつきとめるならば、その付随的な効果として、患者は治療されるだろう。

しかし第二の問いでは、患者の身体と病の身体は一致する、とフーコーは指摘する。その時の医者のまなざしは、患者の身体を貫く病理解剖学的なまなざしとなり、障害は身体の特定の器官において正確に表現される。患者と病の身体が一致したことにおいて、患者が病の特権的な対象となったのである。このまなざしはメスのように身体を貫き、解剖学的な部位に腑分けしながら、患者の身体において障害を読みとる。これは「経験的なまなざしの主権[19]」が支配する医学である。

このようにフーコーは、医学を誕生させる条件そのものを、物とまなざしの関係において見定めようとしている。この関係は、すでに紹介した最初の序の文章が的確に要約しているように、空間、言語、死という三つの次元で検討される。以下では言語と死という第三章と共通したテーマから、医学の誕生と心理学の誕生に共通するものと異なるものについて考えてみたい。そのためにはまず医学や心理学などの近代的な学問が誕生するまでの歴史と誕生の経緯をたどってみよう。

三つの時代区分

この近代的な学問が誕生するのは、十八世紀末、ほぼフランス革命と同じ頃である。この近代的な学問やまなざしの誕生を考察するにあたって、フーコーが『狂気の歴史』の時点から採用してきた三つの時代区分をふりかえってみよう。これは『言葉と物』における生物学、経済学、言語学の誕生においてもそのままひきつがれる図式である。

フーコーは中世以降の歴史を二つの時期で切断する。十七世紀頃、ガリレオとデカルトとともに近代的な自然科学と哲学が登場した時期と、十八世紀末のフランス革命の時期である。ガリレオとコペルニクス革命以前の時代は、中世とルネサンスの時代であり、ほぼ古代とは地続きとみなされている。

この中世の時期は、『狂気の歴史』においては、古代からの非理性の伝統の時期であり、宇宙論的で悲劇的な狂気のイメージが抱かれていた時代である。この時代を代表する特権的な疾病は癩《らい》であり、癩病患者は共同体から排除され、隔離されていた。この時代の医学のモデルは、「癩病患者を、都市の城壁の向こう側、共同体の境界の向こう側にある、雑然とした外の世界に締めだす」ものだった。癩病患者は「厳密な意味で闇に葬られた」[20]のである。

『言葉と物』ではこの時代は「世界という散文」の時代として、ミクロコスモスとマクロコスモスが照応する時代として描かれるのは、後に紹介するとおりである。この時代には世界のさまざまな事物のうちに神の暗号を読み取ることが求められたのである。

　しかし十七世紀頃に「大いなる閉じ込め」の時期が到来し、かつては癩病患者のために使われていた施設を含めて、さまざまな施設が施療院として使われるようになり、狂者を含めて、さまざまなカテゴリーの人々がここに監禁されるようになる。古典主義時代の幕開けである。

　『言葉と物』ではこの古典主義の時代は、表象の時代として紹介された。すべてのものが表象のタブローのうちで分類され、分析されたのである。この時代の医学を、フーコーは〈種の医学〉と呼んだのだった。『臨床医学の誕生』の冒頭のポンム医師のまなざしが、この医学に該当する。このまなざしでは病気は、患者の肉体の厚みのうちにおいてではなく、「科、属、種へと階層化された編成[21]」においてながめられ、リンネの系統図と同じような病の系統図に配置される。「〈種の医学〉がみずからに課す最初の構造は、永続的な同時性を特徴とする平坦な空間である。つまり表《ターブル》と図《タブロー》である[22]」。

　そしてフランス革命の頃に、新たな歴史の切断面が登場する。『狂気の歴史』においては、近代的な精神医学が登場する時代であり、ピネルによって代表されるように、狂人は労働を拒む不道徳な者であるよりも、近代的な医学によって治療すべき対象とみなされるようになる。『言葉と物』においては、それまでの生命の学の代わりに生物学が登場し、一般文法の代わりに言語学と文献学が登場し、富の分析の代わりに経済学が登場する時期である。

　そして『臨床医学の誕生』においては、この時代に疾患の〈種の医学〉に代わって、新しい生物学と生命の概念に基づいた新しい医学が誕生する。ただし医学においては、フランス革命以後の時代をさらに二つに分けて考えることができる。それは疾病にたいする医学的なまなざしにおいて、二つの大きな変革が生じていることが認識できるからである。都市の貧民へのまなざしが転換し、身体の表面へのまなざしが深みへのまなざしに転換するのである。

第二節　近代的な医学の誕生

都市の統治

第一のまなざしの変革は、都市の貧民にたいするまなざしが変わってきたことである。この医学的なまなざしの変革は、医学だけでなく、都市の住民の「統治」という観点からも、きわめて重要な意味をもつものであった。古典主義時代においては都市の貧民は、迷宮のような複雑で自生的な仕組みをそなえた都市に不可欠な構成要素であった。都市のごみを処理するのは貧民であり、郵便制度が存在しない状態で、都市の隅々まで熟知していて、都市の住民に届け物をしたり、情報を伝達するのも貧民の役割であった。「貧窮者たちは下水や水路網と同じように、都市のシステムの一部になっていた」のであり、「都市にとっては有益な存在だった」(23)のである。

そしてその当時の施療院《オピタル》は、貧しい者たちが死に直面したときに、収容される施設であった。これは「貧者を扶助するための施設」(24)であり、病を治療するための施設ではなかった。病気になった貧民は、他者に疾患を伝染させるおそれがある危険な存在であり、「施療院は病める貧者を収容して、その危険性からほかの人々を保護していた[25]」のである。

しかし都市が改造され、近代的な都市制度が確立されるようになると、都市における貧民の役割は消滅し、貧民はただ危険で有害な存在にすぎないものとなる。そして都市を統一的に管理する必要性が実感されたのだった。フーコーはその背景には、経済的な理由、政治的な理由、医学的な理由があったと考えている。

経済的な理由としては、都市が地域の中心の市場として機能し始めて、国家や地域の中心となってきたことがあげられる。中世以来の都市は、さまざまな管轄権が錯綜して存在していた。封建君主の権力も、都市の自治的な権力も、教会などの宗教的な権力も、貴族や領主などの身分的な権力も併存していたのであり、それを統一する必要があったのである。

政治的な理由としては、都市の貧民がプロレタリアート化し始めていたために「都市の内部での叛乱が頻繁になり、発生件数が増大[26]」したことがあげられる。貧民は都市の倉庫を襲撃して食料を奪うようになり、これがついにはフランス革命の騒乱にまで拡大するのである。

医学的な理由としては、都市がもたらす固有の医学的な危険性に注目が集まったことがあげられる。近代的な産業が発展するとともに、危険な職業病が登場するようになり、過密な住民のあいだでの伝染病の恐怖も高まる。貧民が伝染病にかかると、同じ都市の狭い空間のなかに同居しているブルジョワたちも伝染を恐れねばならなくなるのである。それを象徴するのが、パリのイノサン墓地の移転である。それまでパリの中央部にあり、貧民や無名の人々の死体が投げ込まれていたこの墓地は、病気の危険が集約されたところとして、移転の必要性が叫ばれたのだった。

近代的な臨床医学の登場

このような状況のうちで、近代的な医学が登場することになる。それはまず病院の変革という形で行なわれることになった。それまでは「死の寺院」[27]として、治療の見込みのなくなった貧民が収容される場所にすぎなかった施療院《オピタル》が、近代的な病院《オピタル》に変身するのである。このプロセスが、流行病をきっかけとしていたことは注目に値する。

ただしこの流行病はペストなど、中世において多大な人命を奪った病ではない。悲劇的な嘆きのうちに反復される伝説的な病ではなく、風土病のような特性をそなえた病である。一七二一年のマルセーユ、一七六九年のルーアン、一七八〇年のビセートルにおいて奇妙な病が流行した。ルーアンでは同年の「夏のあいだに子供たちのあいだでカタル性の胆汁熱[28]」の熱病が発生した。秋から冬にかけて、これが化膿性の黄疸に変わった。別の場所では天然痘、悪性熱病、赤痢が流行した。これらの流行性の病気は医者たちにとっても、統治者にとっても困難な問題を孕むものであった。

医者たちにとっては、こうした流行病はこれまでの〈種の医学〉では対処できないものであった。疾病を分類し、病がその「真の姿」を現わすのを待つ〈種の医学〉は、個別の患者ではなく、普遍的な疾病だけを治療のターゲットとしていた。しかしこの流行病は、〈種〉としての病が引き起こすものというよりも、それぞれの都市の風土が引き起こすもののようであり、どのような患者でも同じ経過をたどるのであった。患者に潜む疾病を分類するのではなく、一つの流行の病の経過を見さだめ、それに対処する必要があったのである。流行病に直面した医者の任務は、「病を疾病の分類学という抽象的な空間のうちに位置づけることでも、病の一般的な形態を認識しようとすることでもない[29]」。どの患者にも同じように反復して現われる症状を手がかりに、「状況によってそれぞれの流行病において発生する経過の独特なプロセスを発見する[30]」ことが重要だったのである。ここに〈種の医学〉とは明確に異なる「流行病の医学[31]」が登場する必然性があった。

この医学においては、医学的な制度も〈種の医学〉とは異なるものでなければならなかった。一七七六年にフランス政府が設立した流行病の調査委員会は、次の三つの任務をそなえていた。(一)さまざまな流行病の動きについて最新の情報を入手し、調査すること、(二)さまざまな患者において用いられた治療法を記録し、比較し、その効果を確認すること、(三)医者たちを統一的に管理し、適切な治療方法を採用するように命令すること、そのために地方、県、都市ごとに医者たちは階層構造のもとに編成され、管理すること。そして王の命令によって、この委員会は後に王立医学協会となり、伝統的な医科大学と正面から対抗することになったのである。これはそれまで家庭医として各地で営業していた医者たちを、国家の統制のもとで階層的に支配することを意味していた。「この瞬間から、医者は健康の行政官として登場するようになった[32]」のである。

この医者たちは、国家の「まなざし」を代理して、住民を患者として眺めるようになったのである。「医者たちのまなざしが交叉して網目をつくり、空間のあらゆる場所で、時間のあらゆる時点で、永続的で、移動性が高く、細分化された監視を行なう[33]」ことになった。中世の医学のモデルが癩病であり、患者の排除を目的としていたとすると、この新しい時代の医学のモデルは流行病である。このモデルは「人々をたがいに分離させ、次に隔離し、その身元を確認し、一人ずつ監視し、健康状態を検査し、まだ生存しているか、それとも死んでいるかを調べる」ものであり、「これによって社会を小さく区分した空間として維持し、ここで発生したすべての出来事を記録簿に詳しく書き留めることで、この空間を監視し、管理する[34]」ことを目的としていたのだった。

　こうして医者はたんなる治療の専門家ではなく、国家のまなざしをもって住民を監視する行政官となったわけである。医師の役割がこのように変わってくることで、医学そのもののまなざしも変わることになる。「医学はもやはたんなる治療技術と、それが必要とする知識の合成物であってはならない」のであり、病人についての認識だけでなく、「病気でない人間の経験と模範的な人間の定義を含む[35]」ことになる。「人間存在の管理のうえで、医学は規範的な姿勢をとる[36]」ようになり、すべての国民はこの医者たちの「まなざしの閉域[37]」のもとに置かれるようになったのである。

　このプロセスにおいて、施療院から近代的な病院が誕生する。そのためには施療院《オピタル》を貧民が死の直前に収容されて、「魂の見とり」をしてもらう宗教的な施設ではなく、病を治療することを目的とした純粋に医学的な病院《オピタル》としての施設に転換する必要があった。しかしこの施設に収容されるのはやはり貧民たちであることに変わりはなかった。ブルジョワたちは自宅に医者を呼びよせるのであり、病院に収容されるのは、貧民たちなのである。国家は貧民たちに公的な扶助を与えながら、治療する場として、各地に病院を組織したのである。

　病院において貧民たちは、治療の対象であると同時に、臨床医のまなざしが向けられる対象であった。病をかかえた貧民の身体は、病を研究するための重要なサンプルであり、これから医者になろうとする学生たちに臨床医学を教育するための舞台でもあったのである。

患者は治療を求めて病院に入院するのであるが、医師のまなざしにとっては患者は客体であり、「彼において解読されるものは、他人をよりよく知るための手段とされる[38]」のである。すなわち医学は貧民の身体を解読することによって、ブルジョワたちを疾病から保護する手段として利用することになる。しかしこれは道徳的には大きな問題をひきおこす。「〔病を〕知るために〔身体を〕眺めること、〔医学生に〕教えるために〔身体を〕提示することは、暗黙の暴力ではないだろうか。この沈黙のうちに加えられる暴力は、露呈されることではなく、苦痛を鎮めることを求めている病める身体にたいして加えられるだけに、いっそう不当なものではないだろうか[39]」。

フーコーはここで、ある種の契約が結ばれているのだと考える。貧民は公的な扶助によって治療をうけるのであるから、自分の身体が研究と教育のために利用されることを甘受すべきであり、ブルジョワを含めた市民は、この扶助のための費用を負担することで、「自分がかかりうる疾病に関する知識を増やす[40]」ことができるからである。

近代の医学は、「貧困者への医療援助、労働力の健康管理、公衆衛生に関連した全般的な検査を確立したのであり、これによって豊かな階層の人々をきわめて大きな危険から保護することができた[41]」のである。

解剖学的なまなざし

このような近代的な病院においては、患者たちは医学的なデータを与えるサンプルという意味をそなえていた。そのためにも病院は大規模であり、多数の患者たちを収容できる必要があった。さらに学生たちもまた集団として、患者たちから学ぶ必要があった。「医学的な経験の主体の集団的な構造と、病院という場の集団性[42]」が臨床医学の重要な特徴である。

この集団の場においては、「反復的にみずからを提示する[43]」ことで疾患の「真理」が顕わになるのであり、多数の患者において反復された疾患は、真理を獲得する道を示すのである。ところでこのような臨床医学のまなざしには、ある特別な信念がひそんでいた――患者の身体において疾病が語る言葉は、医者がそれを表現する言葉と同じだと信じられていたのである。診断と治療において、疾患は患者においても、医者においても、「同じ言葉を語る[44]」と考えられていた。

臨床医学には、純粋なまなざしこそが純粋な言語になるという神話、〈ものを言う眼〉の神話がある[45]。これは患者をよく観察し、事象を記述し、学生を教育するパロールとなるまなざしであり、「見れば見るほど、よりよく、より多く見るだろうし、ものを表現し、教えるパロールとなる[46]」だろうと信じられているのである。

このまなざしの神話には、一つの前提がある。すべての可視的なものは、語りうるものであり、それは完全に語りうるからこそ、可視的であるという前提である。これは臨床医学においては、原理というよりも、要請であり一つの限界である。基本的な概念的構造であるよりは、「思考上の夢」なのである[47]。これは見ること（観察）、言うこと（記述）、そして見たものを言うことによって見ることを学ぶこと（教育）の三つが直接的な透明さのなかで通じ合うことを想定するものである。

しかしそこには大きな限界があった。この透明さの構造のなかで、言語の位置が不透明なままであり、しかも言語こそが透明さの基盤であり、正当化の根拠であるべきだったのである。この言語の問題のために、この透明性の前提は「思考上の夢」に終わり、一つの神話となってしまった。いわば〈まなざしの権力〉は、人間の肉体を透過するまなざしをもつことができなかったのである。

そこで登場したのが、病理解剖学のまなざしである。病理解剖学のまなざしは、臨床医学の「ものを言う眼」の透明なまなざしとまったく異なるものであり、患者の身体に潜む病を発見しようとすることがない。ただ死者の死体のうちから、病の正体を明らかにするだけである。いわばこの二つのまなざしは反対方向に働くのである。臨床医学のまなざしは、患者の身体という厚い「塊《マッス》」の内部で働いている疾患を、その外部に現われた症状から解読しようとする外から内へ向かうまなざしである。結果から原因を推定しようとする帰納のまなざしなのだ。しかし病理解剖学のまなざしは、死体の解剖によって明らかになった原因から、その結果として発生したさまざまな症状の由来を示そうとする演繹的で還元的なまなざし、内から外へ向かうまなざしである。同じ肺炎のような症状を示しても、肋膜炎は肋膜だけを襲うし、肋膜肺炎は肺を襲う。そして「カタル性の咳は、粘膜を襲う」のである。(48) 肺炎の症状がどのような病によるものであったかは、死者の肋膜と肺と粘膜のどこに損傷が発生しているかを調べれば、一目瞭然なのである。

ただし死体の解剖による病の診断にはいくつかの難点があった。第一は、解剖によって明らかになるのは、患者の経過した疾患の最終的な結果にすぎず、それを時間的な順序によって教えてくれるものではないし、一次的な疾患と二次的な疾患を区別するためにも役立たない。解剖学的な所見で判断された器官の侵害の程度は、患者の生前の障害の重さに比例するものではないかもしれない。第二は、死という事実によって発生した患者の身体の変化と、疾患による侵害が区別しにくいことである。

死の特権的な地位

このため、患者が死んでしまわないと解剖できないという自明な事実を考えても、これを生前の患者に適用するためには、身体を切り刻むのではなく、解剖によってえられた新たなまなざしを活用して診断することが求められたのである。すでに考察したように、臨床医学のまなざしは、解読する主体の主権のまなざしであり、患者の身体の表面に現われたさまざまな症状から、病気の正体を読みとろうとするものだった。これは「原初的な形では、外部にある解読する主体[49]」のまなざしである。

しかし解剖学のまなざしは、死体の解剖によってえられた知識に基づいて、患者の身体の厚みのうちを探るものとなる。このまなざしが進むのは、これまで臨床医学のまなざしには開かれていなかった道である。すなわち「〔身体の〕症状の表面から〔身体の内部の器官の〕組織の表面へと向かってゆく〈縦の道〉であり、顕わなものから隠されたものへと掘り下げてゆく〈深さの道[50]〉」をたどるのである。

このまなざしを可能にしたのは、解剖学のいくつかの工夫であった。まず第二の難点を解決するために、患者が死亡した直後に解剖できるように手配した。「病の時間の最後の瞬間と、死体の時間の最初の瞬間を一致させるか、ほぼ一致させる[51]」ことによって、死後の変化を最小限にして、生体の分解の影響をほぼとりのぞくことができるようにしたのである。

第二に、解剖学の発展によって、死が人間の身体の器官に及ぼす影響の違いが明らかになってきた。そして器官のさまざまな状態から、生前の状態を逆に推定することができるようになった。死は人間のすべての器官において同時に影響力を発揮するのではなく、もっとも抵抗の少ないところから優先的に働きかけるのである。死は死刑の宣告のような特権的で絶対的な瞬間ではなく、「分析によって、時間と空間のなかに配置することができるもの[52]」であることがわかってきたのである。「死のプロセスは生命のプロセスと同じではないし、病のプロセスとも同じものでないが、生体のさまざまな現象とその障害を明らかにする[53]」ことができるのである。

人間は病だけではなく、精神疾患によって死ぬことも、事故で死ぬこともあるのであり、死は病の必然的な帰結ではない。人間は長い間、生のなかに病の脅威を感じ、病のなかに間近に死を感じていた。生―病―死という系列が成立していたのである。しかし解剖学の発達とともにこの連鎖が分離され、死が医学にとって特権的な位置を占めるようになってきた。死の観点からみて初めて、生体内の依存関係や病理的な系列を分析できるようになったのである。

こうして死が生と病を照らし出し、生体の空間と病の時間を支配するようになる。解剖学は、この死の特権性を技術的な道具とすることで、生の真理と病の本性を把握することができるようになった。医学のまなざしは、これからはこの死のまなざしとなる。生ける眼のまなざしではなく、死を見てしまった眼のまなざしにおいて、生と病が分析されるようになる。

『生と死の生理学的研究』（一八〇〇年）などの著書で、疾患の座は器官ではなく、解剖学的な組織であることを明らかにしたフランスの生理学者のビシャは、この死のまなざしを根拠とすることで、医学的思考と医学的な感受性の根本的な構造をつくりあげた。このまなざしにおいては、生とは死に対抗するものとして定義される。「生はこの（死の）構造に対する生ける対立であるがゆえに、生なのである」[54]。

ビシャは、生に真理を与えるのは死だと考えた。生命に関する知識は、生命の破壊、生命の極端な反対物に、その起源を見いだす[55]。病と生は、死に対してはじめてその真理を語るのである。「ルネサンスの昔から十八世紀まで、生命に関する知は生命の円環に閉じ込められていた。生命は自分自身の上に身をかがめ、自分自身の姿に見入っていたのである。ところがビシャ以来、この知と生命の関係にずれが生じ、死という越えることのできない境界線によって生命から分け隔てられ、死という鏡の中で、生命を眺める[56]」ようになったのである。

医学的まなざしの転換

心理学が、狂気という否定的な症状から人間の精神の「真理」を見いだしたように、近代の医学は、人間の死において、人間の生命の「真理」を見いだした。このような転換は、医学的なまなざしにとっては困難な課題であったはずである。医者の課題は太古の昔から、生命を維持することであった。医者は病、病からの恢復、生にまなざしを注いできた。死は医師の背後にとどまり、その大いなる脅威のもとでは、医師の技術も知識も消滅する。死はたんに生命にとっての危険であるだけでなく、医師の知にとっての危険でもあった。

しかしビシャにいたると、医学的なまなざしが転回し始め、生と病についての真理を明かすことを死に求めるようになる。近代の科学的な医学は、臨床医学と病理解剖が結びついたところから生まれるのである。ビシャは死体を解剖することで、観察では解明できなかった症状の秘密が暴露されると語っていた。しかしこの医学的なまなざしの転換において重要な役割を果たしたのは、たんに死体の解剖を行なったことではない。死が生命の終焉や滅却ではなく、生命にとって重要な知の源泉であり、生命とは死によってしか定義できないという確信だったのである。

これは医学を死への恐怖から解放するものであり、死は経験としての根本的な価値を獲得した。「西洋医学における大きな切れ目は、それまでの臨床医学的な経験が、〔解剖学の知が加わることで〕解剖・臨床医学的なまなざしと化した時に始まる」[57]のである。生と病を死のまなざしから眺めるようになったことによって、医学は思弁から解放されることになった。病が生命に対する攻撃でなく、一つの生命、病理的な生命とみなされるようになったことによって、医学は生命論的な論争から解放されたのである。生命に生体を超越する特別な「いのち」を認める必要はなくなり、生命は無機物と根本的には区別されなくなったのである。

十九世紀以降、死は生命に対する絶対的な視点となるが、同時に生が日常的に直面するものとなった。病は十八世紀までは生命に突発する事故のようなものと考えられていたが、いまや生命の死に対する関係に織り込まれた内的なものとなった。人間が死ぬのは、事故に遭うように、病に罹《かか》るからではない。逆に人間が病になるのは、人間がそもそも死ぬべきものだからである。

死とは、生命において可能になった病である。生の最初の瞬間から死が働き始め、次第にその切迫性を増し始める。起こりうる事故としての病において死が忍び込むのではない。死は生命に最初から結びついているのであり、この死と生命の結びつきが生命そのものを構成し、やがてこれを破壊するのである。人間は死すべき動物であり、生誕の瞬間から人間のうちで死が育ってゆくというヘーゲルの人間学的な病の理論が、ここでふたたび確認されたのだった。

医師の眼は、生命を通じて、死の明るい堅固さに見入っているのである。この「不可視な可視性[58]」は、臨床解剖学とそれに由来するすべての医学を支配する認識論的な構造であり、知覚的な構造である。「可視的なものの主権[59]」は、人間の生命を支配する。解剖学的なまなざしは、生体の内部に入り込み、それまで不可視であった生を、死の陰画《ネガ》として顕わにする。それまで生体の深みにおいて不可視であったものが、まなざしの光のもとにもたらされ、個体の多様性のもとで、詳しく記述されるのである。

中世のメメント・モリ（死を想え）は、若い乙女の肌の下に骸骨を透視した。しかし近代の医師のまなざしは、人間の生命を「真理の上に引かれた闇のカーテン」と捉える。生命はもはや真理ではなく、死体こそが真理があり、生命は死体をおおう「透明なヴェール」にすぎない。そして死とは「身体という黒い櫃《ひつ》」を開き、これを陽の光に晒すことである。「十九世紀の医学は、生を死体化するこの絶対的な眼につきまとわれた[60]」のだった。

見えるものと見えないもの

臨床医学でなによりも重要なのは、それまで「見えなかった」ものを「見える」ようにすることである。それまで〈見る〉ことを妨げていたのは、顕微鏡が存在しなかったことなど、人間の技術や視力の欠如ではない。医師の網膜に像としては写っていても、〈見る〉こと、認識することができなかったのである。臨床医学の課題は、いわばゲシュタルト的に〈地〉に溶け込んでいたものを、〈図〉として浮き上がらせることである。

その当時に顕微鏡などの技術的な手段が好ましくないものとして判断されたのは、その操作が視覚的な可視性の改善にかかっていたわけではなく、可視性の改善が逆に〈見る〉ことに注意を集中するのを妨げる可能性があると感じられたからであろう。フーコーの『臨床医学の誕生』が明らかにしたのは、まなざしの変化が、一つの科学の誕生のために必要な条件となっていたことである。臨床医学は、これまで見ていながら、実は見ていなかったものを、言語によって記述することで、科学として誕生するのである。

フーコーは臨床医学のまなざしがいかにして誕生したかを考察しながら、人間の身体がさまざまな器官の集合という客体的な観点から見られるようになってきたことを明らかにしてきた。人間は人間にとって、まなざしの主体であるとともに、まなざしの客体となる。この相互性は医師であっても逃れることはできない。他の医師のまなざしの客体となることを拒める医師はいないのである。

医学がさまざまな人間科学のなかでも、ある特殊な位置を占めるのはそのためだ。個人が自己自身の認識において、主体であると同時に客体でありうるということは、有限性の構造における一つの逆転を意味するものであった。古典主義時代にあっては、有限性とは無限性の否定にすぎなかった。それは否定的な価値しかもたなかったのである。

しかし十八世紀以降の思考は有限性を逆転させ、それに人間の認識の真理性の基礎を与える。カントのコペルニクス的転回とは、まさに人間が有限であることに、人間の自然認識の真理性の根拠を与えるものであった。そしてフーコーは、このコペルニクス的な逆転こそが、実証的な医学を組織するための哲学的な条件となったと考えるのである。

こうして医学は、人間の根本的な有限性に向かう「最初の突破口[61]」となった。医学は他の人間科学よりも、この人間学的な構造に近い場所にあるのである。医学のまなざしが、「哲学的な密度[62]」をおびるのはそのためだ。

フーコーはこの『臨床医学の誕生』の序文の最後で、次のように語っている。「人間の思考のなかで重要なのは、人間が考えたことよりも、人間によって考えられなかったことである。この非・思考は、まず人間のさまざまな思考を体系化し、次にこれを際限もなく言語で語りうるものとして、さらにこれについて考えるという任務にむかって、限りなく開かれたものとするのである[63]」。〈考えられなかったこと〉を考察すること、これは〈語られなかったこと〉を考察するという考古学のディスクールの概念とともに、フーコーの重要な方法論となるのである。これは、この時期のフーコーの重要な方法論となる考古学の方法の基礎をなすのである。次の章では考古学について考えてみよう。

第五章　考古学の方法——『知の考古学』

第一節　考古学とは

考古学のねらい

一般的には考古学という学問は、過去の遺物を発掘し、その年代を測定し、それに基づいてその時代を再構成しようとする学問と考えることができるだろう。フーコーの辛辣な言葉を借りるならば、「無言の記念物《モニュマン》の学問、惰性的な痕跡の学問、脈絡なき物体の学問、過去が放置した事物の学問(1)」であり、「歴史への傾斜をもつ」学問という性格が顕著だといえるだろう。

しかしフーコーが確立した考古学という方法は、このような一般的な考古学とはかなり異なる性格のものであり、その違いを考えるために、フーコーが実際にどのような文脈でこの考古学という語を使っているかをまず検討してみよう。

まずフーコーにこの考古学という着想が生まれたのは、『狂気の歴史』の頃と考えることができる。この書物の序文に、フーコーは初めて「考古学《アルケオロジー》」という言葉を使ったのである。この書物は、理性と狂気のあいだに「共通の言語」が失われたために、狂気が包まれた「沈黙についての考古学[2]」をめざすものであるとされていたのだった。

この考古学が目指すのは、狂気をどのように学問的な対象とすることで、精神医学が確立されていったかを解明すること、そして精神医学を可能にしたのが狂気であるために、精神医学には狂気を「考える」ことができなくなっている状況を明らかにすることだった。フーコーはこの書物において、「狂気の経験を構成しなおすにあたって、心理学が存立可能になるさまざまな条件の歴史[3]」を書いたと語っているが、これこそが考古学にほかならない。まだきわめて未分化な形ではあるが、ここでは心理学（精神医学）の客体である狂気や狂人と、主体である精神医学者、そしてこの客体と主体のあいだを媒介する制度としての精神病院という三つの側面に、考古学のまなざしが向けられていることに注目しよう。

この考古学という方法を思いついたのは、カント研究の途上であり、カントの「理性の考古学」という概念に刺激されたとフーコーは明かしているが[4]、フーコーが『狂気の歴史』と同時に博士号取得のために提出した副論文、すなわち「カント『人間学』の序」でも、考古学およびそれに関連した用語が使われていた。

たとえばフーコーは、カントの『人間学』が長年の期間を経て改訂されていったことに注目しながら、『純粋理性批判』を刊行する前の批判前期から同書刊行後の批判期を経て、テクストが晩年までのさまざまな「層」で構成されていることを指摘し、「テクストの考古学」によって、批判前期の「人間」の概念と、「批判的な人間《ホモ・クリティコス》」の構造の違いを解明できるのではないかと提案している。[5] この引用文の近くには、「深部にある地質学的な層」の日付を特定することの可能性など[6]、地質学と考古学に関連した表現がみられる。

この「テクストの考古学」が検討するのは、現実のさまざまな対象でも、主体や客体でもなく、カントの思想におけるさまざまな概念の層である。これは、考古学がカントの「理性の考古学」と同じように、人間の思想そのものを考察することもできることを示すものである。

また、「医学的なまなざしの考古学」という副題のついた『臨床医学の誕生』は、精神医学よりも確固とした学問的な伝統をもつ医学について、医者のまなざしの変化を考察する書物だった。フーコーがこの考古学をどのような方法であると考えていたかは、この本の序文における研究方法の説明から、明らかになるだろう。この考古学の説明は、主体、客体、媒介的な制度、思想など、考古学の向かうところを示すものではなく、考古学の性格を示すものとして特に注目に値するのである。

フーコーはこの書物の目的は、科学としての医学的な経験が可能となる条件を明らかにすることである、と次のように語っていた。「この研究の目的は、現代の医学的な経験を可能にしたさまざまな条件を明確にし、批判的であろうとする意図的な計画[7]」を実現することにある、と。

これは狂気と精神医学の関係において、精神医学を可能とする条件が狂気にあったことを明らかにした『狂気の歴史』と、同じ考え方である。あらゆる学問には、その学問の内部からは考えることができず、その学問で暗黙のうちに前提とされているものがある。すでに指摘したように、たとえば数学や物理学においては空間と時間の概念であり、自然科学はこれを前提とせずには展開されえないのである。社会学における社会の概念、生物学における生命の概念なども、このような特別の種類の概念である。これらの概念はカントの用語をかりて、それぞれの学問の「超越論的な条件」と呼ぶことができるだろう。

これはこうした学問が可能となるための条件であり、考古学は学問が暗黙の前提としているものを「発掘する」こと、そしてその超越論的な条件のために、その学問の内部では考えられなくなっているものを考察しようとする。そのことを語っているのが、前章の最後で引用した文である。この書物の考古学の方法は、その学問が考えることのできないもの、見ることができないものを発掘し、カント的な意味で超越論的な意味を考察することを目的としていた。そのためこの書物の副題とされた「医学的なまなざしの考古学」という呼び名は、じつはそれほど適切なものではないのである。医者のまなざしの変化よりも深い次元にまで掘りさげて、医学的な経験が可能となる条件を探求することは、医者がじつは「見ることができないもの」を暴くということであり、それを「まなざしの考古学」と表現すべきではないかもしれないのである(8)。

道具の考古学

ただし広い意味で考古学の方法を「あるものを可能にする条件」と考えるならば、この考古学という方法の適用範囲はきわめて広いものとなる。たとえばフーコーは『臨床医学の誕生』においては、これを学問だけではなく、道具などにも適用して考察している。ある道具が発明されるのは、それが必要であるからだが、それが可能であるために、さまざまな歴史的、思想的、経済的、制度的な条件が前提となる。これらの前提となる条件を考察することも、考古学の方法と呼ばれるのであり、これはいわば「道具の考古学」といえるだろう。

「道具の考古学」は、ある道具が誕生するためには、そもそも人間の生活の条件と、世界や人間についての見方がどのように変化していかねばならないかを考察する方法である。ひとつの道具が可能となるということは、世界にたいするまなざしが変化しているに違いないからである。

たとえば哺乳瓶という道具を考えてみよう。哺乳瓶が誕生するためには、西洋の社会においてさまざまな条件が必要とされたはずである。母乳の功罪、授乳にたいする意識の変化など、多様な要因を考える必要がある。フランスでは近代の初頭に、母乳のもつ力と、その危険性が大きな問題となっていた。生まれた五人の子供をすべて養育院に捨て子にしたルソーが、母乳で育てることの重要性を力説したスキャンダルは有名である。

十八世紀には、女性の身体と子供の養育の問題が社会の重要な話題になったのである。ルソーをはじめとして、教育と母親の役割が重視され、子供の発育の問題と、母親による子供の養育の問題の交差する場所に、十八世紀後半に、哺乳瓶が登場したのだった。(9) だからもしも哺乳瓶について考古学的に考察するとすれば、これらのさまざまな要因を考慮しながら、人々のものの見方、子供と母親にたいするまなざしが変動したことを分析することになるだろう。

あるいは浴槽の考古学というものも楽しいだろう。哺乳瓶とは違って、この分野には多数の文献がある。アラン・コルバン『匂いの歴史』が雄弁に物語っているように、革命前のパリは匂いにみちた社会であり、入浴は人々の習慣になっていなかった。しかし十九世紀の半ばにパストゥールが細菌の存在を明らかにしてから、人々の清潔さについての感受性が一変する。[10]

こうしてブルジョワは率先して自分の身体を清潔にするために、シャワールームをつくり、浴槽を部屋のなかに設置する。そして身体を清潔にすることが道徳的な偏執観念となる。「かくして、身体的清潔さは家庭的秩序の確固たる保証となることを期待され、道徳的秩序と社会的秩序の土台として認識される。……これが強迫観念にかられたブルジョワ的なモラルの紛れもない秩序であり、すべての行動はこの秩序に照らして計られるが、その発想はもともと宗教的なモラルのうちにある[11]」のである。

社会の空気のなかに不潔な細菌が潜んでおり、人体のように有害物を排出し、吸収していると考えられるようになるのである。社会はそれまでのように、人々の外部に存在するものではなく、人々が一体になって生きる場であることが認識されたのである。こうして社会の自己認識が変動する。社会はひとつの身体のようなものであり、その社会のなかには、有害なものも存在すること、なんらかの方法で対処しないと、社会という身体に危険をもたらしかねないものが存在することが認識されたのである。

前の章で考察したように、こうしてブルジョワによる貧民へのまなざしが変動するのである。貧民が不潔な状態で暮らしていることが、他のすべての人々の健康を重大な危機にさらす可能性があると考えられるようになる。ブルジョワ階級の人々が、自宅のクロゼットに浴槽を取りつけることは、根本的な解決にはならないのである。ここに公的な権力による衛生学的な措置が要請される。貧民や学生や兵士たちを清潔にするための公衆浴場や兵舎や学校でのプール、シャワー、手洗い場が整備されてくるのである。この問題は最終的には、都市設計と住宅設計にまで拡大することになる。人間の身体にたいする社会のまなざしは、わずか数十年で逆転したのである。

フーコーは『臨床医学の誕生』で聴診器について、こうした道具の考古学を展開している。肺疾患においては、胸腔にたまった空気の量が減少することが多い。これは肺を打診することによって調べることができる。これは経験的な事実によって裏づけられる。水を満たした樽を上から下へと叩いていくと、水が溜まった場所では音が鈍くなる。これは人体にも応用することができる。死体の反響する胸郭に注射で液体を満たすと、水が溜まっている高さを確認することができる。この方法を使えば、肺の空気の状態を推定できるはずである。

しかしこの打診の方法はかならずしもつねに利用できるわけではない。胸や腹部に直接耳を当てて音を聞くことはそれまでも行なわれていたが、十九世紀になると、女性の慎み深さを害し、一方では医者の嫌悪感をそそるものとして行なわれなくなった。いわば突然のように道徳的な要素が入り込んできたのである。フーコーはそのことを、認識の必要性が逆に道徳的な感性を強めたと考えている。まなざしの一つとして音を聞くことが医学的な必要となってきたために、その道徳的な意味が問題となってきたというわけである。

そこでこれに対処するために、一八一六年にフランスでラエネクという医者が、聴診器を発明した。ラエネクは心臓病の若い婦人を診察したが、その婦人は肥満していて触診でも打診でも診断できなかった。そこで彼は木材の片方に耳を当てて、反対側を釘でこするとよく聞こえるという（糸電話のような）子供の遊びを思い出した。彼は木製の筒を作り、それを患者の胸に当てて心音を聞いた。聴診器はステトスコープと呼ばれるが、これはまなざしで見つめるという意味のスコポスというギリシア語と、胸を意味するステトスというギリシア語をつなげてラエネクがつくった言葉であり、聞くことが医師にとっては見ることにひとしいものとして感受されていたことを示すものである。

ラエネクはこの聴診器を発明するとともに、膨大な症例を聴診し、その音を記録し、さらに死後の解剖所見と比較して、診断法を確立した。聴診器は、いわば臨床医学のまなざしと解剖学の落し子である。ある医学史家は、「死体解剖の示すものを、耳や指で認めることができるようになると、疾患に関する記述とその治療法がまったく新しい道に進んだ」と語っている(12)。

この打診という方法は、身体の表面における症状だけに注目していた臨床医学のまなざしでは、とうてい思いつくことのできなかったものである。身体が厚みのある「黒い櫃《ひつ》」となり、その内部の器官にいたる「深さの道」をたどる方法が模索され始めてから、やっと可能となった方法なのである。

病理解剖学のまなざしは、身体の表面の症状からその深部の器官へと、垂直の方向に進まざるをえないために、身体の深さの次元が登場したのだった。それとともにまなざしは視覚だけではなく、他の感覚を駆使するようになる。触覚、聴覚、嗅覚、味覚などが、まなざしと同じ構造のもとに活用されるようになるのである。

フーコーのこの「道具の考古学」は、聴診器や哺乳瓶などのありふれた日常の道具に、認識の歴史がつめこまれていることを明らかにするのである。その意味では日常のすべての事物が、沈黙のうちにある一つの歴史を物語っており、考古学によって沈黙の言葉が聞き取られる日を待っているともいえるのである。聴診器や哺乳瓶は、地層のなかの化石のように、現代にいたる知の累積的な成果であり、その歴史的な刻印を告げている。

第二節　『知の考古学』

考古学の方法論的な解明

フーコーは『臨床医学の誕生』では、道具の考古学の概念とその実例を提示し、さらに死と言語の結びつきをもとにして、医学の科学性と歴史性を明らかにした。そこで明らかにされたのは、現代的な医学が誕生するためには、あるアプリオリな条件が必要だということだった。そのアプリオリな条件とは、人間が身体や組織を見るまなざしが変化し、見たものを語る言葉が変化することであった。新しい学問、新しい装置、新しい道具が誕生するためには、そのための前提条件が成立している必要があるのである。

フーコーはこの時期に、この考古学の方法論を研ぎ澄ませてゆくが、この方法論は最終的には『知の考古学』で詳しく展開されることになる。この節では、一九六〇年代末までのフーコーの重要な方法論であった考古学について考えてみよう。

まず確認しておく必要があるのは、フーコーのこの方法は、それまでの歴史や思想史や科学史の観点からみると、画期的なものであったということである。たとえばそれまでの歴史であれば、さまざまな古文書を手がかりに、過去の主要な人物とその偉業を明らかにしながら、現代にいたるまでの継続性を明らかにしようとするだろう。これは過去の歴史のうちに隠された統一性を示すことで、それぞれの「時代の〈顔〉」[13]のようなものを復元しようとする試みである。

しかしフーコーの考える考古学的な歴史は、このような統一性や継続性を探し求めることはしない。このような統一性を求めるということは、歴史には現在にいたるまでの目的論的な原理が潜在していると考えることだからである。考古学はこうした原理を否定し、それぞれの時代のあいだに「さまざまな系、切断、境界、勾配、ずれ」[14]が存在していると想定する。そして、背後に潜む同一性や均質な関係の体系[15]でなく、明確に示された差異を明らかにしようとする。

また伝統的な思想史では、主要な哲学者のテクストを分析しながら、哲学の営みの変遷をたどることで、現代からの統一的な眺望をえようとする。しかしフーコーの考える思想史にとっては、主要な哲学者のテクストというものは、新しい見方が成立するようになった時代的な変遷の一つの「結節点」のようなものにすぎない。それがカントやヘーゲルなどの哲学者の名前をおびるのは、かなり偶然的なものにすぎず、それよりもそのような特定の哲学者の思想を可能にした背後の大きな知の変動こそが重要だと考えるのである。

フーコーは、伝統的な思想史の見方には三つの重要な暗黙的な想定が原理として含まれているが、そこには大きな錯誤があると指摘する。第一の原理は「原初性の原理」であり、起源において、ある根源的な思想が語られていると想定するものである。第二が「多数性の原理」であり、この根源的な思想をめぐって現代にいたるまで多数の注釈書が書かれてきたと想定するものである。

第三が「稀少性の原理」であり、この無数の注釈の増殖は、一人または少数の特権的な作者が存在するという想定に支えられているのである。これらの原理はいずれも、歴史の解釈の場合と同じような同一性と目的論の思考方法に支えられているのである。

フーコーはこれにたいして、多彩な反論を提起する。まず「原初性の原理」にたいしては、「大いなるテクスト」というものは、後の時代においてつくりだされる伝説のようなものにすぎないのであり、むしろさまざまな注釈によってこそ、「大いなるテクスト」が創造されることが多いことを指摘する。注釈は、「新しいディスクールを、かぎりなくつくりだすこと[16]」を可能にする。原初のテクストの優越性なるものも、その永続性なるものも、「隠された意味」なるものも、この注釈のディスクールのうちから発生するものなのである。

だから第二の原理でいささか軽蔑的に語られた「多数性の原理」によって増殖する二次的なテクストと呼ばれるものこそが、「一次的なテクスト」であるかもしれないのである。「新しさは、かつて語られたことのうちにあるのではなく、回帰の出来事のうちにこそある[17]」とも言えるのである。

また第三の「作者」という「稀少性の原理」は、第二の多数性の原理の裏返しであり、第一の原初性の原理を補うものである。この原理は、「意味作用を統一するもの、あるいは起源であるもの、テクストの一貫性の中心である」ものとして、作者なる特権的な存在を要請する。作者とは、「〈文学作品の場合には〉虚構という不安な言語に、統一性を与える存在であり、首尾一貫性の〈結節点〉となる存在であり、現実との結びつきをもたらす存在である[18]」ことが期待されているものである。

また科学の分野では、コペルニクス、ニュートン、ダーウィンなどの科学者は、たしかに一つの学問のパラダイムを転換するような業績を残したが、フーコーはこうした営みが成立するためには、まず科学的なまなざしの変動が必要だったと考えている。たとえばコペルニクスの地動説が可能となるためには、無限についての伝統的な考え方が転換している必要があったし、ニュートンの万有引力の法則が可能となるためには、地球とさまざまな天体のあいだの質的な違いについての信念がすでに揺らいでいる必要があった。またダーウィンの進化論が可能となるためには、種と個体についての考え方と、自然の連続性についての考え方がすでに変動している必要があったのである。フーコーは特定の科学者の発見によって、その学問体系に後戻りのできない変動が発生したとしても、それを可能にした条件を問うことがもっと大切だと考えるのである。

このようなさまざまな特権的な行為者、作者、哲学者、科学者が、みずからの思想を結実させるために必要とした条件、その「可能性の条件」を問うのが、考古学的な考察なのであり、歴史や思想史や科学史のなかの偉大な行為者や発明者の「顔」を消滅させて、その背後にあるもっと大きな動きに焦点を合わせようとするのである。

ただしこの方法論は野心的なものであるだけに、さまざまな反論が提起されたのであり、フーコーはみずからの方法論を彫琢するために、いくつもの新しい概念を構築していった。以下では、こうした考古学の新しい概念について検討してみよう。

考古学とエピステモロジー

ところでフーコーがこの考古学において駆使する概念をつくりだし、みずから方法論を点検するきっかけとなったのは、「認識論サークル」がフーコーに方法論的な問いを提示し、一九六八年の『カイエ・プール・ラナリーズ』という雑誌にフーコーが回答を掲載したことだった。(19)

この質問は長文であるが、要約すると次の五点にまとめることができる。そしてフーコーはそれぞれの論点について、独創的な思考方法を示すのである。

(一) フーコーは歴史における「切断」や「境界」を強調するが、歴史の同質性が否定され、切断され、たがいに異質なものとなったのであれば、現代はみずからと異質な過去の時代をどのようにして把握することができるのか。歴史的な目的性や同一性を否定した場合、考古学では異質な過去をどのように理解しようとするのか。

(二) 『臨床医学の誕生』でフーコーは考古学という方法が「思考されなかったもの」、「ノン・パンセ」を思考すると主張するが、思考されなかったものを思考することには矛盾があるのではないか。思考することができない超越論的な前提は、それが思考できないからこそ前提となるのではないか。

(三) 科学史のさまざまな理論と、それを可能にする背景的な知の基盤とはどのような関係にあるのか。

(四) さまざまな理論の背景となる知の基盤において、学問的な違いはどのようにして発生するのか。フーコーは医学の発達と精神医学の発達には時間的なずれがあることを指摘していたが、それはどのように説明できるのか。

（五）知の基盤は人々によって把握しにくいものである。その全体性はどのようにして認識することができるのか。

この雑誌に掲載されたこれらの質問は、考古学の方法の基本にかかわるものだった。考古学は「見えないものを見えるようにすること」「語れないものを語れるようにすること」を課題とするものであっただけに、それがそもそもどのようにして可能であるかは、答えねばならないことがらだったのである。この質問にたいするフーコーの回答「科学の考古学について」[20]は、方法論的な考察の書物である『知の考古学』の個別の章で、さらに詳しく展開されて記述されることになる。

まず第一の「切断」についての問いから考えてみよう。フーコーはその切断と不連続性という考え方が独自なものではなく、多くの学問分野で研究されてきたことを強調する。当初は歴史の連続性が重視されたが、最近では「人々は一つの遮断が挿入されていることを明らかにしようとしている」[21]というのである。

この「遮断」ということでフーコーがとくに指摘しているのが、フランスの科学認識論（エピステモロジー）の分野における先人たちの重要な貢献だった。この分野ではすでにガストン・バシュラールが「認識論的な行為と閾《しきい》」[22]という概念を提起して、先鞭をつけていた。この行為と閾は、「認識論的な切断」によって生まれるものである。さらにジョルジュ・カンギレムは「さまざまな概念の転位と変換[23]」という概念を提示して、科学史における真の「発見」の意味を明らかにしていた。またマルクス主義の分野でも、ルイ・アルチュセールが、若きマルクスと成熟したマルクスの「切断[24]」という概念を提起していた。

これらのさまざまな概念についてここで簡単に紹介しておこう。フーコーは戦後のフランス思想の主要な潮流を総括して、現象学−存在論−実存主義という流れ（サルトルとメルロ＝ポンティの流れ）に、マルクス主義、構造主義、フロイト主義が複雑に絡み合っていたと語っている。しかしこうした流行の思想潮流とは独立した流れがあり、それがコントの伝統をうけついだバシュラールとカンギレムにいたる科学哲学と科学認識論（エピステモロジー）の潮流だった。フーコーは自分のことを、カンギレムの弟子であり、「マルクス主義者でも、フロイト主義者でも、構造主義者でもなかった[25]」と語っているのが、これはベルクソンの伝統をうけ継ぐ当時のフランスの哲学者のうちでは、かなり異例な立場だった。

この伝統の大きな論点は、科学史の流れにおける真の発明はどのようなものであるかということだった。たとえば酸素を発見したのはラボアジェとされるが、気体としての酸素を単体で遊離したのはプリーストリーであり、彼は気体についてその現象的な特徴を詳細に記述している[26]。それでは酸素を発見した「功績」はどちらにあるのだろうか。

問題は気体としての酸素を発見したのが誰であるかというよりも、その酸素を気体の分子として化学的に認識したのが誰かということである。プリーストリーは、それまでの伝統において燃素（フロギストン）という概念のもとでこの気体について考察していたのであり、酸素を〈脱フロギストン〉物質とみなしていた。このフロギストンという概念は、ある現象が発生するときには、その背後にその現象の「実体」となるものが存在しているはずだという信念に依拠しているものであり、燃える現象の背後には、燃える物質があるに違いないと考えるものだった。眠くなるのはなぜかと問われた医者が、体内に「眠い物質」というものが存在するからだと答えるのと同じようなことである。[27]だから真の意味での気体の分子の酸素を発見するためには、この思考の伝統をひとたび「切断」する必要があるのである。しかもその物質を見るまなざしそのものが、以前の思考方法とは切断されている必要があるのである。これがバシュラールの考える「認識論的な切断[28]」であり、この切断を実行するのが認識論的な行為であり、この切断によって発生した断面が「認識論的な閾[29]」である。

またカンギレムは、「概念[30]」的な区別というものを重視した。プリーストリーがこの「脱フロギスト物質」を眺めるまなざしには、近代的な化学の分子の概念が存在していないため、酸素を発見したとは言えないのである。この「概念」の考え方は、哲学の営みは新しい概念をつくりだすことだと主張したドゥルーズの考え方に近いものがある。

さらにアルチュセールは、若きマルクスと『資本論』時代のマルクスには、思想的に明確な「切断」が存在しているのであり、若きマルクス時代の観念を『資本論』の時代のマルクスの思想に適用することはできないことを主張していた。[31]

このように歴史の分野ではごく長いタイム・スパンにわたる連続が注目されるようになった時期に、科学史と思想史では、異なる時代を明確に区別する「切断」と「閾」の概念が重要な役割をはたすようになっていたことを、フーコーは強調するのである。科学史の伝統においては、このような切断を認識することが、一つの歴史をつくりだすために必須の営みなのである。

不連続性の概念

ところでフーコーもまた、これらの先人の「切断」の概念を活用しながら、歴史の不連続性を主張するわけであるが、それではその意図はどのようなものであり、その方法はどのようなものだったろうか。

フーコーのこのプロジェクトには、二つの大きな目標があったことが指摘できる。一つはこれらの不連続や切断の概念を、歴史の研究における大きな視野のうちに位置づけることであり、もう一つはこれらの概念をさらに掘り下げて、科学史や思想史だけでなく、もっと広い人間科学の全体にまで適用できるようにすることである。フーコーの野心は大きいのである。

第一の目標は、連続的な歴史という概念の背後にある人間学的な土台を掘り崩すことを目指す。これまでマルクス、ニーチェ、現代の構造主義的な営み（言語学、文化人類学、精神分析）など、切断を明示しようとする「脱中心化(32)」の試みが何度も反復されたが、そのたびに掘り出された差異が埋め戻されるような保守化の反動の動きが発生していた。あらゆる脱中心化にたいして、人間学とヒューマニズムの結びつきのもとで、「主体の至上権(33)」をふたたび確立する試みが繰り返されたのである。この保守的な動きに対抗しようとするのが、フーコーの考古学の重要な課題である。

第二の目標は、そのためにも科学認識論の分野で利用されてきた「切断」の概念と道具を、歴史や文学や思想を含むもっと広い領域に適用できるようなものにつくり直そうというものである。「認識論的な切断」や「概念の変換」は、科学史の考察だけに限定するには、もったいないツールなのだ。科学史をこえた人文科学の全体を視野に捉え、思考の営みそのものを対象とした「断絶」を提起するのでなければ、こうした保守的な反動に、「人間学的な隷属[34]」に、対抗することができない、とフーコーは考えたのである。

対象領域の拡大

フーコーはこの目標を実現するために、さまざまな概念をツールとして提示する。以下ではエピステモロジーの領域における研究方法と、フーコーが提示した方法の違いを明らかにしながら、こうした方法の独自性を検討してみることにしたい。

まず最初にフーコーが提起したのは、考察する対象領域を拡大することだった。科学認識論《エピステモロジー》の分野で考察の対象となるのは、特定の学問分野に所属する議論であり、それが固有名をもつ「作品」として、文書化されている場合にかぎられた。たとえばカンギレムが反射概念を考察するときに対象としたのは、隣接する学問分野の議論は除外して、純粋に生物学の分野において、著者が明確に示された古代ギリシアのアリストテレス以来の文書から、同時代の生物学の文書までの全体である。著者が明記されている必要があるのは、その固有名によって、その時代的な前後関係が明確にならないと、それが「認識論的な行為」であるか、「新しい概念」であるかが明確にならないからである。

しかしフーコーはこのような限定は、真の意味での「切断」を探しだすための方法としては不適切だと考える。対象が狭すぎるのである。第一に、バシュラールが主として研究した物理学や化学などの分野や、カンギレムが主として考察した生物学などの分野に限定するのでは、人間科学のすべての分野に適用できるような思想的な不連続性を見いだすことはできない。

第二に、そのような生物学などの学問分野の統一性というものは、かなり恣意的につくられたものである。ニュートンの物理学の主著である『プリンキピア』が「自然哲学の数学的原理」と題されていたことからも明らかなように、近代にいたるまでのさまざまな学問は、もとは「哲学」または「自然学」という広大な分野に包括されていたものである。「〈文学〉も〈政治〉も近代のカテゴリー[35]」なのである。さらにこうした学問分野を定義するための「反省的なカテゴリー、分類の原理、規範的な規則、制度化された類型[36]」というものは、その学問分野が成立するためにすでに前提とされているものであって、これを前提としたのでは、その背後に働く大きな「切断」の力を暴くことはできないのである。

第三に、議論に特定の固有名詞を結びつけることにも、大きな問題がある。ある議論が成立するのは、単独の固有名をもつ人物の力だけではない。すでにフーコーは著名な思想家というものは、その時代のもつ力が特権的に働いた結節点のようなものにすぎないことを指摘していた。問題なのはその時代の力なのであって、著名な著者の周囲で「語られた会話、聞き手によって書き写された話、要するにひしめきあう無数の言語的な痕跡[37]」もまた、重要なものではないだろうか。

第四に、文書化された「作品」という考え方にも、大きな問題がある。一人の作者が残した「作品」は、その作者の活動の大きな範囲のうちの特定の部分にすぎない。ニーチェの狂気の頃の葉書は、そして「洗濯屋の勘定書とアフォリズムの企てが混在した無数の紙の集まり[38]」は、作品のうちに含まれるのだろうか。それに作品というものは、他の無数の作品との影響関係のうちに形成されるものではないだろうか。一つの作品は「他の書物、他のテクスト、他の文などの関係のシステムのうちに、つまり網の目のうちに捉えられている[39]」ものではないだろうか。こうした網の目こそが重要なのではないだろうか。

ディスクール

次にこの拡大された対象を考察するために、フーコーはディスクールという概念を定義する。この語は議論、演説、話など、「語ること」と「語られたこと」を意味するごく一般的な意味をもつ語であるが、フーコーはこれに科学認識論の対象であった「作品」の概念を拡張する役目を負わせる。ディスクールを構成するのは、個別の語られたこと（言表《エノンセ》）であるが、この語られたことは一つずつが「事件」として考察の対象となる。さらにそれぞれの言表には、固有の審級が存在する[40]。

まず第一にそれが「事件」であることにおいて、それを語ったのは「誰」であるか、という主体の問いが問われることになる（これは個別の主体ではない集合的な主体であることも、無意識的な主体であることもあるだろう。固有名をもつ主体をあらかじめ想定することはできないのである）。ここで問題となるのは、「語るすべての個人のうちで、この言葉を語るべき理由があるのは誰なのか、誰にそう語る資格があるのか[41]」ということだ。たとえば「この者は狂人である」という言表は、それが医者によって語られたのか、家族によって語られたのか、裁判官によって語られたのかによって、異なった価値をもつものである。

第二にその言表が語られた「制度的な場所[42]」がどのようなものであるかが問われる必要がある。「この者は狂人である」が医師の診療室で語られたか、裁判所で語られたかは、大きな違いをもつ。さらにこうした〈場所〉としては、文書が含まれる。報告書、統計学的な情報、論文などもこうした言表《エノンセ》の重要な場所である。これは「昔から有効と認められた書物や論文を蔵している[43]」図書館だけでなく、行政機関のさまざまな文書庫《アーカイヴ》も含められるのである。

第三に、その言表を語る主体の位置がどのようなものであり、どのような意図と目的のもとで語られるかが問われるべきである。「この者はインフルエンザ患者である」という言表は、診断書を手にした医者が語るのか、それとも研究発表の場でマイクを手にしたインターンが語るのかで、まったく違う表現とみなすべきなのである。

要するに、さまざまな場所で医者が同じ言表を口にしたとしても、それが「医者の治療者としての役割、教育者としての役割、医学的な知の伝搬における中継者としての役割、社会的な衛生における公衆保険の責任者としての役割[44]」のどの役割において語られたかで、非常に異なる性質のものとなりうるのである。

このようにフーコーの考えるディスクールの概念では、科学認識論のディスクールとは異なり、たんに著書が特定できる作品のなかに発表された言表だけを問題にするのではなく、それを支える制度的な機構、道具的な手段、意図された目的、語用論的な機能などのすべてを含む膨大なものが対象とされているのである。

また、このディスクールについて考察するときに、たんに語られた言葉として中立的に考察しないことが大切である。ディスクール分析においては、「語る主体の意図、彼の意識的な活動、彼が言おうとしたこと、彼が述べたことや彼の顕在的な言葉のほとんど知覚しえない割れ目のなかに姿を現わした無意識の作用などを見いだそうとする[45]」のである。

さらに重要なことは、この言表の分析において、語る主体の意図や無意識について考察することを通じて、その言表によって語られなかったこと、あるいはそれとは異なる言表が語られなかったのはなぜか、ということも問われることである。「その言表がなぜその以外のものではありえなかったのか、その言表はどのようにして他のすべての言表を排除する関係にあるのか[46]」を問うわけである。このように、特定の言表の不在あるいは排除の理由についての考察によって、フーコーのディスクール分析は、抑圧されたものを解明する大きな力を手にすることになる。

エノンセの定義

このディスクールの概念からいくつかの重要な概念が発展してきた。まずディスクールを構成するもっとも基本的な単位であるエノンセについて、この「ディスクールの原子[47]」について、さらに考察が展開された。これまで言表と訳されてきた語エノンセは、「語られたこと」という意味にすぎないが、ディスクールの全体像が明確にされたところで、このエノンセの概念が確立されることになる。

まずエノンセとはどのようなものだろうか。ぼくたちの周囲に見られるさまざまな文や、記号や、シンボルなどはどれも人間によって「語られたもの」であり、そこにある「意味」や「機能」がそなわっているものは、すべてエノンセとして判断される。

新聞に記載されているすべての記事はエノンセである。しかし「語られた」ということから考えて、あまりに文章のようなものに限定してしまうのはよくないだろう。天気図のさまざまな記号もまたエノンセであり、四コマ漫画も、たとえ台詞が一言もなくてもエノンセであろう。似顔絵もエノンセであり、図書の広告もエノンセである。動詞の活用表もエノンセであり、ほとんど種の名前だけでつくられているリンネの分類も、帳簿も、グラフもエノンセである。ほとんど偶然にすぎないものも、タイプライターのキーの配列QWERTもまた、特定の意味をもつエノンセである。また有形なものだけがエノンセであるわけではない。語られた言葉もまた、「ああ」という溜め息も、相手の裏切りを知らされて愕然としてつぶやく「あなた」と語る一言も、またエノンセであるに違いない。「一つのエノンセは、紙片に手書きされていても、書物のなかで公けにされていても、同一でありうる」だけでなく、「口頭で発音されても、ポスターに印刷されていても、録音機で再生されていても、同一でありうる(48)」のである。

ただし人間の残したものがすべてエノンセであるわけではない。かつての印刷所では鉛の文字盤が使われていたが、それが整理されておらずに、乱雑に置かれているときには、そこにエノンセを見いだすのは困難だろう。「それらはたかだか、表現を書きつけるための道具」にすぎないのである(49)。

さらに記号であっても、人間が残したものでないものはエノンセとは呼べないだろう。夕焼けが明日の天気を示すものだとしても、それは人間が言葉として表現しないかぎり、エノンセとは言えない。猫のあくびは、それを人間が言葉として表現しないかぎり、エノンセとは言えない。

しかし、エノンセとはどのようなものかということを明確に定義しようとするとなかなか困難である。まずエノンセは、論理的な機能をはたす「命題」ではない。「それは真実である」という命題と、「わたしはそれを真実であると考える」という命題は、論理的には同じ内容を意味しているのであり、等価である。しかしエノンセとしては、この二つはまったく異なるものであり、「等価でもないし、相互に置き換えることもできない[50]」のである。

次に、エノンセは文法的にみた「文」であるわけでもない。このことは、グラフや天気図の記号がエノンセであることからも明らかである。「文の文法的な特徴によって、エノンセを定義することはできない[51]」のである。

最後にエノンセを、言語分析学派で考える言語行為（スピーチ・アクト）と同じものと考えることはできないとフーコーは指摘する。「誓い、祈り、契約、約束、論証[52]」などは、その意味が成立するためには、「いくつかの明確な定式、あるいは分離されたいくつかの文[53]」を要求するのであり、エノンセそのものとは考えられないからである。

フーコーはエノンセをある統一性のあるものとして、命題や文や言語行為のように定義できるものとして考えるべきではないと指摘する。フーコーがエノンセのうちに見ようとするのは、全体性を拒む断片性とその一回性、使いすてられるものでありながら、語られたときに示される強い働きと、そこで残される強い印象である。すなわちフーコーは言語の「出来事」性にエノンセの重要な特質を見いだしているのである。「エノンセという行為は、繰り返されることのない一つの出来事である。それは他に還元されぬ場所と日付による独自性をそなえたものである[54]」。

だからエノンセは「論理学、文法、言語分析など、同種のものに考えられる統一性」も、「固有の限界と独立性をそなえた物質的な対象にみられるような統一性」もそなえていない。それでいて、こうした「命題、文、スピーチ・アクトが存在するかどうかを判断するために不可欠なもの[55]」である。命題が妥当なものか、文に意味があるかどうか、行為が求められたものかどうかを判定することができるのは、個別のエノンセであり、論理学でも文法でも言語分析でもないのである。エノンセは文や命題のような「存在」であるよりも、一つの出来事の「機能」であると考えるべきなのだ。

だから「エノンセ一般のようなものとか、自由で中立的で独立したエノンセのようなものなどは存在しない。一つの系または全体の一部を構成し、他のさまざまなエノンセとの関係のうちで一つの役割を演じる[56]」エノンセしか存在しないのである。

ただしすでに指摘されたエノンセの出来事性と一回性は、歴史的な一回性と考えるべきではないことに注意が必要だろう。シャルルマーニュの戴冠式において、王に冠を与えられるときに語られた言葉や、カエサルが死ぬ間際に口にした言葉などは、一つの事件であり、出来事であるが、それはエノンセとして分析されるには、あまりに孤立しているし、絶対的な一回性という性格をおびているのだ。エノンセには「反復可能な物質性[57]」というものが必要であり、他のエノンセとの網の目で役割を演じるべきものなのである。

エノンセの機能

フーコーがこのようにエノンセというディスクールの「単位」を取りだして考察したのは、それがはたす機能を分析することによって、ディスクール分析の占める位置とその豊かさを明らかにすることができるからである。すでに指摘したようにディスクールは、一つの「閾《しきい》」をそなえ、特定の領域を対象とし、特定の規則にしたがうエノンセの全体である。この閾がどのようにして生まれ、この領域がどのようにして定められ、規則がどのようにして生まれたかを考察するためには、エノンセの働きを分析する必要がある。

ディスクールがある領域に関するものであることを示すのは、そのディスクールそのものではない。たとえば臨床医学的なディスクールの領域と精神病理学なディスクールの領域はどのように区別して規定することができるかということは、その対象によっても、スタイルによっても、概念によっても、テーマの同一性によっても判断することはできない。

第一に対象について考えてみると、この二つのディスクールは、身体の病と精神の病を対象とするディスクールと考えることができるが、この身体の病と精神の病というものは、すぐに定義して区別することができるものではない。というのは、疾病と狂気は時代ごとにその定義が変遷し、また身体の病が精神の病と呼ばれたり、精神の病が身体の病と呼ばれることもあるからである。同じ精神病理学が対象とする病であっても、フロイトが語る病と、ピネルが語る病では、ほとんど別のものかもしれない。「精神病理学のディスクールのすべての対象は、ピネルやエスキロールから、〔オイゲン・〕ブロイラーまで変化を遂げているのである[58]」。

だからたとえば狂気というディスクールの統一性は、その対象が「狂気」であることによって、その客観的な地平の特定可能性によって定めることはできないのである。ということは、対象に注目して、ディスクールの外側から、そのディスクールの領域を決定することはできないということである。それを決定するのは、ディスクールの内部で作動する個別のエノンセが、「ある一定の期間において、さまざまな対象が現われることを可能にするさまざまな規則の働き[59]」を示すかどうかである。

第二にスタイルについて考えみよう、医学が語るディスクールのスタイルは、すでに『臨床医学の誕生』で語られてきた「まなざし」の同一性に貫かれているということによって生まれる。しかしフーコーが明らかにしたように、この「まなざし」の同一性と差異は、そのディスクールを内側から決定するものではあっても、そのディスクールを他のディスクールと区別するための外的な徴表となるものではない。

むしろこの「まなざし」をもったさまざまなエノンセが、あるディスクールを医学のディスクールとして特徴づけるのである。エノンセのうちで、「ある事物について同じまなざし、知覚の領域の同一の網の目[60]」が現われるときに、あるディスクールが臨床医学のディスクールとして認識されるのである。

第三に、ディスクールはそこで使われる概念の同一性によって識別されるものだろうか。しかしこれについてはたとえば、古代から成立していた古いディスクールの一つである文法のディスクールを考えてみれば、概念というものは多様に変化するものであることが明らかになるだろう。動詞や名詞の概念そのものも、古代から同一のものではなく、さまざまに異なる概念が利用されてきた。さらに近代の文法の理論では、「補語」の概念など、新しい概念も次々と登場するのである。

むしろ文法にかかわるさまざまなエノンセが新たな概念を「同時的にまたは継起的に出現させ、その偏差とそれらを分かつ隔たり[61]」を示すことにおいて、文法というディスクールの統一性が明らかになると考えるべきだろう。

第四に、テーマの同一性もディスクールの個別性を示すことはできない。動物の進化を語るディスクールが、進化論のディスクールとして認定され、神学的なディスクールや博物学的あるいは宇宙論的なディスクールと異なるものとして認識されるための基準は、ディスクールの外部には存在しない。まったく異なる対象と、概念と、スタイルをそなえたディスクールが、同じ進化のテーマについて語ることができるのである。ドゥニ・ディドロの進化論のディスクールは、ダーウィンの進化論のディスクールとは、まったく異なる性格をおびているのであり、「テーマは同一だが、二つの異なるディスクール[62]」と言わざるをえないのである。

だからディスクールの同一性と差異を決定するのは、ディスクールの対象でも、ディスクールで使うスタイルでも、概念でも、テーマの共通性でもない。そのディスクールの内部のエノンセがどのような規則とシステムにしたがって編成されているかが、そのディスクールの固有性を決定することになる。このようにエノンセに注目することによって、初めて「臨床医学のディスクール、経済学のディスクール、精神医学のディスクールについて語ることができるようになる[63]」のである。ディスクールについて新たに定義するならば、「エノンセが同一のディスクール編成に属する場合にかぎって、エノンセの総体をディスクールと呼ぶことができる[64]」のである。

この定義はかなり同語反復的であるが、それはディスクールがエノンセによって規定されるが、反対にエノンセはあるディスクールの規則にしたがうかぎりで、同じディスクールに属するものと判断されるからである。循環的になるのはしかたのないことであって、ディスクールだけから始めることも、エノンセだけから始めることもできないのである。

エノンセとディスクールの関係

・稀少性

エノンセとディスクールはこのように循環的な関係にあるとしても、ディスクールとエノンセの関係を考察するフーコーの分析には、いくつかの特徴を指摘することができる。フーコーのディスクールの定義では、エノンセは過剰になる傾向があった。というのは、ディスクールが科学認識論のように、学者が発表した論文や著作だけに限定されず、その領域に含まれる可能性のあるすべてのエノンセが含まれるからである。

狂気についてのディスクールには、精神疾患に関するテクストだけでなく、当時の人々が狂気について語ることのできたすべてのエノンセが含まれる。「そのディスクール、著作のうちだけではなく、その作る制度、さまざまな実践、諸技術、諸対象のうちで〈言わんとしていたこと〉[65]」のすべてを明らかにしようとするからである。

しかし同時にこの出来事としてのエノンセにおいて注目されるのは、その見かけの豊穣性を裏切るような貧しさである。たとえばあるエノンセが語られたことから想定して、それとは対立するさまざまなエノンセの可能性が考えられるのに、なぜか語られていないエノンセが多いのである。「すべてが語られることは、決してない[66]」のである。

エノンセは「語られたこと」としてはシニフィエであり、その起源にあるシニフィアンを考えてみると、シニフィエの過剰とともに、過少が目立つことになる。狂気について語られた多数のこととともに、狂気についてあえて語ることが抑圧されたこと、語られざるエノンセが多すぎるのである。ディスクールの総体のうちで、欠けたエノンセの領域はどのようにして生まれたのだろうか。その「空白の原理[67]」を探しだすことは、そのディスクールの意味と位置を考察するために重要なことであるに違いない。

フーコーは後に『知への意志』では、イギリスの十九世紀のヴィクトリア時代のように、性について語ることを禁じるようにみえる時代において、かえって性をめぐるディスクールが増大していたことを暴きだすようになる。これは語られないことのうちに、抑圧されたものを見いだそうとする試みである。

反対に紀元前五世紀までのギリシアにおいては、若者愛がごく当然な慣習とみなされていたのに、ある時期にこれが突然のように「問題」として議論され、検討されるようになることもある。フーコーはこのような状況を「問題構成《プロブレマティック》」と名づけて検討するが、この場合にはそれまでごく当然のこととして語られなかったのに、それが語るべき問題として登場した理由を見いだそうとするのである。このどちらにおいても、一群のエノンセの豊かさと貧しさが、そのテーマをめぐるディスクールの特徴を解明するための重要な手がかりとなる。

・外在性

ディスクールとエノンセの関係の考察における第二の重要な特徴は、エノンセがディスクールのような統一的な一貫性をそなえていないことにある。これはエノンセが「出来事性」という特徴をそなえているためである。学者も読者も、ある「物語」を望むものであり、あるディスクールの統一的なまとまりを無意識のうちにも欲求するものである。そしてその物語に入らないすべてのエノンセは、末梢的なものとして排除される傾向がある。

この視点からみると、ディスクールのうちには本質的なエノンセと偶然的なエノンセ、内部的なエノンセと外部的なエノンセが存在することになる。エノンセのうちに隠された「内面的な秘密」へと溯ろうとするのは、誰にもつきものの好みかもしれないが、それは「創発的な主体性」[68]が存在することを願うということであり、エノンセの背後に隠された「真実」に到達しようとする欲望の現われにほかならない。この欲望はさまざまな出来事のうちに「もっと重要で、秘められた、根本的な、起源に近く、そして最終的な地平と密接に結びついた」[69]別の歴史を読みとろうとするのである。

これは現在の時点の観点から、過去の歴史を読み直そうとすることであり、過去の歴史の到達点が現在であるという目的論の見方をもちこもうとするものである。フーコーのエノンセの分析は、このような目的論の「糸」を切断し、エノンセをその外在性のままに、読みとろうとするものである。

さらにこの方法はエノンセを語る主体の地位について、特別な警戒を必要とする。エノンセに目的論的な性格づけをするときには、その主体もまた特権的に地位におかれることになるが、エノンセはその発話の主体を「一個人の主体にも、集合意識のようなものにも、超越論的な主体にも見いだすことはない[70]」のであり、「人々が言うには……」というほとんど無人称で中性的な主体の発話とみなすのである。

・**累積性**

ディスクールとエノンセの関係についての考察の第三の特徴は、第一の特徴とも密接に関連するが、エノンセをその膨大な蓄積の歴史において分析しようとすることにある。過去において語られたエノンセがよみがえる瞬間というものを考えてみよう。科学史家が過去の理論的な変遷をたどる場合でも、歴史家が過去を再現する場合でもよいだろう。そのときには、そのエノンセが残されていることに、ある理由を見いだすことになる。そのエノンセは過去の偉人の現行を記録したものとして、あるいは過去の事件の真実を明らかにするものとして、古文書館《アーカイヴ》の埃のなかから一瞬だけ現在へと呼びさまされるのである。この操作は「過去のディスクールをその惰性から引き離し、一瞬だけ、その失われた活発さを再発見できるようにする[71]」ことを目的としているのである。

これにたいしてフーコーのエノンセ分析は、このような過去のよみがえりを目指すものでも、「テクスト生誕の輝きをふたたび発見する」[72]ことを目指すものでもない。むしろそれまでそのテクストが眠っていたことの意味を探りなおし、起源からの時間の厚みの背後で、今では見えなくなったテクストの発話の主体の存在様態を、テクストそのものに語らせるのである。

読解する者の記念や記憶の目的でテクストをよみがえらせるのではなく、「自己の過去をみずから構成させ、それに先立つテクストとの関係でみずからの系譜を確認させ、自己を可能にしたもの、必然にしたものを素描しなおし、自己と両立しがたいものを排除させる」[73]のである。これは解読する者の欲望ではなく、テクストが実際に物語っていることを重視しようとする姿勢である。

これらの三つの特徴をそなえた研究は、テクストが実際に物語っていることを重視する実定的《ポジティヴ》な研究と呼ぶことができるだろう。実定的な研究とは、統一のとれた物語ではなく、稀少性を重視し、最終的な目的でも、超越論的な主体でもなく、テクストの外在性を記述し、起源の輝きではなく、その外在性と累積のあり方を分析しようとするものである。フーコーはディスクール研究において「幸福な実定的な研究者《ポジティヴィスト》」[74]たろうとする。

歴史的なアプリオリ

すでに考察してきたように、ディスクールもエノンセも「出来事」としての性格をそなえ、「一回的なもの」であった。しかし同時に、実際に語りうるエノンセは、ごく限られたものにすぎない。ディスクールの領域において語られうるはずでありながら、実際にはまったく語られていない領域が、広大に残されているのである。それではエノンセを語りうるものにし、語りえないエノンセを排除するのはどのような条件なのだろうか。

ここでフーコーが提起するのが「歴史的なアプリオリ」という概念である。フーコーが断わっているように、この概念は「耳障り」(75)である。フーコーはアプリオリという概念をカントのテキストからとりだしてきたが、この概念は、「経験に先立つ」という意味である。人間が何かを経験するためには、感性のうちには空間と時間という形式があらかじめそなわっていなければならないし、悟性のうちには、因果関係などを定めるカテゴリーというものがあらかじめそなわっていなければならない。これらは人間が認識するためのアプリオリな条件であり、これらが経験を可能にするのであり、経験がこれらを可能にするのではない。

しかしこれに「歴史的」という語をつけると、このアプリオリな条件には歴史的、すなわち時間的な特性がそなわっているということを意味することになる。これは奇妙な概念であるが、一九五〇年代において、フランスのフッサール研究でかなり流行した概念であった。おそらくこの概念を最初に紹介したのは、デリダが翻訳して、長い序文をつけたフッサールの『幾何学の起源』だったろう。この書物でフッサールは、幾何学の起源について考察しながら、歴史というものの弁証法的な性格を強調した。歴史は過去をうけつぎながら、未来に向かうものであり、この歴史の運動を考察するには、それを可能にする「普遍性な基盤」と、それに固有の「力強い構造的なアプリオリ」(76)が必要であると考えた。幾何学が可能であるためには、それを可能にするための構造を準備する「歴史的なアプリオリ」(77)を考えるべきである、とフッサールは主張する。

この当時、フランスの思想界でこの「歴史的なアプリオリ」という用語がごくふつうに使われていたことは、フーコーが一九五三年頃に執筆した論文「科学研究と心理学」において、ごくあたりまえのように、二回ほど、この用語を使っていることからも明らかだろう。フーコーは心理学を規定する条件として「心理学的を規定している歴史的なアプリオリとして最近みられるのは、心理学は科学であるか、科学でないかのどちらかであるとされていることである」[78]と語り、研究という実践は、心理学にとっての概念的で歴史的なアプリオリを明るみにだす役割をはたす[79]と語っているのである。

　フーコーは『言葉と物』において、エピステーメーについて考察する時点で、この「歴史的なアプリオリ」という概念をさらに精密なものとすることになる。歴史的なアプリオリとは、（一）ある時代において、経験のなかに一つの可能な知の場《シャン・ド・サヴォワール》を準備し、（二）その場に現われる対象の存在様式を規定し、（三）日常的な視線を理論的な能力で武装して、そのものについて「真《ヴレ》」と思われるディスクールを述べるための条件を規定するものである[80]。

　この「歴史的なアプリオリ」のはたす三つの機能をさらに詳しく調べてみよう。第一にこの条件は、エノンセが可能である知の場を切り分け、提示する。次にその場に現われる対象について、それがどのように存在するものであるかを記述する。そしてそれについて真理命題を述べるための条件を定める。これはエノンセが可能となる領域を措定するという意味では、エノンセが不可能であるための空隙も、同時に措定するということである。

　たとえば『言葉と物』で考察された博物学の知から生物学の知への転換を考えてみよう。十八世紀までの博物学の知の空間を定める第一の条件は、自然の豊穣性と自然の連続性という理念であった。神がつくった生物は無限に豊かであり、自然の種は必ずや連続しているものと信じられたのである。「古典主義の時代には、自然の諸存在は連続的な総体を形成していた(81)」のである。

この条件のもとでは、実際に存在しているすべての自然物だけでなく、怪物的な存在や空想的な存在も、この空間のうちに存在することが許されたのである（第二の条件がこれを定める）。

第三の真理のディスクールの条件は、それが「連続的で整然たる普遍的な表《タブロー》(82)」の内部で、特徴を記述することによって、同一性と差異を明記し、分類するという規則にしたがうかどうかということにあった。たがいに方法的に敵対していたリンネにもビュフォンにも「同じ構造が実在し、しかも同じ役割をはたしていた」のであって、二人とも同じ「格子」を使い、「二人の視線は同一表面上で物と接触している。同じ暗い仕切りが不可視的なものを隠し、同じ明晰判明な領界が語の前に開けている(83)」のである。このまなざしのもとで開かれる領域の「仕切り」の背後には、エノンセで語ることのできない領域が存在する。ここは語ることができないために、見ることもできない「不可視なもの」の領域である。

十九世紀になってキュヴィエが登場した時期に、この博物学の歴史的なアプリオリが大きく転換する。これによってエノンセが語られうる領域が変化し、その領域に含まれることのできる対象が変動し、真偽の基準が一変する。

生物学の新たな空間は、古典主義の時代の表《タブロー》のような分類の実践のための薄い空間ではなく、その背後に生命の営みを機能させ、死へと向かって進んでゆく身体という深さをそなえた空間である。ここには「生命の維持とその諸条件[84]」をそなえた生物だけが対象として認められることになる。こうして「生物に関する科学の歴史的なアプリオリ全体が、転倒され、一新されることになる[85]」のである。

真理のうちにあること

この歴史的なアプリオリの条件をみたさないと、いかなるエノンセもディスクールの空間のなかに入ることができず、議論の対象となることもできない。そのエノンセの真偽が検討されるのは、この空間の内部に入ってからのことなのである。

この三つの条件に関連して、フーコーは別の論文で科学的なディスクールの領域についての学（エピステモグラフィー）のうちに、次のような三つの学が考えられると指摘していることに注目したい。第一は「エピステモノミーの学」であり、これはその学問の内的なコントロールを担当する。すなわちその学問の内的な空間を決定する「認識論的な制御[86]」の学であり、歴史的なアプリオリの第一の条件となる学だろう。

第二はエピステモノクリティックの学であり、これは「ある時代において、それが真理であるか虚偽であるかにかかわらず、科学的なものとして機能し、制度化されていたすべてのエノンセを対象として」、「真理と誤謬という観点から分析する[87]」学である。これは対象の存在様式を定める第二の条件と、真理の判定をする第三の条件に該当するだろう。

第三はエピステモロジーの学であり、これはその領域の理論的な構造、概念的な規則の分析を実行するものである。ここにはカンギレムの仕事などが含まれる。フーコーはみずからの分析はこれらとは異なる第四の学であると考えており、これが「考古学」だろう。

ここで注目されるのは、この第三の学と第四の学の違いと関連性である。考古学と科学認識論の違いについてはすでに考察してきたが、ここではフーコーとカンギレムの方法の違いを、知識《コネサンス》と知《サヴォワール》の概念の違いという観点から掘り下げてみたい。どちらの学も歴史的なアプリオリの条件そのものよりも、その条件が成立する背景を考察しようとする学だと考えることができるからである。フーコーがカンギレムと同じ問題を共有していたことは明らかなのである。

たとえばフーコーはコレージュ・ド・フランスの「開講演説」で、カンギレムの言葉を引用しながら、メンデルの命題の「真理性」について検討している。メンデルの遺伝の法則は現在からみると、「真理」と判定されている。しかし当時はそれは真理であるかどうかについても議論されることはなかった。フーコーが指摘するように、それは「メンデルの主張は真理だった。しかし彼はその時代の生物学的なディスクールの〈真なるものの内部〉にいなかった[88]」からである。

メンデルの法則が認められて、それが真理であることが認識されるためには、「生物学における判断の尺度が変動し、新しい対象の平面が展開される必要があった[89]」のである。すなわち、エノンセの対象についての新しい空間が確立され（歴史的なアプリオリの第一の条件）、そのエノンセがその空間に入り（第二の条件）、それが真理であるか誤謬であるかを判定するための基準が定められる必要があった（第三の条件）のである。これは、ある命題が真理として認定されるためには、それにふさわしい歴史的なアプリオリの条件が必要だということを意味している。

この歴史的なアプリオリの条件を満たさないエノンセは、その時代にとっては理解しがたいものとなる。それをフーコーは「怪物的なもの[90]」と呼んでいる。個々の学問は、そのエノンセが住みつくことのできる空間を定めて、その「境界の内部で、真なる命題と虚偽の命題を認識する」のであり、その境界の外部に広がるのは、「知の畸型学《テラトロジー》[91]」である。

なお、この「怪物的なもの」と畸型学の概念は、フランスのエピステモロジーの先輩にあたるバシュラール譲りのものである。あるバシュラール研究者によると「知の畸型学」は、「過去の科学文献における誤謬の類型をとりだし、それがどういう点で誤謬として機能し、知の円滑な展開を妨げていたか[92]」を研究する学であるという。ただしフーコーの考古学においては、こうした畸型のエノンセの存在から、歴史的なアプリオリを逆に照らしだそうとするのであり、バシュラールのように誤謬にたいして否定的な姿勢はとらないのである。

あるエノンセが「真理の内部にある」ための条件はどのようなものかを問う姿勢は、カンギレムのエピステモロジーとフーコーの考古学が共有するものである。しかしフーコーは、カンギレムのエピステモロジーとは明確に異なる方法を採用していることを宣言しているわけである。それではその違いはどこにあるだろうか。それを示すのが知《サヴォワール》という概念である。

知

フーコーはカンギレムと同じように、「真理を語ること」と「真理の内部にいること」を区別する。カンギレムがこの「真理の内部にいる」という表現を使ったのはガリレオに関してであり、ガリレオの地動説の主張が「真理を語るもの」ではないとしても、「真理の内部にいる」ものであることを指摘したのだった。[93] ガリレオが示した地動説は、当時としては証拠に乏しいものであり、実験も十分ではなく、説得力のないものだった。だからパスカルが、惑星の運行は、コペルニクスの体系でもプトレマイオスの体系でも、同じように説明できるのだから、その真理性を決定する根拠はないと指摘したことには、それなりの理由があるのである。[94] しかしガレリオは「真理の内部にあった」とカンギレムは考える。その理由は、ガリレオの主張はその根拠とともに、やがてニュートンの体系のうちで、その真理性が証明されたからである、とカンギレムは主張する。「一六〇四年に〔ガリレオの〕加速度運動の法則が初めて表明し、準備していたことを、一六八四年に〔ニュートンの〕『自然哲学の数学的原理（プリンキピア）』が確認し、正当化した[95]」ことは、現代の観点からみて再確認できるからである。

しかしフーコーが「真理の内部にある」かどうかを判断する基準は、カンギレムの基準とはいくらか異なる。フーコーは、メンデルの法則やガレリオの運動法則が「真理のうちにある」のは、その真理性がその後の科学的な営みによって証明されたからではないと考えている。「人々が真理の内部にあるのは、その個々のディスクールの〈ポリス〉の規則に服従するからであって、個々のディスクールは語るたびにこの規則を働かせねばならない[96]」からだと考えるのである。

このわずかな違いは注目に値する。カンギレムは現代の視点から眺めて、科学的な正統性の領域の内部で語られたエノンセは、「真理の内部にある」と判断する。これは理論の内部の判断である。これにたいしてフーコーは、学問的なディスクールの「ポリス」、すなわちディスクールを監視し、規制する権力的な装置の規則にしたがっているときには、そのエノンセは「真理の内部にある」のであり、そうでないディスクールは「怪物的なもの」「畸型学の対象」として排除されてしまうと考えるのである。

メンデルの法則は、現在では遺伝学の法則としてのその正しさを証明されている。だからカンギレムの判断では、これは「真理の内部にある」ディスクールということになるだろう。しかしフーコーの基準では、これは生物学を規制するポリスの規則にしたがっていないために、その当時においては「真の怪物」であり、「彼の時代の生物学のディスクールの〈真理の内部〉にはなかったのである」[97]。カンギレムのエピステモロジーでは、あくまでもその学問の理論的な内容の内部において、あるディスクールとエノンセの真理性を判断する。しかしフーコーの考古学では、その学問的な真理性そのものを問うのではなく、そのエノンセが真理として判断するに値しないものとして排除された理由を問うのである。

言い換えるとカンギレムは天文学や医学や生物学の内部で、エノンセが真理となる内的な基準を探すが[98]、フーコーはある学問が科学的な知識《コネサンス》として成立するための条件を求めるのである。そのためには、学問的な書籍を収容した図書館を訪問するだけでは不十分であり、「政令、条例、病院ないし監獄の記録簿、判例の記録といったものを保管している一群の古文書館《アルシーヴ》を訪問することが必要になった」[99]のである。

このような学問的な知識以前の知の領域は、「人々の通念と科学的な知識のあいだにある一つの特殊な」[100]領域であり、フーコーはこれを〈知《サヴォワール》〉と呼ぶ[101]。そしてこの知こそが、「科学的な理論に、新たな観察の領野、未知の問題、それまで知覚されることのなかった対象を提示」するのである。そして科学的な認識については、「どのようにしてそうした知のなかに取り入れられ、〔医学の〕処方として、あるいは倫理的な規範としての価値をもつようになったのか[102]」を考察する必要があると考えるのである。

まだ明確な学問的な知識の姿をとらないこの領域は、暗黙知を含む巨大な領域であり、通常の学問的な手続きでは取りだすことも、思考することもできないものである。いわば学問的な知識《コネサンス》が可能となるための条件を問おうとするものであり、その意味では「超越論的な」知《サヴォワール》の領域だと言うこともできるだろう。

この知の領域は、学問的に確定された科学の領域とは明確に異なるものであるが、その異なり方には大きな違いがみられる。フーコーはみずからの『狂気の歴史』『言葉と物』『臨床医学の誕生』という三冊の書物で研究した分野について、その違いを説明しているが、この違いを考察することで、この知の領域には学問の領域とは異なる規則が適用され、異なる内的な基準をそなえていることが明らかになるだろう。

第一に『狂気の歴史』で研究した領域で作動していた知の「実定性のシステム」は、その時点で医者たちが精神疾患について述べていたこと、すなわち近代の医学において議論するに値するとみなされる知の領域をはるかに「はみだす」ような複雑性をそなえていた。このシステムは「医学的なエノンセ、制度的な規制、行政的な措置、司法のテクスト、文学表現、哲学的な定式化」を可能にするような「座標系、エノンセのあり方、理論的なネットワーク、選択点[103]」を定義するものであり、近代の精神医学の領域よりも、はるかに「広い」のである。

これにたいして第二の『言葉と物』で明らかにされたのは、古典主義時代の知の領域は近代の知の領域よりもはるかに「狭い」ということだった。この例は興味深いので少し詳しくみてみよう。この書物において中心的な考察の軸となったのは、博物誌／生物学、富の分析／経済学、一般文法／言語学のペアであった。

博物誌を可能にしていた知のシステムが対象としていたのは、「さまざまな存在の類似と差異、種の特徴や属の特徴の構成、タブローの一般的な空間における諸存在の類縁性の配置などのエノンセを可能にする[104]」ものであり、ここから分類方式にもとづいた表象のタブローが形成されたのであった。しかしこの知の領域にはまだ入ってこないものがあった。それは反射のような意志しない運動の解明であり（これを解明するには、カンギレムが示したように、脳の中枢とは独立した運動を示す反射の概念が成立する必要があった）、性差の理論であり（これを考察の対象とするには、メンデルの遺伝学的な理論の正しさが認められる必要があった）、成長の化学的な説明であった（それには器官を独立したシステムとしてみるのではなく、すべての要因を化学的なプロセスとして説明する視点が必要であった）。これらの生体の有機的な特徴は、分類学的なまなざしには閉ざされたものだったのである。後の生物学の根本的な概念である「生命」の概念が不在だったのはそのためである。フーコーはこの博物誌の知の一般的な広がりとその自立性、内的な一貫性、その限定こそが、「生命についての一般的な学〔である生物学〕が古典主義時代に形成されなかった理由の一つ」であると指摘している[105]。

古典主義時代における富の分析についての知のシステムは、大地から生まれる農産物がもたらす富に重点をおいていたために、「交換、商業的な回路、価格」[106]に関連した経済学的な問題の多くを考察することができなかったし、住民の数の多さがもたらす経済的な影響を考察することもできなかった。マルサス以降において経済学の主要なテーマとなる人口論は、富の分析からはまったく欠落していたのであり、新たな知の「実定性のシステム」が登場するまでは、人口にかかわる「政治算術」（ペティ）のエノンセは、富の分析のまったく外部に存在していたのである。

さらに一般文法は、語の組織という側面だけを重視するものであるために、古典主義時代において語られるさまざまな問題、後の時代において言語と深いかかわりのある問題をまったく考察の対象とすることができなかった。たとえばさまざまな言語はどのようにして発達してきたのかという歴史性の問題、諸言語にはどのような類縁性があり、どの言語が「優れた言語なのか」という問題、さらに書かれた言語ではない民衆の言葉のもつ力の問題、語られた言葉の神的な力についての「言葉《ヴェルブ》の神秘学」[107]の問題、それぞれの母語と民衆的な自由との深い結びつき[108]の問題などは、すべて特定の言語の一般文法の枠組みをはみ出すのである。

これらのテーマは近代にいたって新たな知のシステムが登場したときに、初めて考察の地平に登場してくるものであり、そこにおいて近代的な学が誕生するのである。古典主義時代の学の基盤となる知の領域は、近代の学の知の領域よりも狭いのである。

第三の『臨床医学の誕生』においては、古典主義時代の医学についての知の領域は、近代的な医学の知の領域よりも「広い」と同時に「狭い」ことが指摘できる。「広い」というのは、そこには医学的なものとはいえないさまざまな知と議論が含まれているからである。そこには「政治的な考察、改革計画、立法的な措置、行政的な規制、道徳的な考察[109]」なども含まれていたのである。

しかしこの知の領域は、近代的な医学の知の領域よりも「狭い」ところがある。近代的な医学であれば語るべき多くのことが欠如しているからである。有機体としての人間の身体の機能と構造、その生理学的な作用、身体の化学的なメカニズム、特定の物質の欠如または過剰がもたらす障害などについての考察が、この時代の知のうちには存在しえなかったのである。

そのために病理学と生理学の違いが認識されず、生化学が神経学というおおまかな学のうちで考察された。またホルモンの働きのメカニズムが知られていないため、さまざまな症候学の分類が発達し、骨相学や動物精気のように、現代の観点からは「偽りの科学」とみえるような理論が、医学の一部としての資格を認められるというような事態が発生していた。こうしたさまざまな理論について、現代の科学的な見地からその真偽を議論することはできるものの、それを「偽りの科学」と呼ぶことはできない、とフーコーは考える[110]。その学は当時の知の枠組みでは、「学問」と呼ばれるに値する地位と資格をそなえていたからである。

このことからも、この〈知〉という概念が、カンギレムのように学問の内的な根拠づけとは異なる種類のものであることは明らかだろう。人相学も、骨相学も、動物精気の理論も、それに固有の内的な根拠づけと実証の理論体系をそなえているのであり、その当時の医学の領域のうちで独自の地位を占めていたのである。

知への意志と真理への意志

このようにして知の領域が確立されると、知の領域と知識の領域の地位を区別することができるようになる。知《サヴォアール》は、人々のたんなる臆見《オピニオン》と、学的な真の知識《コネサンス》の中間に位置する領域の知であり、ここに知を求める主体の意志と、真理を求める主体の意志との複雑な関係が、フーコーの考察の中心を占めるようになる。そのことをフーコーは一九七一年度のコレージュ・ド・フランスでの講義要旨において、これから必要とされる研究方向について、「知《サヴォアール》と知識《コネサンス》の区別をめぐる研究方向、知への意志と真理への意志との差異をめぐる研究方向、その意志にたいする単数または複数の主体の位置をめぐる研究方向」があることを指摘している[11]。

ここで知と知への意志、知識と真理への意志の結びつきは明確なことだろう。そして知を求める主体の意志と真理を求める主体の意志、およびそれによって生まれる権力の性質の違いは、明確に区別されるものとして登場してくるのである。これはやがては主体と真理と権力というフーコーの研究の三つの軸となるものであり、その土台はこの考古学的な考察において、知のシステムと学的な真理のシステムとの違いを考察したときに、すでに構築されていたのである。

その違いがどこにあるかは、フーコーのこの年の講義の概要からかなり明らかになっている。フーコーはこの問題にたいして、古典古代のギリシアの時代に溯って検討しようとする。そのときにフーコーが注目するのは、知を語ろうとする者と、真理を語ろうとする者との複雑な関係である。これについては三つの人物像が象徴的である。ヘシオドス、ソフィスト／ソクラテス、そしてプラトン／アリストテレスである。

ヘシオドスはギリシアの神々の系譜を一つの物語として語ったのであるが、その内容は「オリュンポスのムーサなる女神たち[112]」から、すなわち神々から教えられたものだった。ヘシオドスはそれを、叙事詩的な言葉のうちに綴ったのである。彼が語る神々の物語の「真理」性は、それが女神が「今あること、この先起こること、すでにあったことがらを声を合わせて歌い、語った[113]」ことにある。詩人が霊感のうちで神の言葉を詩の形式のうちに歌うということに、その言葉の真理性が保証されるのである。前六世紀頃までのギリシアでは、真理を保証するのは、それがある儀礼の場で、神への誓いによって語られたものであるということにあったのであり、語る内容について、物的な根拠があることでも、証人がいることでもなかった[114]。

ここでは真理と知識とは神のまなざしのもとでまだ一体となっていたのである。ヘシオドスは預言者として、神の言葉を語っているからである。しかしやがてポリスの民主化が進展するとともに、この真理と知識の幸福な一体化は崩壊してゆく。まず裁判制度が確立されて、裁かれる者が語ることが真理であるかどうかは、裁判によって、さまざまな証人の語る言葉のうちで、明らかにされてゆく。そして神への信仰がゆらぐとともに、預言者の言葉は信じられなくなってゆくのである。

たとえばソフォクレスの『オイディプス王』という悲劇では、前王の殺害者がオイディプスであることは、預言者が最初から神の言葉として語っていることである。しかし市民を代表するコロスは、その言葉をそのまま信用することはない。コロスがこの真理をうけいれるのは、オイディプスの行なう取調べにおいて、羊飼いと伝令という二人の平民の言葉が一致し、証言として真理が語られるようになってからのことなのである[115]。

これは神の語る真理と人間の知識が分離したことを意味していた。そのことを象徴するのがソフィストとソクラテスである。ソフィストが代表するのは、真理とは別の次元にある知への意志である。ソフィストはあることがらが真理であるかどうかとはかかわりなく、裁判において勝訴するために必要な知識を伝授することを広言して、多額の収入を獲得していたのだった。被告となった場合には、真理を語ることではなく、裁判において無罪の判決を手にすることこそが問題なのであり、そのための知識は真理への意志とは結びついていないのである。ソフィストを動かしているのは、知への意志であって、真理への意志ではなかったのである。

一方でソフィストを批判したソクラテスは、何よりも重要なのは真理を語ることであると考える。ソクラテスは『弁明』においては、自分に有利になること、無罪判決を獲得するために必要なことが何であるかを十分に承知していながら、アテナイの市民たちの生き方を批判し、有罪判決を招いてしまう。ソクラテスにとっては、裁判で勝訴するために必要な知識ではなく、市民たちに自分たちの生活の実情を直視させる真実の言葉を語ることが何よりも必要であり、望ましいことだった。ソクラテスにおいて、真理を語ることは、道徳的な意味をおびるようになったのである。裁判のための知識は、真理と比較すると、まったく無用なものだった。ここでソクラテスを動かしているのは、真理への意志であり、知への意志ではない。これ以後は、「真なるディスクール は、〔ソフィストの語るような〕巧みで、望ましいものではなくなる。というのは、真なるディスクールはもはや権力の行使とは結びついていないからである。ソフィストは追放されたのだ[116]」。

もちろん、この知のディスクールと真理のディスクールの大きな裂け目はそのまま放置されることはなかった。真理を探求する学とされた哲学の伝統がこの事態を放置するはずもなかったのである。ソクラテスの死刑を大きな教訓としたプラトンは、この知への意志と真理への意志をふたたび結びあわせようとする。それがイデアという概念の目的であり、人間は魂がかつてみたイデアを想起（アナムネーシス）することで、真理に到達することができるとされたのだった。またアリストテレスはプラトンのイデア論を批判したものの、神への知的な観照によって、真理に到達できると考える点では、プラトンのイデアの理念をひきついでいるのである。「アリストテレスにおいては、認識の欲望は、認識《コネサンス》、真理《ヴェリテ》、快楽《プレジール》をあらかじめ結んでいる関係を前提して、それを転位したものである」[117]とフーコーはこの「認識と真理」の緊密な結びつきについて説明している。アリストテレスは人間には生まれつきに認識への意志がそなわっていると考えていたのであり、この意志は、認識することの快楽のうちで、真理に到達しようとする意志と結びつくのである。

アルシーヴ

このような科学的な真理の領域に含まれない知の領域は、非科学的なものとして排除されてきたが、それは西洋の歴史において真理が重視される伝統があったためであり、この真理への意志にあまりに依拠すべきではないのである。現代の観点からは見えにくくなっているものの、こうした知の領域の広さを探ることによってもたらされるものは大きいのである。こうした領域は、思想史においても、科学史においても、劣ったものと軽視されがちなのであるが、真理として認められるディスクールの外部にあるこうした豊かな領域を探ることによって、真理のディスクールが生まれた根拠を知ることもできるのである。

このような領域を探るための重要な概念が、アルシーヴである。古文書館と訳されることが多いこの概念は、文書の集合であるよりも、さらに広範な意味をそなえていることに注目しよう。まずアルシーヴという概念が考古学的な意味で初めて提示されたのは、一九六四年の「J＝P・リシャールのマラルメ」という論文においてである。フーコーはこの論文で、十八世紀までは、作者の概念のもとに、〈作品体《オプス》〉という概念が存在していたことを指摘する。「出版された作品、中断された断片、手紙、死後に残されたテクスト」[118]は、この作者という自明の存在を中心に、〈作品〉としての身元を保証されていた。しかし十九世紀から、〈作品体〉とも〈作者の生〉とも異質な第三の対象が誕生した。これが〈アルシーヴ〉であり、ここに資料は絶対的な形で保存される。

資料は作者を軸として保存されるのではなく、存在したという事実だけに基づいて保存されるのである。有名な作者が書き残したからではなく、ある歴史的な理由によってその資料が存在したという事実だけが、その資料の保存を保証する。作者という権威によってではなく、存在したという存在論的な事実だけによってテクストが保存されるようになったこと、これは「新しい文化的な対象」の誕生である。この新しい対象は「定義と方法を待っており、〈疑似〉作品として取り扱われることを拒んでいるのである」[119]。フーコーが〈アルシーヴ〉という概念で提示するのは、この新たに集積された資料である。これは〈流通する言語〉であることを拒み、図書館に蓄積された〈停滞する言語〉である[120]。

この集積された言語のなかで語るのは誰であろうか。フーコーは、リシャールが分析するマラルメは、純粋な文法的な主体でも、分厚い厚みをもった心理学的な主体でもないと指摘する。それは「著作、手紙、草稿、メモ、打ち明け話のなかで、〈わたし〉という者である」[121]。これはアルシーヴの主体ではあるが、〈わたし〉という一人称で語りながらも、身体をもった個別の主体ではなく、文書のなかで語る非人称的な主体である。この主体は「きわめて純粋で、きわめて根源的な外在性であるがゆえに、その作品の主体であるほかない」[122]もの、テクストの「語る主体」そのものである。これはテクストの外部に作者を想定するのを禁じ、テクストの内部の文章の主語の総体が、この停滞する言語の話者であるとみなすことになる。フーコーが長い間こだわっていた狂気と〈営みの不在〉のテーマが、そして無人称で語る主体としての言語の力のテーマがふたたびここに登場する。

作者の死

フーコーはこの論文を発表する直前に、『狂気の歴史』を補足するための文章「狂気、営みの不在」を発表しているが、ここでフーコーが取り上げているのは、狂気になった作者の書き残した文章をどのように考えるかという問題である。ニーチェが狂気になった後は、営みは不在である。しかし狂気のニーチェの残した文章は存在する。アルシーヴのなかにおいては、そこで語る〈わたし〉の存在論的な地位は、作者の狂気によっても奪われることはない。

それまでの文学批評では、理解に苦しむテクストが登場すると、それを作者のものではないと判断するか、あるいは作者が狂気に陥っているとして片づけることが多かった。あるいはそのテクストは、作者が狂気に陥った後のテクストであるとして、テクストの価値を否定するのである。フーコーが〈営みの不在〉という概念で批判したのは、このような〈精神鑑定〉という病理学的な方法で文学のテクストを取り扱おうとする姿勢であった。

たとえばルソーの『対話』では、ルソーの妄想がはっきりと示されているため、読者は誰でも、そのテクストの価値に疑問を抱かざるをえない。これはもはやルソーではなく、一人の狂者が残した文章ではないかと不安になるのである。しかしフーコーは、作品が存在するということは狂気の不在を示していると指摘することによって、こうした見方を退けようとする。「作品は精神錯乱のうちに場をもちえない[123]」のである。

作者が狂気であるかどうかは、「心理学者の問題」にすぎない。テクストとテクストを可能にしている言語に対して、「正常であるとか異常であるとか、狂気であるとか錯乱であるとかのカテゴリーを適用することはできない[124]」のである。フーコーは作者という主体から、テクストの主体に焦点を移行することによって、作者の狂気の問題を排除したのである。フーコーは『狂気の歴史』において、ニーチェが狂気になった後のニーチェが残したテクストは、精神医学者が取り扱うべきものだと語ったことがあるが、フーコーはここではこれを修正して、そのテクストにテクストとしての自律性を与えようとするのである。

興味深いことに、この文章で批判の対象となったデリダが、後にこのフーコーのテーマをうけついだニーチェ論を書くことになる。一九七八年に発表した『尖筆』という書物でデリダは、ニーチェの未完の断章のうちに、引用符で囲まれている「わたしは自分の雨傘を忘れた」という文章を取り上げて、この文章はニーチェがどこかに書くべき文として備忘のために書きしるしたのか、引用なのか、どこかで耳にしただけの文章なのかを判断する方途はないことを指摘する。

そしてニーチェの署名があるために、解釈学者たちはニーチェの〈作品体〉からこの文を排除することもできず、この文の「限界は、未完のテクストとしての構造をあらかじめ刻印されており、その構造と同一化している。そしてこの構造こそが、そのたわむれによって、解釈学者を挑発し、当惑させる」[125]と指摘している。デリダはこの引用符つきの文がもつ両義的な地位を示すことで、ニーチェに固有な文体に依拠して、ニーチェの作者としての地位を定めたり、意味深いアフォリズムとして読み込もうとしたりする試みを崩壊させるのである。

フーコーのアルシーヴの概念によれば、この断片もまた、ニーチェの作品の総体の一部をなすのであり、このニーチェはもはや生身のニーチェ、梅毒にあるいは進行性麻痺に冒されたニーチェではない。この断片の主体は「必然的に断片的たらざるをえないその作品の潜在的な統一点、無限にすべてが収斂する唯一の点」[126]なのである。この主体は作品の外部にあるが、「きわめて純粋で極めて根源的な外在性であるため、彼はその作品の主体以外のものではない」[127]のである。この作者という主体は、「言語の織物にあって、その織物が描き出し、そこを中心に織物が展開される内部の襞」である。[128]フーコーはこの主体を、「話す主体」と呼び、文学の〈わたし〉とも、心理学的な主観性とも対立させようとする。この主体は文学の主体でも、狂気との結びつきを解くことができない心理学的な主体でもなく、作品の〈襞《ひだ》〉として存在する主体である。

語る主体としての作者が死んだときから、彼の語る言葉はイメージとして、像を喚起する力をもつ。それは「語る者が死んだときから、彼の言葉たちの表面をさまようのであり、それが事物からひきだす意味は、自分自身の消滅という意味だけ(129)」だからである。ここでは作者の死と作品の主体の誕生が同時的に発生する。イメージを形成する力は「語る主体の死あるいは否定(130)」だからであり、「イメージを浮かび上がらせる言葉は、語る主体の死と語られた対象の遠さを、同時に語る(131)」からである。すでに考察してきたように、作品は「言語の豊穣な空虚(132)」の回りに構築されるのだ。

この主体は、襞のように空虚な中心であり、時間の空虚のなかで語る〈真夜中の声〉である。そしてフーコーがここで確認している文学批評の方法は、生身の作者を前提とするのではなく、アルシーヴに残された存在論的な意味をもつテクスト群を、その全体において統括する一つの話す主体のもとに集めながら、そのテクスト自体を解読することである。

そのテクストと主体の関係を発見できるのは「実際にわれわれに伝えられたその言語、周到に準備され、荒れるがままに放置された言語」のなかにおいてだけである(133)。フーコーのまなざしは、外部の作者ではなく、このアルシーヴのなかのテクストだけに向かう。

このアルシーヴは、高名な作者の声を語るのではなく、作者の死の後にほんらい無人称となった複数の声で語る。このアルシーヴの第一の特徴は、特定のディスクールにおいて誰が何を語ったかよりも、その語ることができるための前提となるもの、「語られるうるための法則」を定めるものであり、「独自な出来事としてのエノンセの出現を支配するシステム(134)」を重視することにある。このシステムが誰が語るかではなく、何を語ることができるかを定めるのだ。

第二の特徴は、このシステムは語られうるもののすべてを統一的にまとめるものではなく、「さまざまなディスクールを、その多様な存在のうちで区別し、差異化するものであること、ディスクールの固有な持続性のうちで、その特殊性を規定する」(135)ものであることだ。アルシーヴは、たんなるシステムや規則の集まりではなく、実定的な要素をそなえているのである。それは想像の上だけで存在するディスクールの図書館のようなものである。

現実の図書館は、作品体《コルプス》を収集する。この物質としての作品体《コルプス》を可能にするのは、言語である。言語は抽象的で物質性をもたないものである。しかしアルシーヴはこの図書館の物質性と言語の抽象性の両方をかねそなえている。

第三の特徴は、このアルシーヴが時代性をそなえたものだということである。それはアルシーヴを構成するのが、その時代におけるエノンセの総体であり、それがその時代の知のありかを示すものだからだ。ここでフーコーはかつて「認識論サークル」から提示された第二の問いに答えようとする。その問いは、「思考されなかったものを思考することには矛盾があるのではないか」(本書一七六頁)というものだった。「思考されなかったもの」とは考えることができなかったものであり、それは定義からして考えることができないものである。ではそれはどのようにして考えうるようになるのだろうか。

フーコーはそれは時代が変化したからだと答える。医者のまなざしが変わったことは、患者にたいする最初の問いにおいても、カルテの書き方についても、さまざまな道具の使い方の変化によっても、確認することができる。そこには明確な切断があるからだ。「アルシーヴはさまざまな断片、地域、次元として与えられるが、時間的な隔たりが大きくなればなるほど、それは明確なものとなる」[136]。遠い時代の思考方法は、ぼくたちには異質なものとして強い印象を与える。そしてその時代の語られた言葉も把握しやすくなる。

しかし時代がぼくたちに近づくと、それほど明確に区別することはできない。たとえば夕暮れ近くになって山の上から谷間にある村を眺めるとしよう。すると村を包む夕暮れの空気は、ところどころに立ち上ぼる煙などとともに、くっきりと見ることができる。しかしぼくたちが山を降りていって村に入ってしまうと、もうその空気を見ることはできなくなる。ぼくたちがその空気を呼吸しているからだ。

同じように同時代の思考方法は、ぼくたちにとっては馴染みのものであるだけに、かえって認識しにくい。「なぜならわたしたちが語っているのは、その諸規則の内部においてだからだ」[137]。ある時代のディスクールを定める規則は、自分のいる時代と異なるものであればあるほど認識しやすくなるものだ。

同時代の診断

このように、「考えることのできないものを考える」ということには、二つの意味があるわけだ。一つは前の時代の人々は、みずからのアルシーヴにおいて自分の顔を見ることはできない。その時代のアルシーヴは「鏡」となることはないからである。「鏡」として使うことができるのは、異なる時代のアルシーヴだけだからだ。しかし現代のぼくたちには、前の時代の人々には「考えることのできないもの」を考えることができる。医者の問いが変わったことの意味を考えることができるのだ。

だから、前の時代のアルシーヴを考察するということは、ぼくたちの時代そのものを考察することである。それはいわば時代を写す鏡となるのだ。ぼくたちは自分の時代の空間そのものを見ることも考えることもできない。しかし前の時代のアルシーヴを調べることで、自分では見ることのできないみずからの「顔」を、写しだすことができる。それが「考えることのできないものを考える」ことである。

ということは、「アルシーヴは、われわれの自己診断としての価値をもっている(138)」ということである。フーコーは、アルシーヴが他者の顔と自分の顔を写しだすことに何よりも重要な役割があると考えている。鏡の二重の働きで、同一性についての信念は二重に破壊されるからである。過去の時代との連続性と同一性の観念も、みずから安らぐ自己との同一性の観念も、考古学の方法でこのアルシーヴの鏡に写しだしてみると、危ういものとなる。「それはわたしたちを、わたしたちの連続性から引き離す」ためであり、「超越論的な目的論の糸を断ち切る(139)」ためである。この鏡に写しだされるのは、ぼくたちが自分で思い込んでいる自分の顔とは異質な顔なのだ。

アルシーヴがもたらす診断は、「わたしたちは差異であること、わたしたちの理性とはディスクールの差異であること、わたしたちの歴史とは時間の差異であること、わたしたちの自我はさまざまな顔の差異である(140)」ことを教えてくれるのである。

第六章　思想の考古学――『言葉と物』

第一節　『言葉と物』の方法

物と秩序

前章で確認したように、アルシーヴの概念が明らかにしていることが二つある。第一は、ある時代のアルシーヴにおいて、その時代において〈見えるもの〉と〈見えないもの〉が決定され、〈語りうるもの〉と〈語りえないもの〉が決定されるということである。第二は、そのアルシーヴの内部にあっては、多くのことが自明でありすぎるために〈見えない〉もの、〈語りえないもの〉となることであり、異なる時代のアルシーヴを「鏡」としなければ、自分たちの生きる時代すら見ることができないということである。考古学という方法は、他なる時代のアルシーヴを活用して、自分自身の存在について、現代という時代について考察する方法でもある。これは「思想の無意識」を明らかにする学なのである。

その方法を西洋の思想の総体に適用した巨大な書物が『言葉と物』だった。フーコーは最初この書物を『物の秩序』というタイトルにしようと考えていた。[1] このことは、この『言葉と物』という書物は、『臨床医学の誕生』と共通の視点で書かれていることを意味する。『臨床医学の誕生』においては、ある物が〈見える〉ようになるということ、そして見えるものを語ることがいかに困難であるかを明らかにしていた。一つの科学の誕生とは、それまでたんに網膜の像として写っていたにすぎず、〈見える〉ものではなかったものを、〈見えるもの〉として認識し、それを言語で表現できるようになることと、密接に関連していたのである。

すなわちさまざまな物が一つの秩序をもつものとして認識されるためには、その前にその秩序を構成する視点が確立される必要があるのである。フーコーはこの書物の冒頭で、ホルヘ・ルイス・ボルヘスの小説で引用された「中国の」百科事典の分類を引用しながら、この分類を読んだ後の困惑は、「言語の崩壊してしまった人々の抱くあの深い困惑と無縁ではあるまい。場所と名のあいだの〈共通なもの〉が失われたということなのだ[2]」と語っている。

ボルヘスの小説では、その「中国の事典」の分類基準が次のように引用されていた。

a. 皇帝に属するもの、b. 香の匂いを放つもの、c. 飼いならされたもの、d. 乳呑み豚、e. 人魚、f. お話にでてくるもの、g. 放し飼いの犬、h. この分類自体に含まれるもの、i. 気違いのように騒ぐもの、j. 数えきれぬもの，k. 駱駝の毛のごとく細い毛筆で描かれたもの、l. その他、m. 今しがた壺を壊したもの、n. 遠くから蠅のように見えるもの。[3]

この事典が「f．お話にでてくるもの」と「j．数えきれぬもの」を並列するとき、そこに露呈するのは、さまざまな物はそれ自体で秩序をそなえているわけではなく、それを分類するまなざしが必要であること、そしてそのまなざしは、文化的な背景に応じて完全に異なったものでありうることであった。西洋の思考にとっては、この分類においては「出会いの空間そのものが崩壊している」[4]という印象を与える。分類という方法においては少なくとも三つの原則が必要である。存在するすべての物が、一つの秩序のなかに完全に統括され、その外部には何も残らないようにすること（全体性の原則）、そしてその秩序のなかでは、たがいに重複して分類されるようなものがないこと（排他性の原則）、最後に分類の基準が同じ〈階〉にあり〈階〉を超えたメタ分類基準が存在しないこと（非超越性の原則）である。

この分類は、「l．その他」という項目で外部を包括しており、全体性の原則は満たしているものの、たとえば「g．放し飼いの犬」と「m．今しがた壺を壊したもの」はたがいに重複して分類される可能性があり、排他性の原則を満たさない。さらに「h．この分類自体に含まれるもの」はメタ分類の項目であり、この分類自体の意味を揺るがしてしまう。フーコーが語るように、「物の間に秩序を設けるほど、暗中模索で、経験的なことはない」のであり「これほど明晰な眼、これほど忠実でみごとに抑揚をつけられた言語を必要とするものはない」のである。「秩序とは物のなかにその内的な法則として与えられているもの、物がたがいに見交わす秘密の網目である。しかしこれはまなざし、注意、言語の格子を通してしか実在しない[5]」のである。

フーコーがこの書物で解明しようとするのは、物の間に特定の秩序を創設する人間のまなざしの歴史性であり、文化的な根拠である。人間はそもそも自然や宇宙をこのようなまなざしで眺める。ぼくたちはたとえば自分の前に町並みを眺め、道ゆく人々を眺め、自動車や電信柱を眺める。それはごく日常的な経験である。しかしこうした経験が可能であるということには、実は巨大な歴史的な蓄積が必要なのである。

ぼくたちが何かを見るために、どのような条件が必要となるのかをまず考えてみよう。ぼくたちがあるものを認識するということの背景には、すでに言語が存在している。生まれてから盲目だった人が、初めて開眼手術を受けて見えるようになると、最初はごちゃごちゃした色の塊しか認識できないという。ある物をそれとして認識するには、言語による分節が必要なのである。この樹木を樹木として認識すること、この物を机として認識することができるためには、言語によってこれを樹木として、机として認識できることが必要だからだ。そしてそれをぼくたちは幼児の頃から、他者から教えられるのである。

さらに個物を個物として認識するだけではなく、それが奥行きのあるものとして、形と手触りのあるものとして認識するためには、身体的な経験が必要である。これは十八世紀には、触る経験と見る経験の共通性というテーマで考察された。ジョージ・バークリーの『視覚新論』で考察された有名なモリヌークス問題では、開眼手術した盲人がそれまで触覚でえていた経験と、新たに視覚でえられるようになった経験がどう結びつくか、また奥行き視覚をどのようにして習得するかという問題が検討されている。奥行きを認識できるためには、ぼくたちはたんに見るだけでなく、移動し、物にさわり、ぶつかり、物を投げてみたりする身体の経験が必要なのである。

またあるものを見るためには、ぼくたちは言語と身体だけではなく、歴史的な蓄積を必要とする。自動車ひとつにしても、ぼくたちの背後にある長い歴史的な蓄積がなければ、それがどのようなものであるか、電車とはどう違うのかすら認識できないに違いない。この日常的な経験はすでに、見るものをひとつのテクストとして解読していることになる。そしてこのテクストの解読の仕方は、極端にいえばすべての社会によって異なる。西洋の社会では、虹は七色には見えないらしいし、フランスには粉雪と牡丹雪を言い分ける名詞はない。イヌイットの世界では、雪をさらに数十の名詞で言い分けるという。世界の分節の仕方は、社会ごとに微妙に異なるのである。

このように日常的な経験そのものが歴史と社会的な産物である。フーコーはこの日常的な経験を成立させるもののことを、「文化的なコード」と呼ぶ。

ある文化には基本的なコードがあり、その文化の言語、知覚図式、交換、技術、価値、実践の階層構造は、こうした基本的なコードによって支配される。そしてその文化のそれぞれの個人がかかわる経験的な秩序、こうした個人が自分を見いだす経験的な秩序というものは、最初からこの基本的なコードによって定められている。(6)

中間の領域

この経験的な秩序とは、秩序づけのためにコード化された視線と、秩序に関する科学的および哲学的な反省の間にある一つの中間的な領域と考えることができるだろう。物を見るという自明で単純な行為の背後には、この中間的な領域が不透明な層として存在している。たとえば三日月を見るとき、紅葉した落ち葉を見るとき、ぼくたちはこの日常の経験に、地球と太陽と月の位置関係や、樹木の生理学のような科学的な知識を重ねて考える。これはほとんど同時に行なわれるために、日常的な認識に科学的な認識がごく一枚の膜を介して接触しているように思えるかもしれない。しかしこの膜は、じつは言語化されることの困難な厚い不透明な層となっているのである。この経験には、三日月や紅葉をめでる文化的な風習、月に狂気を重ね、紅葉に死を重ねる文化的な感性など、言語化することの困難な層が介在しているのである。これをフーコーは物の「秩序とその存在様態についての裸の経験[7]」と名づける。これはさまざまな学問の基盤にあって、学問自体には不透明な前提なのである。

フーコーは実はこの中間的な枠組みこそが、すでに確立されたさまざまな学問よりも重要なものだと考えていた。この領域は中間にあるようにみえるが、もしかしたらぼくたちの日常的な経験そのものを可能にしているようなもの、ぼくたちのまなざしのあり方そのものを規定しているものではないかと。

だからこの「中位の」領域は、秩序の存在様式そのものがあらわになる領域であり、もっとも基本的なものかもしれない。これは言葉、知覚、身振りよりも前にある領域であり、言葉や知覚や身振りは、あるいは正確に、あるいは間違って、あるいは巧みに、この領域を翻訳するのである。この秩序の経験は、そのずっしりとした原初的な存在によって、批判的な役割をはたすのである。この領域は、これに明確な形を与えようとする理論や、これをさまざまな形で利用しようとする理論、そして哲学的な基礎を与えようとする理論などよりも、強固で、古く、疑わしくなく、「真理」に近いのである。(8)

フーコーはこの中間の領域は、さまざまな学問が可能となる場であると考え、これをエピステーメーと名づける。これは「認識論的な場」である。さまざまな合理的な価値や客観的な形態に基づいた基準の手前にあって、「むしろみずからの可能性の条件の歴史」(9)を生みだすような場である。ギリシア語で知を意味するこのエピステーメーという語は、ある時代の知《サヴォール》を可能にするための条件であり、枠組みのようなものである。さまざまな知には「歴史的なアプリオリ」がそなわっていることはすでに考察してきたが、こうした「歴史的なアプリオリを土台として、実定性の枠組みで」(10)どのようにして観念が誕生し、学問が構成され、経験が哲学として反省され、合理性が形成されるかは、知《サヴォール》を支える土台であるエピステーメーを考察することで初めて明らかになる。

エピステーメーの切断

このエピステーメーを考古学的に分析することによって、中世以降の西洋の歴史は、十七世紀の半ばの古典主義時代の開始と、十九世紀初頭の近代の開始の二つの時期に大きな転換を経験していることが明らかになった。この転換は、「理性が進歩した」ことによって生まれたのではなく、「物の存在様式と、物を分類して知識として認識する秩序の存在様式そのものが根本的に変動した」(11)ことによって生まれた、とフーコーは考える。『言葉と物』が試みるのは、この切断を説明することと、そしてそれによって現代の思想と科学が直面している問題を歴史的に提示することだった。

本書の一四七頁の「三つの時代区分」ですでに確認したように、フーコーはこの切断の線は、中世およびルネサンスと古典主義の時代、そして古典主義の時代と十九世紀の初頭に引かれていると考える。だからいわば三つのエピステーメーがあることになる――中世のエピステーメー、古典主義の時代のエピステーメー、近代のエピステーメーである。古典主義の時代というのは、フランスに特有の分類の仕方で、十七世紀半ばからフランス革命までのアンシャン・レジームの時代を指す。

だからフーコーは同じ時代を別の視点から眺めているが、その時代的な分節は同じだということがわかる。『狂気の歴史』では、理性と理性の他者という「差異」の視点から西洋の歴史を分析した。『臨床医学の誕生』では病をみつめる医師のまなざしと病院という制度の違いから西洋の医学の歴史を分析した。そしてこの『言葉と物』では、その文化の統一的な土台となるエピステーメーの「同一性と差異」の視点から、西洋の学問の歴史を分析しようとするわけである。

第二節　エピステーメーの秩序

「世界の散文」

それでは西洋の思想と学問の歴史に入った大きな断層とはどのようなものだろうか。まず、ルネサンスと古典主義の時代の間の最初の断層を考えてみよう。ルネサンスのエピステーメーをフーコーは、「世界の散文」というタイトルの章で分析している。メルロ＝ポンティの遺著もこのタイトルで呼ばれているが、示唆的なタイトルだ。フーコーはルネサンスにおいて、世界は複雑な謎を隠した書物のように考えられていたことを、「世界の散文」という比喩で呼んでいるわけだ。当時は世界は散文のように、読解すべきものと考えられていた。そして世界が散文であるということは、書物が同時に世界でもあるということだ。

これは言語と世界がなんらかの形で対応しているという考え方を背景にしている。古代の神話によると、むかしは言語は世界の事物と一致していた。神が人間に言語を与えた時には、「言語は物と類似しているため、物の絶対に確実で透明な記号」[12]のように考えられていた。しかし人間が驕り高ぶったために、神はバベルの塔を破壊し、言葉を散らしたので、この物と事物との透明なつながりは失われる。この原初の言葉、事物との透明なつながりをもつ言葉に対する愛着は、西洋の歴史のなかで長くつづくことになる。ライプニッツは言葉を習得しなかった野生児は、ヘブライ語を理解するのではないかと考えていた。それはヘブライ語だけは、この神が与えた原初の言語「アダムの言葉」の痕跡を残していると考えられていたからである。ライプニッツとデカルトの普遍数学の構想にも、こうした透明な言語への郷愁が感じられる[13]。

しかし言語は世界と透明に一致しなくなったとしても、ルネサンスまではまだ言語が世界と類似したものであるという信念は失われていない。ルネサンスの重要な概念に、ミクロコスモスとマクロコスモスの照応という考え方があるが、言語と世界はこうした照応関係をたもっていると考えられていたのである。だからルネサンスの世界で重要なのは、さまざまな兆候から、この類比を見いだし、それを解読することだった。

十六世紀末から十七世紀初めにかけて、さまざまな百科事典の試みが展開される。どれも世界を解読しようとする試みである。世界が書物であるように、書物も世界であろうとしたのだ。フーコーが指摘しているように、百科事典が現在のようにアルファベット順になったのは十七世紀の後半のことで、フランスの聖職者のルイ・モレリという人が一六七四年に発表した『歴史大事典』からだ。内容は中世的な知識をまとめたものらしいが、アルファベット順にならべるという視点は新しい。

ぼくたちはアルファベット順の事典に慣れているが、学問を体系として考えた時には、これはすべての知識を断片として扱うことができるという考え方を前提としている。たとえば「ち」の項目でいえば、平凡社の百科事典では血、血合肉、チアゾール、チアノ、チアノーゼと進むが、これが適切なものかどうかは、それほど自明なことではない。書物と世界がまったく分離した形で示せることがうけいれられていなければならないからだ。

ディドロとダランベールの『百科全書』も、ベーコンの知識の体系にならって、知性を記憶、理性、想像に分類して記述している。記憶とは歴史であり、これには神の歴史、教会の歴史、人間の歴史、自然の歴史がある。理性は哲学であり、これには一般形而上学、存在論、神の学、人間の学、自然の学が含まれる。想像は芸術で、これには詩、音楽、絵画、彫刻、建築などがある。

このように学問の体系に合わせた構成の辞典は、長いあいだ西洋では主流だった。特にルネサンスの頃の事典で注目されるのは、『百科全書』のように人間の知のネットワークではなく、物のネットワークにしたがって事典をつくろうとしたことだ。フーコーはこれを「空間における語の連鎖と配置によって、世界の秩序そのものを再構成しようとした」[14]営みだったと指摘している。一つの空間において言語と物がからみあい、この書物がミクロコスモスとして、世界というマクロコスモスを写しだすのである。

こうした事典の一例として、有名なイタリアの博物学者のウリッセ・アンドロヴァンディの『蛇と龍の物語』がある。「蛇類一般について」という章では、蛇という言葉とその同義語、蛇の解剖学的な構造、蛇の習性や気性、蛇の生殖と捕獲法、蛇にかまれた場合の症状、兆候、治療法、蛇の形容詞、蛇にゆかりのある神々、寓話、神話、奇蹟、蛇の紋章、夢、医学的な用途と食物としての用途などの説明が延々とつづくのである。

十八世紀に近代的な生物学を確立するビュフォンは、この事典を批判して、これは記述ではなく、伝説であると指摘する。ルネサンスの博学の学者であるアンドロヴァンディの書物も、ビュフォンには方法論を欠いた〈お話〉にすぎないと感じられたのである。アンドロヴァンディは彼なりに自然を見つめ、自然を記述していた。しかしビュフォンとは、物の秩序に対する見方、エピステーメーそのものが違っていたわけである。アンドロヴァンディにとっては、自然そのものについての記述、たとえば蛇の習性や生殖についての記述と、蛇についての神話や寓話は、どれも同じ資格において自然について語ったものであり、それを区別する根拠はなかったわけである。

フーコーはこの知は非常に脆いものだったと指摘する。この知は類似を根拠としているが、類似は他のすべての類似を呼び起こし、たがいにもつれあう。類似を規制する法則がないので、土台には流れる砂のようなものしかないのである。「十六世紀の知は、つねに同じものしか認識できない。しかも際限のない道程の到達できない終端でしか、このものを認識できない(15)」という性質をもっていたのである。

この知はやがて、その根拠のなさが自覚されるようになる。この転換を象徴的に示しているのが、一六〇五年に第一部、一六一五年に第二部が発表されたセルバンテスの『ドン・キホーテ』だ。ドン・キホーテは書物を読んで、それを世界そのものと勘違いする。ルネサンスの知では、書物に書かれたものは、世界を反映していたはずだった。だからドン・キホーテは書物が世界と一致することを証明するための旅にでる。ドン・キホーテは世界を解読するために、いつも類似という手段をとる。わずかな類似をもとに、ドン・キホーテは旅籠屋を城に、家畜の群れを軍隊に、女中を貴婦人に読み替える。しかし世界はもはやこの類似を保証してくれない。そのためにドン・キホーテのふるまいは、幻覚や錯乱に満ちたものとなってしまうのである。

ベーコンとデカルト

この類似というルネサンス伝統の方法のもつ危険性は、近代の初頭のフランシス・ベーコンとルネ・デカルトが明確に定式化している。『ドン・キホーテ』の十数年後に書かれた『ノヴム・オルガヌム』でベーコンは、人間の誤謬の原因としてさまざまなイドラ(幻像)をあげたが、そのなかの種族のイドラは、物がたがいに類似していると信じさせる誤謬である。「人間の知性はその固有の性質から、事物のうちに、知性が見いだす以上の秩序と斉一性を見いだしがちである。自然において、多くのものが個性的で不等であるのに、知性は実際にはありもしない並行的なもの、対応的なもの、相関的なものがあると想像する。そこから……〈天界においてはすべてが完全な円を描いて運動する〉という架空の考えが生まれたのだ[16]」。

またデカルトも後に『精神指導の規則』の冒頭で、同じ傾向を指摘している。「人々には、二つのものの間になんらかの類似点を認めるたびに、それらの二つの相違点に関しても、どちらか一方において真であると考えたものを、他のものにおいても真であると主張する習慣がある[17]」のである。

ベーコンは、この誤謬を免れるために、精神の慎重さを求めるだけであるが、デカルトは、類似が知の基本的な経験であることを否定すると同時に、類似という概念のなかに含まれる混同を指摘し、それを純化する。デカルトは人間の精神の働きは、ほとんどすべてが比較という操作によって行なわれるものであることを指摘する。目の前の二つのものをたがいに比較するならば、その同一性と差異は明確だからである。単純な直観によって認識できないすべてのものの認識は「二つもしくはそれ以上のものの相互比較によって、ことごとくえられる[18]」のであり、この比較の操作によってえられる真理を直観するには、ごく普通の知性という「自然の光」で十分なのである。

デカルトはその比較を、階層関係にある秩序と、計量可能なものの比較だけに限定する。「すべての事物は、ある種の系列に配列されうる[19]」のであるが、すべての事物の占める位置は、他の事物との相対的な位置関係によって決定されることになる。またすべての事物は〈延長〉という実体であるのだから、形と大きさをそなえているのであり、ある共通の単位を基礎として、相等性と不等性という原則に従って計量的な比較を行なうことができる。これはもっとも単純な要素を設定した上で、相違を可能なかぎり細かい段階に従って配列することである。だから計量的な比較は、秩序の比較に還元できる。そしてこの秩序とは、普遍化された比較であり、これは認識における連鎖関係に基づいて成立するのである。

フーコーはこのように、ルネサンスにおける類似関係の基準を放棄して、推論における同一性と相違性の基準を採用したことが、西洋の思考に重大な帰結をもたらしたと考えている。長いあいだ知の基本的なカテゴリーであった〈類似〉が、同一性と相違性のカテゴリーに転換したことによって、エピステーメー全体の基本的な布置が転換したのである。フーコーは認識を可能にするもの、知の対象の存在様態を可能にするものを分析する考古学的な考察を進めながら、このエピステーメーの転換を次のように要約している。

第一に類比の階層構造の代わりに、複雑なものを単純なものに分析するという手続きが採用された。ルネサンスにおいてはミクロコスモスとマクロコスモスという宇宙の全体が前提された上で、個別の相似関係をこの宇宙のなかに読み取ろうとする。しかし古典主義の時代には、すべてのものは知性のまなざしの前に置かれ、ごく単純な要素に分析され、他のものと相互に比較されて、そこから秩序をつくりだすのである。

知性はすべてのものを完全に列挙し、差異と同一性に基づいて移行する連鎖を構築することができ、これによって完全な認識に到達できると信じられるようになったのである。デカルトは『精神指導の規則』で、「学問を完成するためには、連続的で中断されることのない思考によって、われわれの目的にかかわりのあるすべての事物を個々に通覧し、それらを十分な秩序正しい枚挙によって総括すべきである」[20]と語るが、これが意味することは、人間の知性の仕事の性質がまったく一変したということである。知性の役割は、すべての事物を枚挙し、分析し、比較し、総合することにあり、もはや事物に〈神の署名〉を読み取ることではなくなった。

ここに認識と物語、学問と魔術は分離される。事物に向かった醒めたまなざしによらずに、物語に依拠していたのでは、真理を認識できないのであり、「プラトンやアリストテレスの議論をすべて読んだとしても、もしも提起された問題に確固とした判断を下すことができないのであれば、哲学者にはなりえないだろう。われわれが学んだのは、学問ではなく、物語だったのだということになる」[21]というデカルトの言葉は、この方法の必然的な帰結である。ルネサンスの知の本質は「解釈」にあったが、この古典主義時代の知は、記号によって秩序を形成する知であり、あらゆる経験的な知を、同一性と差異性の知として成立させる知である。

タブローの空間

このエピステーメーにおいて成立した空間に棲みついているのは記号である。この記号は、ルネサンスの時代のように、類似や親類関係によって世界の事物と結びついている一つの標識ではなくなった。古典主義時代における記号は、世界の事物の秘密を語るものではなく、人間の認識の内部の空間のうちだけに存在する。事物と記号の間に大きな裂け目が開き、これを媒介することができるのは、人間の意識の空間だけとなる。この空間は無限の空間であり、「精神が分析を行なうがゆえに記号が現われる。精神が記号を手にしているがゆえに、分析は際限なくつづく」のである。[22]

この記号は、世界との紐帯を解かれたがゆえに、自由で恣意的なものとなった。神の記号ではない人間の記号は、単純で記憶しやすく、無数の要素に適用でき、それ自体で分割と合成が可能なもので、「もっとも十全な機能をもつ記号である」[23]。この恣意的でありながら、完全な言語の夢は、古典主義時代に何度も語られた「普遍的な言語」の夢であり、「普遍学」の夢である。

古典主義時代の記号についてもう一つ重要な点がある。それは表象の二重化である。記号が類似と分離されたことによって、記号の表象は物それ自体の秩序のなかに存在しなくなった。記号は人間の認識の内部において、ある物の観念と他の物の観念の間に設けられた紐帯にすぎない。ルネサンスの体系においては、記号は三つの要素で構成されていた。記号の表象、記号の参照物、そして参照物と表象の間の類似性である。この類似性が表象と参照物の結びつきを確保していたのであるが、古典主義時代には、この類似性の項が失われたのである。

そのために『ポール・ロワイヤル論理学』が述べているように、記号は〈表象するものの観念〉と〈表象されるものの観念〉の間の関係を喚起するにすぎなくなった。記号はシニフィアンとシニフィエの関係にすぎなくなり、シニフィアンはそれが表象するもの以外の一切の内容を持たず、そのものに対してまったく透明となる。地図が、それが表象しているもの以外の内容を持たず、それでいてその内容は一つの表象によって表象された状態でしか現われないように。

記号はかつては認識の手段であり、知を獲得するための鍵であった。そこには宇宙の照応関係が書き込まれ、これによって世界の知を獲得できるはずであった。しかし古典主義時代には、記号そのものは透明になり、単独ではなにものも意味しなくなる。記号が意味をもつためには、意味を生みだすような「秩序」が必要であり、ある「全体」が必要である。フーコーは、これを表《タブロー》の空間と呼ぶ[24]。

ある表象が他の表象に結びつけられ、それ自身のうちにその結びつきを表象すると、そこに記号が生じる。しかしそこにおいては意味作用は発生しない。意味作用は、記号の完全な表《タブロー》のうちに与えられる。ルネサンス時代に世界のひしめきあう物のうちに分布していた記号は、そこから解放され、表象作用の内部の厚みのない空間に宿ることになる。

この空間は、秩序に関する一般的な学問、表象を分析する記号の理論、同一性と差異性の秩序あるタブローへの配分によって成立している空間であるが、フーコーはこの空間は現在の知とはきわめて異質なものであることを指摘している。それはエピステーメーというものの性質からも理解できることである。そもそもエピステーメーとは、一つの知を可能にする枠組みであり、物が人間にどのように見えるかを規定するものである。『臨床医学の誕生』で指摘されたように、古典主義時代の医者と現代の医者では、脳の同じ細胞の断片を見ていながら、非常に異なる記述を行なうのであり、物の見え方そのものが時代に規定されているのである。

古典主義時代の知の方法論

すでに述べたように、古典主義時代の知にとっては、物の秩序は表象の秩序であり、物の世界は表象の世界であった。この時代の知は、表象の秩序を構築し、理解するため方法論を必要としていた。この知はすべての表象の体系を構築する記号に基づいて、同一性と差異性という基準に基づいて、巨大なタブローの空間を分節する。そしてフーコーは、この表象の世界の内容を同一性と差異性に基づいて分析するためには、マテシスとタクシノミアと呼ばれる二つの形式的な学がその根拠として必要となると考える。

まず必要なのが、人間が物との間に結ぶ判断の学であり、秩序と認識を可能にする根拠となる学である。フーコーはこれを普遍学（マテシス）と呼ぶ。マテシスは、世界の秩序を計量という方法によって構築する方法である。デカルトとライプニッツのマテシス・ウニベリサリス（普遍学）の夢は、すべての学を普遍的に記述する学の可能性の夢であるが、ここでは人間が物を正しく認識できる学、すなわち概念と存在の一致としての真理の学と考えられている。

もう一つは、物の秩序が表象の時間のなかで再構成される方法についての分析であり、認識の起源の分析である。フーコーはこれを発生論（タクシノミア）と呼ぶ。古典主義時代のエピステーメーは、計算可能な秩序の学として水平方向に働くマテシスと、秩序が成立する条件を分析する発生論として垂直方向に働くタクシノミアによって構築された記号の空間である。

古典主義時代における三つの基本的な学問

このマテシスとタクシノミアが開いたタブローの基本的な空間のなかにおいて、人間の基本的な要素である生命、労働、言語をめぐって、特権的な位置を占める学が存在する、とフーコーは考える。博物学、貨幣と価値の理論（富の分析）、一般文法である。

まず博物学は、さまざまな事物や生物としての人間の学であり、世界の秩序の学である。これは自然の連続性と錯綜状態を記号《シーニュ》によって分析する特徴《カラクテール》の学である。つぎに貨幣と価値の理論は、必要や欲望に駆られた人間が形成する社会の学である。これはまた、人間の欲望の間の等価性の確定と、相互的な財の交換を可能にする記号《シーニュ》の学である。最後に一般文法は認識の発生に関する学であり、人間の知覚の分類と思考を可能にする記号《シーニュ》の学である。

これらのすべての学が記号《シーニュ》の学であることに注目する必要がある。どれもが記号の学であったために、博物学と富の分析は、一般文法との関係で考えられるのである。だからこの三つの学のうちでも、言葉を扱う一般文法がもっとも根源的な地位を占めることになった。

博物学は有機的な生命の学ではなく、人間が表象したさまざまな自然物のイメージについての学である。博物学が目的とするのは、自然の謎を解明することではなく、自然のさまざまな事物について「語ること」である。自然に存在するさまざまな生物を調査するのでなく、むしろ人間の「記憶のなかのさまざまな表象を分析し、表象に共通した要素を発見し、そこから記号《シーニュ》を定め、最後に名前を与える」[25]ことが、そのすべての営みなのである。この分類する博物学は、語る言語と「同じ空間にその起源を見いだす」[26]性格のものである。それだけに博物学は「よく出来た言語」[27]でなければ、存在する意味がないのである。

また富の分析は、人間の労働によって生みだされた価値の学ではなく、貨幣という等価交換の手段についての学、交換価値の学である。この理論で問題にされるのは、その商品を製作するために必要だった労働の大きさでも、その使用価値でもなく、その商品によって交換することのできる他の商品の表象である。「表象作用においては、記号《シーニュ》がその表象しているものを思考の前に呼びもどす力をもっていなければならなかったのと同じように、貨幣はその所有者の手に、さきほど交換されたものを呼びもどす力をもつものである」[28]。貨幣は二重化される表象であり、まだ実現されていない交換である。

さらに一般文法そのものも、人間の言語を独立した対象として考察する学ではなく、人間のさまざまな観念が、記号《シーニュ》を介して事物をどのように表象することができるかを解明する学である。一般文法ではすべてのものが表象に、そして事物の「名」に集約される。「名はディスクールの〈終点〉である。おそらく古典主義時代の文学のすべては、この空間のうちに宿っている」[29]のである。

このように古典主義時代のエピステーメーは、記号《シーニュ》によって可能になったタブローの学なのであり、生命や労働や言語そのものが分析されるのではなく、それぞれの要素についての人間の表象を記号《シーニュ》によって分析する学だったのである。これはすべてのものをその表象の空間という閉じた場所のうちで考察することができるという閉ざされた学だった。

欲望の時代

しかしこの閉じた空間にもいつか、窓が開け、風穴が開かれ、崩壊する時がくる。この空間においては、「言語は語の表象にすぎないし、自然は存在の表象に、欲求は欲求の表象にすぎない。古典主義時代の思考、そして一般文法、博物学、富に関する学問を可能にしたエピステーメーの終焉は、表象が後退した時期に起きた。というより、言語、生物、欲求が表象を乗り超えた時期に起きたのである」[30]。人々の精神、生命の激しさ、欲求のもつ力が、表象の存在様態から逃れでる時が訪れる。新しい時代は表象の時代ではなく、力の時代、欲望の時代となるだろう。

それを象徴するのが、マルキ・ド・サドだった。『ドン・キホーテ』が中世の終焉を告げ、新しい古典主義の時代の開幕を告げたように、サドの『ジュリエット』は古典主義の時代の終末を告げる。サドの小説では、もはや「類似にたいする表象の皮肉な勝利が問題なのではない。むしろ、欲望の暗い反復的な暴力が、表象の限界に押し寄せる」[31]のである。サド以降というもの、「暴力、生と死、欲望、セクシュアリティが、表象の下に巨大な影の連続面を広げ始めた」[32]のであり、現代もまたこの影の下にある。

フーコーはこのエピステーメーの転換がどのようにして行なわれたかは、説明しない。これは一つの〈謎〉として提示されるのである。十八世紀末において、ルネサンスから古典主義時代の移行の際に発生したような一つの切断が生じる。わずか数十年の間に、それまで疑いも抱かれていなかったことが、突然のように疑問とされ、誤謬とされるようになるのはなぜか。

物が突然もはや同じ仕方で知覚されることも、記述されることも、言表されることも、特徴づけられることも、知られることもなくなり、語と語の隙間から、あるいは語を通してその背後から、もはや富、生物、ディスクールではなく、それらとは根源的に異なる存在が知に提示されるという事態を生み出す変動は、そもそもいかなる出来事あるいは法則に従うのか[33]。

この問いに対してフーコーは、〈知の考古学〉ではこれを細心に分析するが、説明することはできないし、唯一の言葉で表現することもできないと答える。これをフーコーの諦念と考えることも、〈知の考古学〉の限界と考えることも可能であろうが、フーコーの方法的な限定であり、方法的な謙虚さと考えることもできる。〈知の考古学〉は全能ではなく、固有の目的と固有の使命をもつものであり、知の歴史における出来事を分析する方法論に、その意味を考察することや、それがどのようにして可能になったかを考察することを求めるのは、過剰な要求というべきかもしれない。

考古学と現代の診断

フーコーはあくまでも知の歴史における分析に自己の課題を限定しているのであり、時代がこのようにして変化したと、超越的で鳥瞰的な立場から語りだしているのではない。もしも知の歴史にたいしてこのような鳥瞰的な立場が可能であるとしたら、みずからの知の意味をその歴史的な由来から問うという知の考古学の「現代の診断」としての意味が失われることになるだろう。

すでに第五章で考察してきたように、考古学が思想史ではなく〈考古学〉であるのは、ある時代のなかに立った人間が、自己を形成している無意識的な知を解明するため、自分の足元を発掘するためであり、絶対的な知に到達するためでも、そうした知を所有するためでもないのである。思想史あるいは一般的な学説史には、循環論的な誤謬が組み込まれている場合が多い。ある時代の理論を分析するために、それがどのような発展段階を経過して、現代の知に到達したかという発展論的な見方が、無前提に採用される。この見方は、現在の知を前提とし、かつそれを目的とするという循環を孕んでいる。

フーコーの考古学の認識論的な切断という不連続性の思想は、そうした循環論と暗黙的な目的論を否定し、知の発展の歴史において不連続性を想定するものである。他の時代を分析する主体は、現代のエピステーメーに依拠して分析するのだが、そのエピステーメーには無意識的な要素が含まれているだけに、現代と異なるエピステーメーの分析と解釈に予断が入るのは避けられないことである。知の考古学は、現代と異なるエピステーメーの分析の限界性を認識し、さらにその限界性を浮き彫りにする役割をはたす。もしもこの方法論がすべてを解明できるとすれば、分析の主体の有限性というみずからの前提そのものを破壊してしまうことになる。エピステーメーの転換の意味の〈謎〉は、知の考古学が解明することを禁欲するものであり、それは方法的な前提なのである。

そのことをフーコーは、ぼくたちが今生きている時代のエピステーメーを、みずからではまだ十分に自覚できていないと表現している。哲学や考古学が必要となるのは、明晰な自己知が存在しないという認識があるからである。これはフーコーのエピステーメーの理論のもつ別の逆説である。古典主義時代のエピステーメーを現代の人間がなかなか理解しにくいのは、現代のエピステーメーと異質な要素があり、それを自分たちの考え方で推し量ろうとしてしまうからである。

しかし同時に、ぼくたちはみずからが棲みついているこの時代のエピステーメーの空気をごく自然に呼吸しているがゆえに、それについて自覚的になることが困難になっている。その意味では、フーコー表象の空間のほうが理解しやすいとも言えるのである。この方法論が孕んでいる問題は、フーコーが『言葉と物』の序文においたベラスケスの絵の分析に秘められている。フーコーはこの絵における王の位置は、絵の中に表象されたすべてのものを見つめる一点に収斂すること、そして絵の中には不在なこの一点が、「そこから出発して表象関係が可能となる」[34]点であると指摘していた。この点こそが、表象の空間の鳥瞰的なまなざしを可能にする仕掛けであり、「古典主義時代における表象関係の表象のようなもの、そしてそうした表象の開く空間を定義する」[35]ものだったのである。

しかし人間の欲望と意志が顕わになり、人間の有限性が告知されるとともに、そのような特権的な位置の不可能性が示される。見るものは、見られるものの一部であり、特権的な場所に立って見る者は存在することができなくなる。人間が有限な存在として認識されたことは、人間の知の全体を再構築し、提示することの不可能性を告知するのである。

第三節　近代のエピステーメーの登場

経済学の誕生

表象の空間が解体され、近代の人間科学が誕生するにいたった経緯は、考古学にとっては、古典主義時代のエピステーメーの解明とともに、重要な課題である。一七七五年から一八二五年の間に発生したこの知の転換はよく知られているので、ここで詳しく紹介する必要はないだろう。この節では、この転換によって生まれた哲学的な知の配置の変動と、それが現代の哲学にもたらした影響についてのフーコーの考察を集中的に検討したい。

まずここではいくつの結論を確認しておこう。サドが表象よりも深い人間の欲望の生々しさを解き放ったように、経済学は、労働という活動を表象の分析に還元できないことを示した。労働は人間の肉体を消耗させ、生を摩耗させる営みである。「富に秩序があり、これであれを買うことができ、金が銀の二倍の価値があるとすれば、それはもはや人間の欲望が比較できるからではない。人間が身体を持つために同じ飢えを感じるからでも、人間の心が同じ魅惑のとりこになるからでもない。人間が時間、労力、疲労、さらに究極において、死そのものに支配されているからである[36]」。

ここにおいて経済学は、表象の空間から逸脱し、人間の生と死の意味を問う人間学に向かって歩みを進め始める。もはやこの経済学の空間は、人間の欲望の表象のもとに編まれた表層の空間ではなく、窮乏の歴史の時間となり、財の稀少性の歴史の時間となる。「歴史の一刻一刻において、人間は死の脅威のもとで労働するほかない。すべての住民は、新しい資源を見いださなければ消滅するように運命づけられている[37]」のである。近代において経済を可能とし、必要とするのは、稀少性という基本的な状況のためであり、労働はこの稀少性を一時的に克服し、一時的に「死に打ちかつ」方法である。

ホモ・エコノミクスとは、人間自身の欲求と欲求を満足させる物を、みずからのうちで表象する人間ではない。差し迫った死から逃れるため、その生涯を過ごし、すり減らし、失っていく人間にほかならない。それこそ有限な存在なのである[38]。

この有限性という観点から人間を考察するのが、イマヌエル・カントに代表される人間学の重要な特徴である。稀少性を根本的な原則とする経済学は、人間の死と有限性という基本的に人間学的な原理に依拠しているのであり、これはマルクス主義についても同じことが言える。マルクス主義においては労働は、人間の本質的な行為であるが、歴史的な条件によって人間の労働が疎外されていると考えられている。そして窮乏によって死の脅威にさらされている階級であるプロレタリアートは、革命によって人間の本質を疎外から回復させる以外に、この死の脅威を逃れる手段はないとされる。ここでも人間の有限性、財の稀少性、労働の本質性という基本的な枠組みは同じであり、古典経済学とマルクス主義経済学の対立とは、同じテーマの二つのヴァリエーションにすぎない、とフーコーは考える。そこから「マルクス主義は十九世紀の思考において、水の中の魚のようなものであり、それ以外のどこでも呼吸できなかっただろう[39]」と指摘する。マルクス主義もまた人間学の別の顔という性格をおびていたのはたしかだろう。

生物学の誕生

博物学でも同じような表象性から歴史性への転換が確認できる。経済学において労働が人間の有限性を顕わにする特徴であったように、博物学の分野では、生命と有機体の〈組織〉という概念が、同じ役割をはたすことになった。この〈組織〉という概念は、生物体の外的な特徴を示すものではなく、生命を営む上で重要な機能を示すものである。古典主義時代には、植物は「根、茎、葉、花、果実[40]」という五つの基本要素にしたがって分類された。これらの要素が示されたならば、誰もが図鑑と比較して、個体の分類を行なえるはずであった。ここでは記述という言葉の秩序と、事物の分類が正確に一致し、「どのような不確実性も確実に排除される」[41]はずだった。

この時代には表象の空間のなかの配列が本質的なものであったから、可視性の高いものを基準としてすべての個体を比較し、全体のタブローのなかに位置づけることが目的とされたのである。しかし近代の初頭において、組織や器官が生命の維持と再生においてはたしている働きが注目されるようになると、分類の基礎となる要素が特定されるようになる。これは可視性の高さとはまったく無縁なものであり、植物の分類においては子葉であり、動物の分類においては生殖器である。

植物において子葉が注目されるのは、それが最初に可視的となる部分だからではなく、生殖機能のなかで一定の役割を演じ、植物の内的な組織全体と結びついているからである。新しい植物学では、外的で可視的なものだけで分類するのではなく、組織によって分類されるようになったのである。

このように〈組織〉という概念が重視されるようになるとともに、「表面的な器官から、もっとも隠されている器官へ、さらにそうした器官から、それらの保証する大きな機能へと導いていくこの奥行きのある空間を踏破しなければならない」[42]ことになるのであり、ここに〈生命〉という概念が登場する。この概念が不可欠になったのは、表面に現われている器官と、隠されたところにあって本質的な機能を果たしている器官との関係を、身体の深層で把握することが必要になったからである。

古典主義の時代までは、世界の事物は鉱物、植物、動物、人間、天使、神といった人間学の上昇する階層構造のうちで考えられていた。しかし近代にいたるとこの分類は恣意的なものに感じられてくる。むしろ生命だけが基準となり、生命のあるものと生命のないもの、無機物と有機物という基準によってすべてのものが分類されるようになる。「同一性と差異」という博物学のまなざしでは捉えられない〈生命〉という概念が初めて登場するようになる。これが生物学の誕生のために必須の条件だったわけである。いまや生物のなかに、生と死という歴史性が導入されたのである。

文献学の誕生

このように経済学でも生物学でも、生と死へのまなざしが、そして人間の時間性と歴史性の認識が、古典主義の時代のエピステーメーを崩していったのであるが、一般文法の分野でも、「名」の優位、すなわち表象の空間の優位を崩して、近代的な言語学である文献学を成立させるきっかけとなったのは、言語の歴史分析だった。

十九世紀初頭まで、〈名〉の理論はわずかな変化しか示さなかったが、十八世紀末に、大規模な言語の比較分析が試みられたことが重要なきっかけとなった。この世界の諸言語を比較する試みによって、これまでの意味内容の分析と語源研究とは別に、語尾の変化である語の「屈折」に着目する視点が登場した。

語の屈折という観点そのものが新しいのではない。それまでも名詞や形容詞の語尾は、主格以外の格（これらを斜格と呼ぶ）に変化することが注目されていた。ラテン語は少なくとも主格、呼格、属格、対格、与格、属格の六格、ギリシア語は五格、ドイツ語は四格、ロシア語は六格の変化をする。しかしこの時期に研究されたのは、名詞や形容詞の語尾の変化（曲用）よりも、動詞における語幹と語尾の変化（活用）である。たとえばサンスクリット、ラテン語、ギリシア語の「ある」という語を比較してみると、単語（語根）そのものとしてみると大きな違いがみられる。しかし語尾の活用には、明瞭な法則性が共通に存在しているのである（これについては本書三〇七頁を参照されたい）。

このことが意味しているのは、言語を比較する際には、〈名〉だけを比較していたのでは、言語の関係が理解できないということである。意味や表象の側からみると付随的なものとしか考えられない語尾の屈折という要素が、「形態においては恒常的でほとんど不易な総体を構成している」[43]ことが確認されたのである。こうして、交換の分析における労働の概念や、特徴の分析における組織の概念と同じように、言語の分析においても表象に還元できない要素が導入されたのである。

この言語の比較分析によって確認されたことは、重要なのは「言語の内部構造、すなわち比較文法」（シュレーゲル）だということである。この観点は、十八世紀までの言語の階層構造を崩壊させる。かつては表象の分析が的確で精密に行なわれるかどうかで、他の言語よりも重要な言語が存在すると考えられていた。しかしいまやすべての言語に優劣はなくなる。それぞれが異なった内部の組織を持つにすぎない。そしてこの内部の組織は、記号だけで形成されているものではない。

こうして言語は、音声学的な諸要素の総体として取り扱われるようになった。そして分析の中心になるのは、語彙のなかでも恒常的に持続する特権的な地位を占める名詞ではなく、絶え間なく変化し、崩れてゆくことの多い動詞である。名詞において人間は自分に「見える」ものを表現するが、動詞においては自分の欲望について、意志について語るからである。「言語は表象を二重化するあの記憶ではなく、意志と力から生まれたものだろう。話すのは行動するからであって、以前に認知したものを再認しながら認識するからではない[44]」。

こうして言語が価値をもつのは、言語が事物を模倣し、なぞるからではなく、「その言葉を話す人々の基本的な意志をあらわにし、翻訳するからである[45]」。このとき言語は事物の認識の手段というよりも、人々の意志と欲望を表現する手段になり、人間の自由と深く結びつき始める。次のように語っているヤーコプ・グリムは、言語の政治性を十分に認識していた――「言語は人間的なものである。それはその起源と進歩をわれわれのまったき自由に負っている。言語はわれわれの歴史であり、われわれの遺産なのだ[46]」。そして言語に固有の歴史性と、その背後にある人間の欲望と意志が顕わになるとともに、言語はその透明さと、知の領域における中心的な機能を喪失するのである。

第四節　〈人間〉の誕生

人間の有限性と知

このように近代のエピステーメーは、人間の生と死、欲望と暴力の生々しい力に動かされて、人間の有限性が顕わになってきたことを大きなきっかけとして登場してきたのだった。経済学における労働の意味、生物学における死の意味、言語における人間の欲望と意志の意味が明らかになるとともに、人間が主体であると同時に客体でもあるという特異性が注目されるようになる。この認識を代表するのがカントの哲学と人間学である。フーコーは人間学について、「認識の権利の限界が（そしてすべての経験的な知の権利の限界が）、同時にこの経験的な知そのものにおいて与えられる〔人間という〕存在の具体的な形式でもあるような思考方法」[47]と定義している。

ということは、人間が、認識する主体でありながら、その認識においては同時に客体として考えられるということ、そこに人間のすべての経験的な認識の有限性が明らかになるということである。カントの超越論的な哲学というものは、まさにこのことをテーマとしていたのである。

古典主義時代自体のエピステーメーでは、人間の本性と自然の本性は対立することなく、同じ構造を持っていると想定されていた。「自然と人間の本性は通じ合う」のであり、表象の連鎖は、地上の無秩序のなかに諸存在の断絶のない連続面を見いだすことができた。スピノザの語ったように、物の秩序は観念の秩序と同じであり、「人間はみずからの表象を表象する力を持つディスクールの至上性のなかに、世界をとりこむことができる」[48]のであった。この古典主義時代のタブローにおいて、人間は神にも似た至高の位置を占めていた。世界のなかに秩序を見いだすことができるのは、人間が表象し、語るからであった。

しかしこのタブローのなかで、ある意味では人間は不在である。あるのはまなざしだけであり、人間が生身の身体を持った客体としてタブローのなかに登場することはない。リンネの博物学において、たしかに人間は動物の一つの種として、ヨーロッパ人、アフリカ人、怪物、未開の人間のように分類されていた。しかしこの分類が明らかにしているのは、人間があたかも地上に住む動物のように分類されているということである。人間は神の似姿としての特権的な存在である一方で、動物と変わりのないものとみなされている。

　表象の時代においては、人間の認識が分裂していたのである。至高の主体はまなざしとしてタブローの外部にあり、タブローの内部にある人間は、地球上にすむ動物の一つの種として、なげやりに扱われる。ここには「厚みのある第一義的な実在性としての人間、可能的な認識全体の困難な客体であると同時に、至上の主体としての人間は、いかなる場所も占めていない(49)」のである。語り、労働し、生きている個人としての人間は不在なのだ。

近代の知の特徴

　近代の知の大きな特徴は、考古学的な変動によってこのまなざしとタブローの場が崩壊し、そこに生身の人間が登場することである。人間は「知にとっての客体であるとともに認識する主体として、その両義的な立場において登場する(50)」ことになる。ベラスケスの絵《タブロー》において、王の位置は不在であり、まなざしの場としてのみ確保されていた。しかし近代とともに、人間の実際の現前が、排除されていた〈王〉の場所に登場する――失墜した〈王〉として、労働と生命と言語に支配された有限な存在としてである。人間の表象は、もはや至上の空間において、物を秩序づけるタブローを展開することはできなくなる。

　十八世紀においても、人間の有限性は顕わであった。しかし人間の有限性はつねに無限についての思考の内部に宿っていた。これは、創造者としての無限な力をもつ神を前にして、原罪を犯した人間のもつ有限性だったのである。しかし近代のエピステーメーにおいては、人間の有限性は、人間存在の生命と資源と言語の有限性と、その具体的な内容についての知の有限性によって確認されるのである。人間の知が有限であるのは、それは知が言語と労働と生命の実定的な内容に囚われているからである。

古典主義時代の思考にとっては、無限から出発して構成される人間の有限性とは、肉体であり、欲求であり、言語であり、それらについての限られた認識であった。しかし近代の思考にとっては、人間の有限性とは生命、生産、労働の実定性である。そしてこの人間の実定性、人間の有限性は、無限に対して否定的なものとして構成されるのではなく、逆に認識の限界が、生命、労働、言語についての知の可能性を積極的に基礎づけるのである(51)。

カントの超越論的な哲学の意味はここにある。『純粋理性批判』において、カントはコペルニクス的な転回を誇ったが、これは人間の知が人間の認識の有限性によって初めて根拠づけられるという確信であった。自然がニュートンの法則に従うようにみえるのは、人間が自然という物自体を認識できるからではない。ニュートンの法則が適用されるのが、人間が認識できるかぎりでの現象としての世界にほかならないからである。すなわち、人間の認識と知の真理の根拠は、人間が物自体ではないこと、現象しか認識できないという人間の認識能力の有限性そのものにあるのである。

ここにおいて〈人間〉という概念が、新しい顔をもって登場するとフーコーは考える。ルネサンス時代のユマニスムも、古典主義時代の合理主義も、世界の秩序のなかで人間に特権的な場所を与えることはできたが、肉体を持ち、労働し、言語を話す実存としての〈人間〉を思考することはできなかった。〈人間〉を考えることは、近代の有限性の思考によって初めて可能になったのである。「われわれの近代性の端緒は、人々が人間の研究に客観的な方法を適用しようとした時ではなく、〈人間〉と呼ばれる経験的＝超越論的な二重体がつくりだされた日に位置づけられる[52]」のである。次の章では、この経験的＝超越論的二重体の意味について、カントと現代思想の深い絆について、さらに考察を深めたい。

第七章　人間学の「罠」と現代哲学の課題——「カント『人間学』の序」

第一節　カントの人間学

カントの人間学の位置

フーコーは一九六二年に提出した博士論文の副論文「カント『人間学』の序」において、すでに人間の有限性についての鋭い考察を展開していた。その内容はまさにこの〈人間〉と呼ばれる経験的=超越論的な二重体にかかわるものである。以下ではこの論文に立ち戻って、フーコーの人間学批判の視座をあらたに点検してみよう。

すでに考察してきたように、表象の理論は人間という主体を空虚な「王座」のようなものとし、すべてのものを表象の空間のなかに描きだして、この空間の内部で考察しようとする。ベラスケスの絵の王のように、そこには真の意味での主体としての「人間」は不在である。すべてのものは人間の表象のうちだけにあり、この表象を思考する主体としての人間を考察するための空間がまだ開けていないのだ。さらに真の意味での客体も不在である。表象の空間に棲みついているものは、人間が表象として描きだした像にすぎない。人間の記憶であり、理性であり、想像であるかもしれないが、現実の客体そのものではない。

この空間が崩壊するにはまったく新しい視座が必要とされたのであり、前の章では生物、経済、言語という三つの主要な分野で、この視座が登場するプロセスを簡単に点検してきたわけである。そして人間そのものを思考の対象とする哲学の分野で、この新しい視座を提起したのがカントの批判哲学であり、人間学であった。

カントの『純粋理性批判』のコペルニクス的転回が、その視座の転回を象徴するものだった。表象の哲学では、人間が対象を認識したときに得られる表象は、対象そのものを描きだすものと、無条件に信じられていた。デカルトは神の善意を根拠としたし、スピノザの哲学では観念の秩序と物体の秩序が一致することは前提とされていた。しかしカントはこの前提を破壊するのであり、観念の秩序が物体の秩序と一致するかどうかは、人間にとっては決して知りえないことだと考えた。人間は物自体を認識することはできないのである。

しかし人間が対象を認識してつくりだした自然の法則そのものは、人間にとって普遍的に妥当するとカントは考える。それは自然そのものに妥当するのではなく、自然を認識する人間に妥当するからである。人間が自然を認識するときに、つねに空間と時間という感性的な条件を利用し、しかも因果関係や実体と偶有性などの悟性のカテゴリーにしたがうからであり、この感性的な条件と悟性のカテゴリーは、すべての人間に普遍的に妥当するからである。

たとえば太陽が照っていること、石が太陽に照らされていること、太陽に照らされた石を触ると温かいことなどは、人間の知覚した表象の内容によって判断できることである。「太陽が石を照らすと、石は温かくなる」[1]というのは、たんなる「知覚判断」である。これは表象に基づいた判断であり、「何ら必然性を含まない」[2]。しかし「太陽が石を温めた」ということは、もはや表象だけで判断できることではない。カントはこれをたんなる知覚に基づいた判断と区別して、「経験判断」と呼ぶ。この判断は原因というカテゴリーを含むのであり、経験判断では、「知覚の上に、さらに原因という悟性概念が加わり、この概念が、日光という概念と熱という概念を必然的に結合する」[3]。この必然的なものは、経験判断のうちに含まれているものではあるが、「そのことを私は経験によって学ぶのではない。逆に、経験は（原因という）悟性概念をこのように知覚につけ加えることによって、はじめてつくりだされるのである」[4]。この経験を可能にするアプリオリな条件について問うのがカントの批判哲学であり、この条件は超越論的な条件と呼ばれる。

フーコーは、表象の空間の自立性を崩壊させ、この空間の成立根拠そのものを問うカントの批判哲学は、「わたしたちの近代の発端をしるす」[5]ことを確認する。カントの批判哲学は、近代のエピステーメーの思想的な端緒を示したものである。「批判哲学は、知と思考が表象の空間から後退するという十八世紀末にヨーロッパで起きた出来事を、初めて承認ずみのものとする」のであり、いまや「表象の空間の基礎、起源、限界が問題とされる」[6]ようになったのである。

起源としてのカントの哲学

カントの哲学は、近代性の端緒であるだけではなく、「わたしたちの思考がまだその支配下にある」(7)という意味では、現代の哲学にもその長い影を落としている。それは二重の意味においてである。カントの超越論的な哲学によって、表象の空間に外部からのまなざしを向けることができるようになったからであり、また二つの種類の形而上学が可能になったからである。

一つは超越論的な主体に軸足をおいた形而上学であり、もう一つは超越論的な主体が描きだす客体の側に軸足をおいた形而上学である。まず超越論的な主体の哲学について考えてみよう。カントの描きだした人間性の最大の刻印は、その有限性にある。人間はもはや物自体を認識することはできないとカントは結論する。神は直観することによって事物を実在させる。しかし人間は直観することで事物を存在させることはできず、たんに事物の像を表象として心の中に思い描くだけである。

この人間は認識において、その固有の二重性を顕わにする。人間の能力は神と比較すると、かぎりなく有限なものである。しかし表象の世界はこの有限な人間が描きだしたものであり、世界の存在様式は、人間の表象の様式が決定するのである。その意味では世界の存在は人間に依拠しているのであり、世界について語ることは、人間の認識能力について語ることである。人間は思考し表象する至高の主体なのである。

カントの哲学において皮肉なのは、人間がこのような至高の主体であるにもかかわらず、人間にはみずからを認識することができないということである。人間はみずからも「物自体」であるのに、物自体を認識することができない。人間は身体を認識することはできても、思考し、道徳的に行動する物自体として、みずからを認識することができない。この超越論的な主体は、その根拠に大きな空洞を抱えているのであり、そこからさまざまな形での超越論的な主体についての形而上学が、ときには神話的な人間の学が誕生することになる。

さらにこれと鏡像をつくるように、有限で客体としての人間の側からも形而上学が誕生する。近代の主要な学問である生物学が示したのは、人間が死ぬべき有限な存在であること、生をうけた瞬間から、死へ向かって歩んでいることである。経済学が示したのは、人間が労働しながらみずからを養い、身体を消耗させる有限な存在であること、みずからが欲望するものを手に入れるためには暴力も行使するような存在であることだった。言語学が教えたのは、人間が他人に教えられた言葉によってしか、自分のもっとも深い欲望すら語ることができない有限な存在であることだった。

この客体としての人間の認識から、さまざまな形而上学が発生する——生の哲学、労働の哲学、言語の哲学である。これらの哲学においては、生命、労働、言語が、人間のさまざまな認識を可能にする「超越論的なもの[8]」として登場する。これらの超越論的なものについての哲学は、「アポステリオリな真理の領域と真理の相互の原理にかかわるのであり、あらゆる可能な経験のアプリオリな総合にかかわるものではない[9]」から、カントの経験のアプリオリな統合にしたがうものではないが、原理にかかわるものとして、もっと別のアプリオリな法則にしたがうのである。フーコーはここでは明言しないが、これがすでに指摘した「歴史的なアプリオリ」につながるのである。

現代哲学の諸潮流

このような意味で、カントの批判哲学は、現代の哲学のさまざまな潮流の源泉となったのである。第一の主体の超越論的な形而上学の源泉からは、さまざまな人間学が誕生する。フロイトの精神分析とフッサールの超越論的な現象学はこの流れを汲むものである。第二の客体の超越論的な形而上学の源泉からは、いずれ詳しく検討するように（三二九頁以下）ベルクソンの生の哲学、マルクスの労働の哲学、シャライアーマッハーの「神の言葉」の哲学が、そして実証主義的な哲学が生まれることになるだろう。だからカントの批判哲学、そこから生まれた二つの形而上学で形づくられる三角形は、「十九世紀初頭からベルクソンにいたるヨーロッパの思考の基本的な構成要素[10]」である。カントの批判哲学と人間学が、現代のエピステーメーの基本的な配置を可能にした「考古学的な条件」となっているのである。

問題なのは、この「ヨーロッパの思考の基本的な構成要素」が同時に、フーコーにとって批判すべき重要な思想的な遺産にほかならないということである。ベルクソンの哲学、フッサールの現象学、マルクスの労働の哲学、メルロ＝ポンティの現象学とサルトルの実存主義、これらはフーコーの思想的な揺籃であると同時に、克服すべき課題を提起したものだったのである。

だからカントはフーコーにとって二重の意味で重要な哲学者となる。ヨーロッパの現代哲学の「考古学的な条件」を定めた哲学者であるとともに、現代の哲学の抱えるさまざまな難点をつくりだす源泉ともなったからである。フーコーは「考古学的な条件」を定めたというカントのこの積極的な側面を、『純粋理性批判』に代表されるカントの批判哲学の側面に見いだし、難点の源泉となったという消極的な側面を、『人間学』に代表されるカントの人間学に見いだしている。

フーコーにとっては現代の哲学は、「新しい眠りを、〈独断論〉の眠りではなく、〈人間学〉の眠りをねむっている」[11]としか思えなかったからである。だからカントの批判哲学によって表象の空間が切り開かれ、新しい哲学の可能性が見いだされたが、カントはその人間学によって、現代哲学の陥る宿命的な隘路へのドアを開いたのである。このカントのヤヌスの二つの顔はどのようにして理解すべきだろうか。この問題を考察したのが、『狂気の歴史』の「副論文」として提出された「カント『人間学』の序」である。次の節ではこの論文を考察しながら、フーコーのカント哲学と現代哲学批判の根本的な姿勢を明らかにしてみよう。

第二節　カント批判の論拠

『人間学』と批判前期

カントは『人間学』の講義を、ごく早い時期から（おそらく一七七二年頃から）、晩年にいたるまで、ずっとつづけていた。カントが講義をつづけた二五年にわたる思考の痕跡が「堆積して」[12]伝えられているのである。「この二五年間は、批判前期を閉じ、批判期を開始し、三つの『批判』書を通じてカントの思想を展開し、最後にライプニッツ派の哲学の復帰と、シュルツェの懐疑主義と、フィヒテの観念哲学にたいする防衛のためのシステムとして確立された」[13]ものであり、『遺稿』（オープス・ポストゥムム）にいたるまでのカントの批判期以降の全体の思想を覆うものである。

カント晩年の一七九八年に刊行された『人間学』は、批判前期の最後の頃に発表されたいくつかの文章と響き合う。たとえば「美と崇高の感情に関する考察」（一七六四年）には、『人間学』と共通のテーマがいくつか考察される。「美と崇高の感情に関する考察」では、人間の「気質」と道徳性の関係を中心的なテーマとする。「美と崇高の感情を、主としてそれらが道徳的であるかぎりで、すでに容認されている気質の分類ごとに詳しく考察する」[14]のが、この論文の中心的なテーマだった。この論文では粘液質、憂鬱質、多血質という三つの気質を土台に、道徳性を考察している。これにたいして『人間学』では、人間の気質を感情の気質（多血質と憂鬱質）ならびに活動の気質（胆汁質と冷血質）の四つに分類して、[15]人間のさまざまな性格を考察する。

しかしフーコーが指摘するように、その記述内容は「驚くほどに類似している」[16]。「婦人が着飾るのは、魅力においても上品ぶることにおいても、他の女性にまさろうとする嫉妬から、同性の眼にみせるためにすぎない」[17]という『人間学』の文章と、「婦人は美しく愛らしく、飾られたすべてのものにたいして、生まれつきのより強い感情をもっている」[18]という「美と崇高の感性に関する考察」の文章は、入れ替えたところで、まったく違和感がないだろう。どちらも同じまなざしで「美しい性」であり「弱い性」である女性を眺めているのだ。道徳論にかかわる「美と崇高の感情に関する考察」のほうが、女性の道徳的な原則の欠如をとがめていて、カントらしい指摘がみられるところが違うくらいである。

カントの「さまざまな人種」（一七七五年）にも、『人間学』と同じような民族的な考察が展開されており、『人間学』はこれらの批判前期以来の考察を反復し、確認しているのである。

『人間学』と批判期

『人間学』にはさらに、『純粋理性批判』の刊行後にカントを捉えた問題についての考察が含まれる。たとえばカントはヨハン・ヤコブ・ベックという人物に、『純粋理性批判』の要約と解説書の執筆を許可した経緯があったために、ベックの提示するいくつかの質問に回答していた。そのうちでもとくに重要な問いは、ベックがフィヒテから大きな影響をうけていたことによって生まれたものであった。このベックのいくつかの質問のうちには、直接答えずに『人間学』で間接的に回答しているものがあるのである。

ベックはカントの『純粋理性批判』を解説しながら、この書物が解読するのが困難なのは、カントがカテゴリーのもつ力について、最初から説明しないからだと考えるようになった。ベックは、意識はカテゴリーにおいて「根源的な付与」を行なう力をもっているのだと考える。「あなたの『批判』は、申しましたように読者をただ順序を追ってのみこの〈根源的な付与という〉立脚点に導きます[19]」ので、「読み進むに伴ってでてくる困難」に堪え難くなるのだと指摘する。

そしてベックはカントの「『純粋理性批判』の方法を裏返して」解説しようとするのである。しかしこれでは、カントの感性論の意味と根拠を否定し、根源的な付与の力をそなえた悟性だけで批判を展開できると考えることになる。この考え方は、超越論的な主観の概念を提起したフィヒテの哲学に強く影響されたものであり、カントには納得できないものだった。カントはこの書簡にたいして、人間が表象を認識するときに生まれる客観性は、超越論的な主観によってではなく、「表象だけのなかにも意識だけのなかにも存在しないのに、各人すべてに妥当する（伝達機能である）もので、主観からは区別されて各人すべてに妥当するものであり、すべての客観に関係する[20]」と反論する。

カントにとって問題であったのは、すべてのものに自己意識という刻印を与えることのできるフィヒテ的な思考の自我ではなく、人間の自己意識というものの二重性であった。カントは『人間学』の刊行しなかった草稿において、内的な自己意識と統覚を区別している。内的な自己意識は、内的な感覚器官によって意識される経験的なものである。これにたいして統覚は、「知性的な自己意識」[21]であり、自己の存在についての認識を伴うものである。

この統覚はまた論弁的な統覚と直覚的な統覚に分類される。自我が二つに分かれるのではなく、自我に二つの意識が存在するのである。論理的な統覚はたんなる思惟の意識であり、直覚的な統覚は、内的な知覚の意識（合理的な意識と経験的な意識）である。論理的な統覚は内容をもたず、認識の実質にかかわらないものであって、論理学に属する。直覚的な統覚は内的な感覚器官についての内容をそなえており、生理学としての人間学に属するのである[22]。だからこの自我は対象を「規定する主体」であるとともに、「自己を規定する主体」でもある。ここでこの二重の統覚が存在するために、自己の意識は悟性には還元されない働きをそなえるのである。

フーコーは、この二重の自我は、『純粋理性批判』にたいするフィヒテの批判に対抗する概念であり、ここに『純粋理性批判』で考察された自我とは異なる性質の自我が登場すると考える。ここでは「自己についての観察が、自己自体にも、総合の純粋な自我にもかかわるものではなく、客体である自己に、現象的な真理のうちだけにある自己にかかわる」[23]のである。この客体としての自己は、「自己によって触発される自己にほかならないのであるから、〈規定する自己〉と無縁なものではない[24]」のである。

このように『人間学』の対象はこの「客体としての自己」であって、『純粋理性批判』で考察された「総合の純粋な自我」でも、『実践理性批判』で考察された「自己自体」でもない。「『人間学』において主要な関心が抱かれているのは、超越論的なものだけに関心をもっていた二つの批判〔『純粋理性批判』と『実践理性批判』〕とは反対に、経験的で超越論的な双子としての人間、その両義性のうちにある人間なのである[25]」。

フーコーはこの双子としての人間のあり方を強調することによって、カントはベックに「答えると同時に、フィヒテ哲学のもたらす危険を回避し、人間学が可能となる場所を、あたかも空虚のようにして、外側から描いた[26]」と指摘する。人間学は、批判期においては、『純粋理性批判』への誤解に対処し、カントの後継者ともみなされたフィヒテ的な傾向から批判哲学を防衛するために重要な役割をはたすことになる。ただしそこに奇妙な力学がはたらいていたのであり、『人間学』は『純粋理性批判』をたんに補うのではなく、批判哲学とは逆説的な関係にあるのである。そのことをカントの体系における『人間学』の位置を検討することで調べてみよう。

『純粋理性批判』においてカントは、学問の体系を構築していた。認識には、歴史学的な認識と理性的な認識がある[27]。歴史学的な認識は「与件からの認識」であり、理性的な認識は原理と概念からの認識である。哲学は与件からの認識であってはならず、理性的な認識でなければならない。この理性的な認識は、概念からの認識であるか、概念を構成することによる認識である[28]。概念からの認識が哲学であり、概念を構成することによる認識が数学である。

すべての哲学は純粋理性からの認識（純粋哲学）であるか、あるいは経験的な諸原理からの理性認識（経験的な哲学）である。純粋哲学は、アプリオリな純粋認識に関して理性の能力を研究する予備学（批判）であるか、純粋理性の体系（学）としての形而上学である[29]（次頁の表参照）。

さらに形而上学は理性の思弁的な使用の形而上学（自然の形而上学）と実践的な使用の形而上学（人倫の形而上学）に分類される。自然の形而上学は、概念のみによるすべての純粋な理性原理を含むものであり、人倫の形而上学は行動をアプリオリに規定して必然的なものとする諸原理を含む[30]。

この自然の形而上学は、超越論的な哲学と純粋理性の自然学で構成される[31]。超越論的な哲学は、悟性と理性だけをすべての概念と原則からなる体系において考察するものであり、これが存在論である。純粋理性の自然学は、合理的な自然学であり、これは内在的な理性の使用と超越的な理性の使用に分類される。

内在的な理性の使用は、自然を感官のすべての対象の全体として考察するものであり、これは感官の種類に応じて二種類ある。外的な感官の対象を考察する物理学と（これは合理的な物理学である）、内的な感官の対象を考察する心理学（合理的な心理学）である。

理性の超越的な使用は、可能的な経験を超越するものであり、これには内的な連結を対象とするものと外的な連結を対象とするものがある。内的な連結を対象とするのは、全自然の自然学であり、超越論的な世界認識である。外的な連結を対象とするのは、自然を超越した神との自然学であり、これは超越論的な神認識である[32]。

これを図示すると、次のようになるだろう。

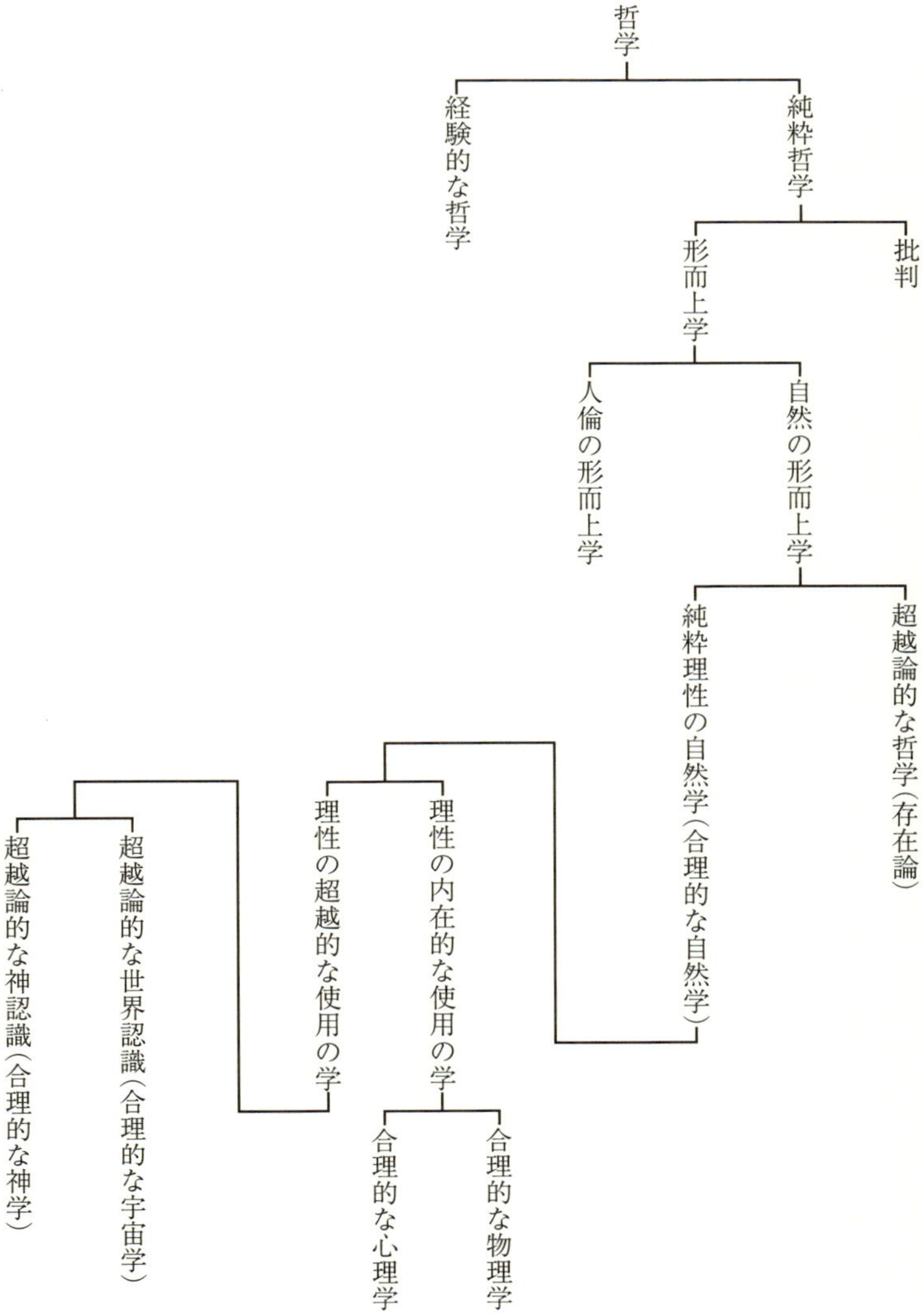
哲学
経験的な哲学
純粋哲学
形而上学
批判
人倫の形而上学
自然の形而上学
純粋理性の自然学(合理的な自然学)
超越論的な哲学(存在論)
理性の超越的な使用の学
理性の内在的な使用の学
超越論的な神認識(合理的な神学)
超越論的な世界認識(合理的な宇宙学)
合理的な心理学
合理的な物理学

この表から明らかなように、理性の純粋哲学のうちには、経験的な人間を対象とする「人間学の場所はどこにも残されていない[33]」のである。「人間学」の入りうる場所として残されているのは経験的な哲学のところだけである。カントは経験的な心理学について、それがこれまでは形而上学のなかの地位を要求してきたが、形而上学のうちに含まれるべき心理学は、理性の内的な使用の学のうちの合理的な心理学だけであり、これは「霊魂」を対象とする学問であると指摘している[34]。

そして経験的な心理学は、「ほんらいの経験的自然論の占めるべき位置、すなわち応用哲学」に含まれるべきであり、「形而上学から全面的に追放されねばならない[35]」と断言する。この学は、「詳細な人間学[36]」の場所に移らねばならないのである。この人間学こそが、カントの『人間学』の場所である。カントの『人間学』がその第一部において、心理学に含まれるべき認識力を考察しているのは、この経験的な心理学を含めるという意味があったわけである。

カントは『人間学』の序文においては、人間学と自然地理学は、「純粋哲学の仕事のうち[37]」に含まれる学であり、世界知を対象とする学だと分類しているが、『純粋理性批判』の分類からは、人間学が哲学としては末端的な地位を占めるものであるのは明らかだろう。すでに確認したように純粋な哲学の体系のうちに、人間学の場所はまったく用意されていないのである。カントは人間を「外側から、空虚のように」描くしかなかったのであり、人間学は批判哲学にたいしては、「逆説的な」関係にあるのである。「一方で〈批判〉は人間学を宣言し、経験的な哲学の内部に人間学の位置を定めるが、しかし人間学は、〈批判〉を参照せず、〈批判〉が定める組織的な原則も参照しない[38]」のである。

『人間学』と批判後期

カントの『人間学』の占める逆説性は、『純粋理性批判』を刊行した後の〈批判後期〉においてはさらに顕著なものとなる。『人間学』が刊行された一七九八年までの時期においては、カントの関心は三つの方向に分岐していたと考えることができる。第一は自然の形而上学的な根拠づけという若年の頃からの関心が復活する方向であり、これは『遺稿』の時期にまでのびていく関心の線である。

第二は、道徳と法の根拠づけと応用の側面であり、『実践理性批判』における純粋な実践とは別に、法の原理がいかに可能であり、それが日常生活においてどのように働くかに注目する。『学部の争い』と悪をめぐる歴史哲学的な考察も、この方向に含まれる。広い意味では、『実践理性批判』で示された彼岸の問題と、『判断力批判』で示された自然の目的論の問題を考察する宗教の理論も、ここに含めてよいだろう。

第三は、純粋理性にそぐわない人間のさまざまな傾向についての関心の深まりである。これは理性に反する狂気への関心、正常な健康を損なう病気への関心、老衰による理性の衰えへの関心が含まれる。老年を迎えたカントにとっては、老いと病は身近な実践的な問題であるとともに、理性の働きを考察する批判期の哲学の限界を探るという課題も含んでいたのである。

家族の人間学——第二の問題系

『人間学』は第一の自然の形而上学にはほとんど関係しないが、第二の問題と第三の問題は『人間学』にとっても重要な課題であった。まず第二の法の問題に関して、人間学との関連でテーマとして浮上してきたのが、家族の問題であった。カントは『人倫の形而上学』において、家族の法的な地位を、家族が何を「取得するか」という「物権的債権」の理論の枠組みで考察していた。男性が女性を取得することで夫婦が形成され、夫婦が子供を取得することで家族が形成され、家族が僕婢を取得することで広い意味での家族となる。これらの取得の大きな特徴は、それが「全人格的な」[39]ものであることだ。

『人間学』に関連して論争が起きたのは、人格を物として扱うというカントの理論構成であった。とくに男性が女性を妻として取得することで夫婦が形成され、その時には夫婦は相手の「人格のさまざまな性的な固有性を相互に使用したいという欲望が、前提されている」のであり、「もろもろの性的な固有性を相互的に享受しあうことを望むならば[40]」結婚するしかないという記述が、人々の反感を呼んだのだった。

イエナの修辞学・詩学の教授だったクリスチャン・ゴットフリート・シュッツは、カントの友人でもあった聖職者のシュルツという人物に書簡を送って、このカントの見解を批判した。シュッツは享受という言葉に過敏に反応したのである。そして性交渉において片方が相手を「享受する」のであれば、それは「人喰い」と同じことになってしまうだろうと主張する。「もちろん人喰いの場合のように人間をほんとうに賞味するならば、人間は物件とされてしまうであろう。しかし夫婦は同衾によってもけっして消費物件とはならない[41]」と反論したのである。
カントはこれについては「別のところで詳細に説明する[42]」と約束しながら、この夫婦の契約関係に道徳的な視点をもちこんではならないこと、法の理論においては結婚の「可能性と条件」だけを考察する必要があると強調する、そして「必要でないのに原理を増やしてはならない[43]」という原則から、物件を対象とする原理が婚姻の根拠とされることを指摘したのである。

しかし男女の関係の問題は、婚姻の法的な根拠だけで解決されるものではなかったことは、『人間学』における女性の取扱いからも明らかである。というのもフーコーが指摘するように、『人間学』の対象とする人間は、「道徳の都市《シテ》」に属するものではないし（「道徳の都市《シテ》」に属する人間は『実践理性批判』の対象となる実践的な人間である）、法の主体で構成される「市民社会[44]」に属するものでもないのである（「市民社会」に属する人間は『人倫の形而上学』の対象となる法的な人間である）。『人間学』が対象とするのは「世界の市民[45]」としての人間であり、「実用的な《プラグマティック》」という語が、このことを明示しているのである。

しかし問題なのは、世界の市民としての人間は同時に、道徳的な世界に所属する自由な人間であり、また法の主体である自由な人間でもあるということである。これがどのようにして可能であるかは、『人間学』につきまとう重要な課題となる。そこには「ある種の妥協[46]」が避けられないのである。『人間学』における女性の扱い方が、『人倫の形而上学』とは異なるのはそのためである。フーコーは『人間学』における男女の間の嫉妬をめぐる争いにおいて、理性的な主体としてではなく、世界の市民としての人間の姿が描かれていることに注目する。

嫉妬の人間学

フーコーがカントの『人間学』の記述のうちで、とくに嫉妬の取扱いに注目するのは、カントの人間学の宇宙で嫉妬が、いわば弁証法的に展開されているからである。まず自然状態においては女性は「家畜のようなもの[47]」である。妻は狩りをする夫のあとを荷物を背負って歩くだけであり、そこには嫉妬のようなものは存在しようがない。嫉妬は社会状態において発生するのである。自然状態は嫉妬のいわば零度である。

最初の社会状態は、力の強い一人の男が女たちを独占してしまう段階である。フロイトでいえば原父が女性をハレムのうちに独占する状態である。ここで生まれる嫉妬は、女性どうしによるものである。ハレム（「という名の牢獄」とカントはつけ加える[48]）においては、すべての女性はただ一人の男性を独占しようとして争うのであり、すべての女は他の女に嫉妬する。他のすべての女は潜在的なライバルだからである。ここでは嫉妬は即自的な形をとる。

文明が発展して公民状態になると、女性は結婚しなければ、相手に身を任せることはしない。男性は女性を取得して妻とし、その性的な器官を独占的に使用する権利を獲得することになる。もちろんこれは相互的なものであり、女性は男性を夫とすることで、その性的な器官を独占的に使用する権利を獲得することになる。どちらも相手を物体として所有することを要求するのである。

この時点における典型的な嫉妬は、男性が他の男性に向けるものとなる。「女性は拒絶するもの、男性は求婚するもの[49]」であり、「自然は女性が求められることを欲する」からである。ただし女性の拒絶は、求婚する男性にたいして向けられるだけであり、他のすべての男性を拒絶するわけではない。というのは、女性は結婚という契約を締結しているにもかかわらず、他の男性からも求められることを願うからである。既婚の女性を求めるのは、夫以外の男性である。女性はこの夫以外の男性からの求愛を原理的に拒まない。それはカントによると、夫がいつ死亡するかもしれないことを考えると、「自分の魅力を、好機があれば結婚することができるようなあらゆる男性にふりまくようにさせるのである。これは寡婦となる場合が起こったときに、求婚者に事欠くことがないようにするためである」[50]。

こうして夫たるものは、つねに潜在的なライバルである他の男性に嫉妬していなければならないことになる。ここで嫉妬の主体は夫の側に移行する。嫉妬が対他的になったのである。ところでこの公民社会においても女性は物体としての性格を帯びているために、夫の嫉妬が激しくなると、嫉妬の原因である妻に暴力を加え、ついには破壊するまでにいたる。「男性は、恋敵によって男性を脅かす女性を罰するのである」[51]。こうして文明社会では情痴殺人が尽きないことになる。

しかしフーコーは、このような嫉妬の存在は、物体とされた女性にたいして男性がその道徳的な自由を承認していることを示すものだと指摘している。もしも嫉妬が存在していなければ、女性はたんなる商品に堕落し、男性によって勝手に交換され、売買されるようになるだろう。「嫉妬する権利、相手を殺すまでに嫉妬する権利は、女性の道徳的な自由の承認なのである」[52]。

ところがフランスのように文明が爛熟してくると、女性が複数の男性を愛人としてもつことが認められるようになる。カントは「文明が向上して、女性が複数の男性を愛人にもつという艶事の点で女性が自由になる」[53]ことを指摘する。ここでは男性は複数の既婚の女性と愛人関係にあり、女性は複数の男性と愛人関係にある。ここでは男性も女性も自由になったかにみえる。しかしカントはもちろん、これが真の意味での自由であるとは認めない。しかし嫉妬がこれによって新しい次元に到達しているのはたしかである。「艶事が流行になると、嫉妬は笑うべきものになる[54]」のである。嫉妬が普遍的なものとなることで、嫉妬はみずからを止揚してしまうのである。

この段階で支配的になるのは媚態《コケトリー》と慇懃《ギャラントリー》である。「自分の魅力をすべての粋な男性に及ぼそうとする女性の欲望は媚態である。あらゆる女性にほれ込んでいるようにみせかけようとする〔男性の〕気取りは、女性にたいする慇懃である[55]」。

カントは『人間学』の序文で、形而上学の知とは異なる人間学的な知を「世界知」と呼んでいる。この知は「人間をその種別からいって理性を付与された存在者として認識する」ものである。そして「人間についての知に関する体系的にまとめあげられた理論」を「人間学」と呼んでいた[56]。この人間学は、生理学的な人間学と実用的な人間学に分類され、実用的な人間学は「人間が自由に行為する存在者として、自分自身をどのようなものにしようとするか、あるいはすることができ、すべきであるか」を考察するのである。

このように嫉妬をめぐるカントの考察は、人間が自分の自由をどのように活用して、地上の他の人間との間で自由のかけひきをしながら、「沈黙した途絶することのないやりとり[57]」を通じて、〈世界の市民〉として生きるかの実相を示したものである。ここに、純粋な理性を行使する主体とはまったく異なる主体の相貌を示すことによって、『人間学』は批判期に欠けていた考察を補うものとなっている。『人間学』の第一の機能は、三つの『批判』書を補うことにある。

理性の逸脱――第三の問題系

この時代の第三のテーマに該当する問題としてカントが大きな興味を示したのが、健康法と老衰の問題だった。この問題はまず、イエナ大学の医学部教授で、ヴィルヘルム三世の侍医をつとめたことのあるクリストフ・ヴィルヘルム・フーフェラントとの文通から始まる。『長命術』という著作をカントに送ってきたフーフェラントとの間で、長寿の問題がとりあげられたのである。カントはこの書物をきっかけとして、「人間に内在する道徳的な素質には、人間の生理面まで活性化する力がある」ことに気づき、これを「人間学にも活用する[58]」ことを考えた。

この書簡の三週間後にカントは、フーフェラントに別の書簡を送り、「食餌療法に関する文章[59]」を送るつもりだと語っている。これは「たんなる決意によって病的感情を支配する心の力について」というタイトルで『学部の争い』のうちに採録されている論文である。

この文章でカントは医学と哲学の深い結びつきを強調する。そしてフーフェラントは「たんなる理性技術者ではなく、哲学者である[60]」と語っている。それは彼が「素質というかたちでしか存在しない人間本性を自然的に完成するには、道徳的開化が不可欠である」と考えて、長寿のためには理性の導きが必要であると考えているからである。カントは、医術が身体の養生のために「自己の外の身体的な手段[61]」を利用するのであれば、それは「経験的で機械的な」医術にすぎないが、「自分の感情を自分自身があたえた原則によって支配する場合、すなわち人間のうちなる理性の力だけで生活様式を規定する場合には」、医術は哲学的なものになると考える。

この論文でカントは理性の力によって制御できる病的な状態を次々と考察する。最初のテーマは心気症《ヒポコンデリー》であり、第二のテーマは睡眠と夢であり、第三のテーマは飲食であり、第四のテーマは考える営みの自動性によって発生する病的な感情であり、第五のテーマは呼吸による病的な発作の予防であり、第六のテーマは唇を閉じて呼吸することである。

カントによると、これらは理性の力で制御できる病的な「感情」の状態であり、病的な発作とは別のテーマである。理性の力で制御できる病的な発作は、痙攣性のものだけであり、しかもすべてが除去できるわけではないのである。

心気症とは、「特定の対象がない病的感情一般に無気力に（したがって、そうした感情を理性によって支配しようと試みずに）身をゆだねるという弱さ[62]」である。この病にかかっている人間に、自分の病的な感情を制御せよと言い聞かせても無効である。そんなことができれば、心気症にはならないからだ。この病にかかっているということが、理性の力の欠如を示しているのである。

カントは「生命の力の喜びをもたらすのは、享受することよりも、生命を自由に使用して行なうほうであるから、精神的な労働をすることで〔身体的労働とは〕別種の生命感情の高揚が起こり、身体にしか関係しない障害に対抗できる[63]」という処方を示している。しかしこれは処方というよりも予防法であり、すでにこの病にかかっている人間には無効であろう。

同じテーマは『人間学』においても、心気症の患者は「自分の思考の歩みを正したり、それを抑えたり、あるいは鼓舞したりするのに、彼の理性が十分に自分の思いのままにならないことに気づく。そして自分の思考の歩みが正しく進んでいないことをたしかに自覚する[64]」と指摘されている。

彼は移り気に支配されているのである。

このような移り気は、病となったときには心気症となるが、一般に気分を集中することで防ぐこともできる。そして気散じをすることで気分を集中することもできるのであり、これは「働く者にとって心の養生法のために必要な技術[65]」の一つなのである。『人間学』では心気症の分析よりも、心の養生のための技術に重点がおかれているが、『学部の争い』と同じ次元で考察されているのは明らかだろう。

夢、飲食、考える営みの自動性についての考察は省くが、これらの精神の異様な状態について、医学と哲学の関係を考察する『学部の争い』の第三部では、それを治療するための哲学のストア的な営みの効用が重視された。これにたいして〈世界の市民〉のための実用的な智恵を与えようとする『人間学』では、心の養生のための技術が重視されるのは当然のことだろう。フーコーはこれらの病的な状態についての考察が、「自由な主体としての人間の定義のうちに、自然的《ホモ・ナトゥーラ》な人間の分析をどのように分節するか」という『人間学』の難問を解決するために役立ったと指摘している。心の病と身体の病は、純粋な理性と自由の主体である人間を背後から脅かす。それは病だけではなく、カントが直面していた老衰とそれに伴う疾病も同じことである。「『人間学』の対象とする人間は、自然人《ホモ・ナトゥーラ》でも、自由の純粋な主体でもなく、世界との関係のうちですでに働いている総合のうちに捉えられた人間なのである[66]」。

『人間学』と『批判』書の関係

すでに考察してきたように（二七四頁）、『人間学』は『批判』書を補うものとして書かれていた。しかし『人間学』の機能はこの補足という役割だけではない。これを逆転する役割もはたしているのである。それは『人間学』の第一部の構成からも明らかである。第一部は、第一篇「認識能力について」、第二篇「快と不快の感情について」、第三篇「欲求能力について」とされているが、第一篇が『純粋理性批判』に、第二篇が『判断力批判』に、第三篇が『実践理性批判』に対応するのは明らかだろう。しかしこれらの章は、それぞれの『批判』を肯定的に補足するものではなく、その逸脱を示す形で、否定的に逆転するものなのだ。

たとえば第一篇のテーマは「認識能力」であるが、『純粋理性批判』とは異なり、感性と悟性の「能力」について考察するものではない。最初に登場する自己意識は、『純粋理性批判』のような根拠づけを行なう「統覚」として登場するのではなく、自分の固有性と卓越性を誇示しようとするエゴイズムとして登場する。カントは「人間が私という言葉を使って語り始めるその日から、彼はそのいとしい自己を許されるかぎり押しだし、こうしてエゴイズムは止まるところを知らなくなる」[67]と指摘する。そして三つの『批判』のそれぞれに対応して、悟性による論理的な越権、判断力による美感的な越権、実践理性による実践的な越権の実例をあげる。純粋理性の能力よりも、「あらゆる多様な形式のエゴイズムの誘惑がつねに生まれ変わって姿を示すもの」[68]として示されるのだ。

第二篇では、快と不快の感情についてのエゴイズムがさまざまな形で検討される。自分の快楽は、「他人の苦痛と比較することよって高められる」一方で、自分の苦痛は、「他人の同様な悩み、あるいはもっと大きな悩みと比較されることによって低められる」[69]というのが現実なのである。過度の歓楽生活は、それが美的な趣味を伴うときには「贅沢」となり、美的な趣味を伴わないときには「耽溺」となる。「贅沢は貧乏を招く無用の浪費であり、耽溺は病気を招く無用の浪費である」[70]。ただし贅沢が美的な趣味を高めるのもたしかであり、エゴイズムはつねに否定的なまなざしだけで捉えられるわけではない。

第三篇は、「傾向性が主観に指定した目的にしたがって行為するという主観の格律を前提とする」[71]欲情についての考察が中心となる。欲情は「純粋な実践理性にとってはガンであり、多くは不治の病である」[72]という定義から明らかなように、『実践理性批判』の病を主題とするのである。

このように、『人間学』のカントが興味を抱くのは、理性から逸脱したものである。『純粋理性批判』は、理性にたいして限界を設け、経験の領域をこえた領野への「船出」を禁じるものであった。魂という実体、神の存在、彼岸などについては、アンチノミー的な命題しか立てることができない。しかし『人間学』が関心をもつのは、純粋な理性の守るべき限界ではない。フーコーが指摘するように、この書物が関心をもつ「経験の領域は、その内側から危険によって穿たれているのであり、恣意的な限界の逸脱が問題なのではなく、自己のもとでの崩壊が問われているのである」[73]。

ここで興味深いのは、『人間学』は『純粋理性批判』と同じ構成を採用しながら、奇妙なずれを示していることである。『純粋理性批判』は、第一部の「超越論的な原理論」においては、感性、悟性、理性、判断力など、人間のさまざまな能力とその限界を提示する。カントは純粋な思弁的な理性の総体を一つの理念的な建築物とみなして、ここでは「その建築物の材料を見積もり、その建築物がどのようなものとなり、どのような高さと強度をもつかを規定しておいた[74]」のである。第二部の「超越論的な方法論」はこれにたいして、「純粋理性の完璧な体系のための形式的な諸条件を規定する[75]」ものであり、純粋理性の訓練、基準、建築術、歴史を考察するものだった。純粋理性が現実においてどのように使用されるべきか、どのように使用されてきたかを明らかにするのが、この第二部の方法論の役割である。

カントは『人間学』の最終版以前の草稿では、『純粋理性批判』と同じように第一部「原理論」と第二部「方法論」の構成を採用していた。しかし最終版では第一部「人間学的な教授論」と第二部「人間学的な性格論」という分類に訂正する。そして第一部に「人間の外面と内面を認識する方法について」というサブタイトルをつけ、第二部に「人間の外面から内面を認識する方法について」というサブタイトルをつける。

『人間学』の草稿段階の分類が示すように、もともとはカントは『人間学』を『純粋理性批判』と同じ構成にしようと考えていた。第一部では、人間の認識能力、判断力、実践的な能力のそれぞれについて考察し、「三つの『批判』を反復する[76]」。第二部でその能力の現われを、個人、家族、人種について考察し、『純粋理性批判』の「歴史」の部分を反復する。しかしフーコーはこの類似はみかけだけだと考える[77]。

というのは、サブタイトルが示すように、人間の心の内面はそのものとしては認識することができず、つねに外面から認識することしかできないからである。『純粋理性批判』では、人間の認識能力について、能力の次元（第一部）とその現象（第二部の歴史の考察）は明確に分離されている。感性、悟性、理性は、この根源のあり方が抽象的に考察された後に、第二部でその実際の現われが考察されるのである。

同じように『人間学』も第一部において、さまざまな能力について考察する。しかしこの考察には一定のパターンがある。人間の能力をその根源的な形で提示し、次にその逸脱や喪失のあり方を現象として示し、最後にその能力が「みずからと必然的に結びつけられた形」を示すのである。たとえば最初の自己意識の考察では、「人間が自我を表象することができるという能力[78]」が人間に固有のものであり、他のすべての動物よりも卓越したものとして、人間の人格をつくりだすことを指摘する。

しかしこの自己意識はただちにエゴイズムに堕落する。すでに指摘したように、三つの『批判』書のそれぞれの領域において、自己意識は論理学的なエゴイズム、美的な判断力のエゴイズム、道徳的な意識のエゴイズムに陥るのである[79]。自己意識はそのものとして抽象的に考察することはできず、現象の世界におけるさまざまな逸脱形式として、現象の側から浮かび上がるように示されるのである。「内面は外面から示される」のだ。

最後にこの自己意識について、「自分のさまざまな表象の状態を自由に処理できる[80]」という抽象能力の重要性についての考察がつづく。カントは、男性が結婚を勧められた女性の顔の疣《いぼ》を「抽象する」、すなわち無視することができれば、良縁をえることができるだろうという卑近な実例をひきながら、「抽象」という能力の意義と、これを「訓練によって獲得[81]」することの重要性を説くのである。

想像力の分析も同じパターンをたどる。想像力とは「対象が現前していなくとも像を心に描くことのできる能力[82]」である。想像力は「偉大な芸術家であり、魔術師でさえある[83]」のであり、その独創性は、「それが概念と一致する場合には天才」となる[84]。しかしこの能力はすぐに逸脱する。意欲せずに想像するときはそれは「空想」であり、睡眠中に働く場合は「夢」である[85]。概念と一致しない独創性は「狂信」と呼ばれる[86]。しかし想像力にはその固有性として、記号や文字と結びついて、文章をつくりだし、これを人々に伝えるという働きがある。詩作品などは「感性的な創作能力」のたまものなのである[87]。

このように『人間学』においては、能力の次元とその現象の次元は「分離できない連続性[88]」のうちにある。「能力の秘密は、現象の輝きのなかで示される」(これが第一段階だ)。「この現象のうちでその能力は、その真理を示すと同時に、その逸脱の真理を示す」(これが第二段階だ)。しかし現象のうちで「その逸脱において否定的に評価されたその能力は、必然的にその根源的な真理へと呼び戻される」(これが第三段階だ[89])のである。

さらに『人間学』の第二部では、人間の身体、夫婦、人種、人類のそれぞれの次元で、現象の総体を描きながらも、そこにとどまることなく、「現象の不動の見かけのもとでの真理を、それに意味と運動を与える根源的な可能性に差し戻す[90]」。そこではサブタイトルが示すように、「外面から内面を認識する方法」を教えるのである。

このように『人間学』は『純粋理性批判』を模倣するが、それを「否定的なものとして反復する[91]」のである。『純粋理性批判』では、さまざまな能力はその原的な形(ドイツ語では接頭辞ウア)

で示されるが、『人間学』ではその頽落した形（ドイツ語では接頭辞フェア）で示される[92]。『人間学』の「原理論」は、可能な現象の総体について否定的な姿を示し、「方法論」は「さまざまな現象から、その根底にある能力へとさかのぼる[93]」のである。『純粋理性批判』を「鏡像のように再生する」この『人間学』の構成は、人間の基本的な能力から始まってその逸脱を示し、その外面的な現象の逸脱から、その内面の真理へとさかのぼるのである。『純粋理性批判』では、人間の総合する行為を示す時間は「透明なもの」であって、それは人間の認識を「構成するものであるために、そもそも無時間的である[94]」。これにたいして『人間学』の時間は仮借なきまでに分散され、「薄暗くなり、総合する行為を見通せないものとする[95]」のである。

『人間学』は『純粋理性批判』の構造を反復する。しかし「『純粋理性批判』では、受動性と自発性の関係のうちで、規定として語られていたものが、『人間学』では時間的な分散の長さにおいて語られるのであり、これは決して終わることはなく、しかもまだ始まってもいないのである[96]」。

『人間学』における問題の深化

このように『人間学』の配置は、三つの『批判』書の配置を反復する。第一部を原理論と方法論に分割することにおいて反復しながら模倣し、原理論の分析の内容を認識能力と判断力と実践理性に分割することにおいて、三つの『批判』の全体を反復しながら模倣するのである。しかし『人間学』は『批判』をたんに模倣するのではなく、『批判』をさらに展開してもいるのである。そのことを示しているのが、カントの講義をまとめて一八〇〇年に刊行された『論理学』で提示された有名な問い「人間とは何か」である。『人間学』はまさにこの問いを問う学だからである。

『純粋理性批判』では、人間が問うべき三つの問い、人間が問うことのできる三つの問いを提示していた。それは「わたしは何を知ることができるか」「わたしは何をなすべきか」「わたしは何を望むことが許されるか[97]」という問いである。第一の思弁的な問いには、認識の批判を行なった『純粋理性批判』が答え、第二の実践的な問いには、人間の道徳的な行為を考察した『実践理性批判』が答え、第三の理論的であるとともに実践的な問いには、自然と人間の目的論についての『判断力批判』が答えることになっていた。この段階では三つの『批判』書で構成される空間は、閉じていたのである。

しかしこの『論理学』においてはこれらの問いは、「世界市民的な意味における哲学の問い」として、次のように表現される。まず『純粋理性批判』で提示されていた三つの問い、すなわち「わたしは何を知ることができるか」「わたしは何をなすべきか」「わたしは何を望むことが許されるか」のあとで、新たな問い「人間とは何か[98]」がつけ加えられた。カントは最初の問いには形而上学が、第二の問いには道徳が、第三の問いには宗教が答えると指摘する。ここではすでに三つの『批判』書では閉じていた空間が開かれて、新たに宗教が登場する。さらにカントは「われわれは根本的にこれらすべてを人間学に含めることができるだろう。それは最初の三つの問いは最後の問いに関係しているからである[99]」と語るのである。三つの『批判』書のすべての問題と宗教の理論が、『人間学』の「人間とは何か」という問いに集約され、人間学に含められることになる。ここで『人間学』は三つの『批判』書を越えるもの、と位置づけられるのである。それはどのような意味においてだろうか。『人間学』の本文を読むかぎりでは、この問いへの答えはどこにも見つからないのである。

この晩年のテキスト『論理学』は、カントが『遺稿』を執筆していたのと同時期であり、フーコーは『遺稿』というテクストから逆照することで、この問いを解くことができると考えている。ここでしばらくフーコーがカントの『遺稿』をどのような観点から考察しているかを調べてみよう。

カントの『遺稿』の位置

『遺稿』はカントの著作ではなく、晩年のカントがそれまでの思考を継続しながら考えつづけたことをメモしたノートブック集である。そこには細かなメモ類も残されているし、同じことを何度も違う表現で考えようとしている手探り状態の文章も残されている。邦訳は残念ながら発表されていない。

この『遺稿』で試みられているのは、自然の形而上学をさらに精密なものとすることと、超越論的な哲学を構築することであった。自然の形而上学は、「物質一般が可能となる諸運動力について」というタイトルのもとで、物質一般が、そして物質に関する経験が可能となるためのアプリオリで実質的な条件を検討する。(100)

またカントが模索した超越論的な哲学は、人間が物質を認識する条件を模索しながら、「新たな超越論的演繹」と呼ばれる思考を展開するものである。これは「批判哲学の体系の間隙をうめるというような意味をこえて、むしろ批判哲学の体系そのものをあらためてまったくあらたな基盤の上に置きなおす[101]」ことを目的としたものだった。

『遺稿』においてこの哲学をさらに別の方向から試みたのが、超越論的な自我を根拠として、物質だけでなく、神と世界を認識することを試みた考察である。それが「超越論的な哲学の体系の三つの部門。神、世界、そして道徳的な存在者としての人間の自我そのもの[102]」についての理論であり、このどこかフィヒテ的な全能の自我が、神と世界を結びつける役割をはたす、とカントは考えるのである。

カントはこの表現を次々と言い換える。まず「神、世界、そして世界の住民としての人間」に、そして「神、世界、そして現実の関係においてこの両方を思考するもの、すなわち理性的な世界存在者としての主体[103]」に。この主体としての人間は、神と世界をつなぐ媒介項《メディウス・テルミヌス》として「繋辞」の役割をはたすものである。

この繋辞の役割をはたす人間は「判断する主体[104]」であり、その主体を通じて、世界と神が結ばれる。奇妙なことにこの人間という存在は、「思考する世界存在者」としては主語であり、同時に記述の対象としては述語であり、さらに世界と神を結ぶ繋辞でもあるのである[105]。この人間は思考することで主体となり、思考することで世界と神を結び、その記述の対象として述語となるのである。

ここでフーコーは、この「世界」は三つの構造をそなえており、それが『論理学』の三つの問いに対応していることに注目する。この『遺稿』では第一に世界とは、現実に存在するものを包括する全体性のシステムとして考えられている。「世界の概念は、その経験的な知識が可能なかぎりで、空間と時間のうちに存在するすべてのものの存在の総体である[106]」。あるいは「世界は実存の根源であり、源泉であり、存在するものを含めながら、それを維持し、解放するものである[107]」。ここで世界の源泉という構造が、カントによって示される。

第二に、世界は複数で存在することが可能なものであるが、宇宙は一つである。「世界の複数性と宇宙の単一性[108]」。しかし世界はすべてのものを包括する源泉としてのあり方が決定されると、複数の世界としては存在しえない。「世界の複数性とは、たんに多数のシステムの複数性を意味するのであり、無数のシステムが存在することができる」のであるが、「全体性はただ一つだけであるから、世界は一つしか存在しない[109]」のである。「すなわち世界は必然性の開かれた空間ではなく、必要性の一つのシステムが可能である領域である[110]」。こうして世界の領域という構造が確認される。

第三に世界は、「その実質を考えるならば、自然と呼ばれるものであり、感覚の対象となるものの総体である（宇宙、事物の宇宙）。これらは、人格と対比された事物である[111]」と定義される。第二の領域としての世界の定義で指摘されたように、無数の世界を考えることができるが、人間にとって知覚できる世界は、人間の感覚的な条件の対象になることのできるという「限界」をそなえた世界である。そこから世界の限界という構造が生まれる。

こうして「存在するものの総体」としての世界は、源泉、領域、限界という「三重の構造[112]」のうちに現われるのである。ところで世界のこの三重の構造こそは、『論理学』で提起された最初の三つの問いに対応する構造なのである。カントは『論理学』において、これらの三つの問いを示した直後に、次のように書いている。「それゆえ哲学者は、次のものを規定することができなければならない。（一）人間の知識の源泉、（二）すべての知識の可能的で有益な利用の範囲、そして最後に、（三）理性の限界[113]」。

世界の三重の構造

「人間とは何か」という第四の問いは、その前の三つの問いにかかわり、集約するものだから、人間学の領域は、この「源泉、領域（範囲）、限界」にかかわるものであるに違いない。そしてこの三つの性格が、逆に世界と人間の関係を規定するために役立つことになるはずである。

まず世界は源泉として、人間のすべての認識を生みだす根拠となるものである。事物としての世界が人間を触発する。そして人間は受動的に触発されながら自発性を働かせることで、認識と経験にたどりつく。ここでは世界の「源泉」としての構造が、人間の受動性と自発性の結びつきを可能にしているのである。この世界は、『純粋理性批判』の考察する世界である。

次に世界は領域として、人間のすべての行動が行なわれる場所である。「人間は、動物としては世界に含まれるが、人格としては、権利を行使することのできる存在者であり、意志の自由をそなえている[114]」。そして「世界が領域であるのは、人間の創造的な活動にかかわるかぎりのことである[115]」。この世界は『実践理性批判』の考察する世界である。

最後に世界は可能な経験の限界であるが、「世界に限界があるかどうかという問いは、空間に限界があるかどうかという問いと同じ性格のものである。空間の限界は、感覚を規定する対象によっては、定められないのである[116]」。そして人間は理性によってこの限界をたやすく超越してしまう。これは自然の目的論という『判断力批判』において考えられるべき問題なのである。

このように『人間学』は三つの『批判』書の問題を提起し直すが、それを世界のうちに住み、世界の事物について判断し、世界のうちで実践的に行動する人間と、この人間からみた世界や神という超越論的な哲学の枠組みにおいて提示するのである。『論理学』で示された第四の問い「人間とは何か」は、批判哲学から超越論的な哲学に移行したカントが、人間学的な観点から批判哲学の問いを深化させたものなのである。その意味では『人間学』は三つの『批判』書を越えるものとみなされるのである。

しかしフーコーが指摘するように、この超越論的な哲学は、「人間とは何か」というほんらいの人間学的な問いを考察するものではなく、世界を軸として宇宙と世界の関係、神と世界の関係を考察するものである。人間は「繋辞」であるにすぎない。人間そのものについては問いは展開されないのであり、「原則として神と世界についての問いに結びつけられた」[117]ままなのである。

この世界の三つの特質は、人間という「繋辞」を通じて、同時に神、世界、人間というカントの三つのテーマと結びつくことも忘れてはならないだろう。神は世界を創造した〈源泉〉であり、世界は人間が活動する〈領域〉であり、さらに人間は有限性という〈限界〉の形式において、神と世界を「総合する」[118]ものだからである。こうしてカントの『人間学』は、さまざまな形で『純粋理性批判』の構造と三つの『批判』書の構造を補足し、反復し、逆転し、歪んだ鏡のように、少しいびつになった姿を写しだす。問題なのは、三つの『批判』書でひとたび閉じられた空間を開いた『人間学』が、エゴイズムや理性の病の概念をもち込むことで、理性の汚染をあばいてしまったことである。そこから現代哲学の難問が生まれる、とフーコーは考えるのである。

第三節　カントと現代哲学

現代哲学への批判

このように『人間学』は、『純粋理性批判』に始まる三つの『批判』書を模倣し、その問いを反復して立て直し、さらに深化して示す役割をはたす。しかし『人間学』と三つの『批判』書の関係は複雑であり、三つの『批判』書の後に『人間学』によって開かれた空間は、カントの晩年の問題構成を展開する場であり、同時に三つの『批判』書のほんらいの問題構成からの逸脱と転落の場でもある。

フーコーは、『人間学』によって開かれたこの「転落」の場が、カント以後の現代哲学の「逸脱と頽落」の場となると考える。そしてカントにおいてすでに描きだされていた批判的な思考からの転落を、その後の哲学的な営みが模倣し、反復し、深化すると考えるわけだ。カントの晩年の思想は、「現代哲学の問題構成[119]」の道筋を示しているというのが、フーコーの重要な洞察であり、この視点が後に『言葉と物』での同時代の哲学の批判を準備するのである。それではカントの『人間学』の思想のどのような道筋が問題となるのだろうか。フーコーはこの問題も、すでに考察してきた〈源泉〉〈領域〉〈限界〉という三つの概念で考えることができると指摘している。

第一は〈源泉〉の問題である。『純粋理性批判』では人間の認識における感性の受動性と、悟性の自発性の関係を問題にした。これは人間の認識におけるアプリオリという性格を点検するものであり、これは人間の認識の〈源泉〉にかかわるものである。これにたいして『人間学』は、同じ受動性と自発性の問題を考察しながらも、それを抽象的で原的な（接頭辞ウアで示される）能力としてではなく、その逸脱し、頽落した（接頭辞フェアで示される）能力として点検する。その〈源泉〉は、初発の時間のうちにではなく、「決して終わることがなく、まだ始まってもいない時間的な分散[120]」の時間のうちにあるのである。それでもこの問題構成は、つねにアプリオリなものに、経験に先立つものに立ち戻ろうとする。

第二に〈領域〉の問題として注目に値するのは、『人間学』はその方法について、「体系的であるとともに、通俗的」であることをうたっていることである[121]。体系的であるというのは、その考察の対象となる〈領域〉を体系的に考察するということであり、これはすでに述べたように三つの『批判』書の構造を模倣することによって実現できる。

しかし通俗的であることは、二つの工夫によって生まれる。一つは「あらゆる読者にみつけてもらえるような実例を引用する[122]」ことによってである。さまざまな実例をわかりやすく語ることによって、読者に納得してもらえるようにしたのであり、カントの生前からこの『人間学』とその講義が、人々から大きな評判を集めていたのもそのためである。

もう一つの工夫は、用語にラテン語を使うことによってえられる正確さを放棄して、ドイツ語をつかうこと、しかも民衆の語る平俗な言葉で考察することである。たとえばカントは狂気について、きわめて民衆的で通俗的な用語で考察を展開する。邦訳をそのまま引用すると「単純なもの、利口でないもの、愚鈍なもの、イカレポンチ、馬鹿、阿呆[123]」と表現された言葉は、ドイツ語では民衆の使う軽蔑語に近いものであり、精神医学の書物では決して登場しえない言葉であり、哲学の書物にもふさわしいものとも思えない。しかしカントはむしろこうした用語のうちに、人間学の実質が含まれていると考える。ドイツ語にはラテン語のような正確さは欠けているものの、民衆の言葉という豊かな土壌に根を降ろすことによって、哲学とその他の学問を結びつける役割をはたすことができると考えるのである。ドイツ語という生きた「言語は、哲学と非哲学の共通の場となる」[124]のである。

なおラテン語を離れてドイツ語で語るという方法は、カントが初めて自覚的に採用した方法であった。ライプニッツはフランス語とラテン語で著作し、当時のドイツの哲学の主流を担っていたクリスチャン・ヴォルフの教科書類の多くは、ラテン語で書かれていた。カントは、ドイツ語で語るという方法を自覚的に採用することによって、哲学の新しい道を開いたのであり、『人間学』はそれがもっとも自覚的に、そして体系的に採用された書物だった。ラテン語のもたらす普遍性への欲求を諦めることによって、「これ以後、哲学はその起源の場所を発見する可能性を認識したのであり、与えられた言語のうちに、探求の場を定義する可能性を見いだしたのである」[125]。カントはこの二つの工夫によって『人間学』の「実用性」を確立したのであり、「与えられた世界という問題構成」[126]を、その〈領域〉として見いだしたのである。この問題構成は、つねに「起源」的なもの、認識と思想の原初的なものに、さかのぼろうとするものである。

第三が〈限界〉の問題であるが、『純粋理性批判』は理性の限界を、人間の有限性のもつ普遍的な問題として提示した。人間は物自体を認識することができず、理性はつねに経験の外部へと逸脱しようとする。しかし『人間学』が示すのは、人間の真理というものは、純粋なものから逸脱したもの、それでいて人間の自由な活動の結果としてつくりだされたものだ、ということである。しかもその人間の有限性という「真理」は、ラテン語のような普遍的なものを目指す言語ではなく、手垢にまみれた民衆の言語で表現されるしかないのである。卑近な「世界の知」こそが哲学の「土台」となり、「基本的なもの」となるのであり、この問題構成はつねに「土台」と「基本的なもの」に向かおうとする。

神、世界、人間

これを『遺稿』の超越論的な哲学の問題構成として考えるならば、第一の〈源泉〉は、すでに述べたように世界を創造した神の問題である。神とは何か。カントはこの定義に何度も立ち返るが、もっともわかりやすいのは次の定義だろう。神とは、「最大の完全性をそなえた存在であり、全知の存在、全能の存在、自己意識のうちに人格を含む存在である（最高存在《エンス・スマム》、最高の叡智《スマム・インテリゲンティア》、最高の善《スマム・ボヌム》）。そして他のすべての存在者を創造したものである」[127]。神が善であるのは、カントによると人格だからである。そして有限な人間はみずからの人格のうちに定言命法を含むことができるかぎりで、同じく善なる存在になる可能性を秘めているのである。そして人間はこの定言命法をみずからの意志で定めることができるかぎりで自由である。神は人格的な存在であるかぎりで自由な存在であり、世界と人間にたいしては絶対者である。

第二の〈領域〉としての世界は、全体的なものであり、人間にとっては唯一のものであり、「乗り越えることのできない領域[128]」である。世界はみずからに閉じた全体であり、ここでのみ経験が可能であるという意味では、人間にとって「真理」の場である。

第三の〈限界〉としての有限な人間は、神と世界の繋辞であり、総合である。しかし世界にたいしてはたんなる住民であり、神にたいしては有限な存在にすぎない。神は何かを思い浮かべるだけで世界を創造したが、人間にはこのような知的な直観は拒まれているのである。

このように『人間学』においても『遺稿』においても顕わになるのは、この源泉、領域、限界という三元的な構造であり、「カント以来というもの暗黙のうちに、すべての哲学のプロジェクトは、この本質的な分割を乗り越えようとしてきた。そしてこれを反復し、これを反復することで基礎づけるような省察のうちでなければ、これを乗り越えることはできないことが明らかになってきたのである[129]」。ということは、カント以降の哲学は、この構造を否定しながら、それを反復するという混乱のうちにまきこまれているのである。フーコーは『人間学』のこの構造が、「哲学の内部の構造のうちに含まれた不純な混合物として、考えられないものとして」機能すると指摘する[130]。

この哲学の混乱をあばくには、「否認されながらも維持されているこの混乱から出発して、カント以降の哲学と現代哲学のすべての歴史を考察してみる必要があるだろう[131]」と、フーコーは指摘する。そして『言葉と物』における現代哲学の批判は、まさにこの歴史的な考察という意味をもっていたのである。

ちなみにこの混乱の認識にともなって、アプリオリという概念そのものが逆転することを指摘しておこう。『純粋理性批判』では、アプリオリは経験に先立つものであり、すべての経験を可能とするものである。人間が何かを認識するときには、空間と時間という感性的な条件と、カテゴリーという悟性的な条件がすでに存在し、働いているのでなければならない。このアプリオリな条件によって、初めて人間のさまざまな判断が可能になるのであり、総合が可能となるのである。

しかしカントがこのようなアプリオリな条件をとりだすことができたのは、実際にはすでに総合が行なわれているからであった。カントは、『純粋理性批判』において、分析が可能なのはすでに総合が行なわれているからだと繰り返し指摘する。そして『人間学』が考察の対象とするさまざまなテーマにおいては、純粋な理性が陥りやすい傾向性と誤謬が、「すでに犯された」ものとして考察されていた。フーコーが指摘するように、「認識の領域において純粋なものとして与えられるものは、具体的な実存の場から考察してみれば、すでに働いているものの深みにおいて与えられているものの沈黙の光のうちで照らしだされるのである[132]」。

このアプリオリについての解明は、フーコーにとっては二重の意味をもっていた。第一に、『純粋理性批判』で行なわれたアプリオリの分析は、『人間学』における具体的な実存の分析によって、それが真の意味でのアプリオリではなく、具体的な総合から抽象されたアプリオリであり、じつはこの総合こそがアプリオリよりも「前にある」ものだと考える必要があるということである。

アプリオリなもの、純粋なものが、じつはすでに現実の具体性に先立たれているのだとすると、それは擬似的にしかアプリオリではなく、擬似的にしか純粋ではないことになる。『純粋理性批判』

でとりだされた純粋な理性なるものは、じつは純粋な理性ではなく、すでに具体的な事物に「汚染された」理性だったということになる[133]。

このことは、『純粋理性批判』におけるカントの批判の大きな限界を示すものとなる。カントの超越論的な批判によって取りだされた超越論的な主体である人間は、物自体を認識することができないという有限性をそなえているだけではなく、その超越論的な能力そのものが「汚染されていた」のだった。自己を分析する主体の超越論的なまなざしは、すでに経験的なものを前提としているのであり、超越論的な主観性は決して純粋なものでも、特権的な能力をそなえたものでもないのである。人間は超越論的な主体であるだけでなく、経験的なものに浸されている。ということは人間は「超越論的な主体であり、かつ経験的な客体」という「双子」、すなわち超越論的で経験的な双子だということになる。これがすでに考察してきた（二六五頁）人間の両義性をつくりだすものであることは明らかだろう。

第二の点は、これによってアプリオリという概念そのものを書き替える必要がでてきたということである。完全にアプリオリなものは存在せず、つねに経験的なものがアプリオリなもののうちに含まれているのだとすると、アプリオリなもののアポステリオリ性を、アプリオリという概念そのもののうちで考察する必要があることになる。あるものがアプリオリであるとしても、それがアプリオリであるために経験的なものを必要とするという洞察は、「歴史的なアプリオリ」という概念に道を開くものである。アプリオリの歴史性、これはさまざまな概念の歴史的な前提と条件を問題とするエピステーメーの概念やアルシーヴの概念の前提となる重要な着想であり、その意味でもフーコーのこの「序」は『言葉と物』の萌芽を含んでいると考えることができるのである。

人間学の罠

しかし同時に『人間学』で暗黙的に示されたアプリオリの二重性と、『人間学』の三元的な構造は、その後の現代哲学だけではなく、人文科学の全体にとって、重要な「罠」の役割をはたしたとフーコーが考えていることは注目に値する。カント以後の哲学において哲学的な人間学は、かつて心理学が形而上学で要求していた地位と同じような地位を、哲学のうちで要求するようになるからである。フーコーは哲学がこれによって、さまざまな人文科学をつなぐ「秘密の通路」となると指摘する。

現代の人文科学は、この通路をとおることで、その「起源に、真正さに、基礎づける活動に[134]」回帰することができるかのようにふるまう。それを裏返すかのように「すべての哲学は、批判も、認識論も、認識の理論も媒介とすることなしに、人間についての経験的な省察や、人文科学と意志を伝達しあうことができるかのようなふるまうのである。『人間学』がそのための秘密の通路なのだ[135]」。

フーコーはこれを「人間学的な幻想」と呼ぶ[136]。この幻想には、二つの意味があると考えることができるだろう。第一に人間学は、哲学とさまざまな人文科学のあいだの秘密の通路となることができる。そして哲学は、さまざまな科学の基礎づけを行なうことができると妄想するようになる。哲学によるすべての科学の「根拠づけ」という、フッサールにいたるまでの見果てぬ夢が、ここから生まれるのである。第二に、人間学が哲学の内部において、批判と形而上学のあいだの通路となることができる。それが人間学がかつての心理学と同じ位置を占めるようになると言われていることの意味である。フーコーは哲学の幻想とともに、人間学の幻想をこのような形で描きだすことによって、『言葉と物』における人文科学批判の論拠を準備したのである。

第四節　人間学の四辺形

哲学の可能性

フーコーのこのカントの「人間学的な幻想」の批判は、さらに発展されて、『言葉と物』における哲学批判に適用される。この書物の第一〇章は、「カント『人間学』の序」の文章が、エピステーメーの分析によってさらに展開されたものと考えることができる。そのことはフーコーが、現代の新たな哲学の可能性を、その「目覚めの可能性」を、「人間学の〈四辺形〉をその基礎にいたるまで破壊し尽くすこと」(137)のうちに見いだしていることからも明らかだろう。それではこの「人間学の〈四辺形〉」とはどのようなものだろうか。

この「人間学の〈四辺形〉」を確認するためには、『言葉と物』で展開された二つの知の四辺形について考察する必要があるだろう。そのためにはまず古典主義の時代のエピステーメーを示した四辺形と、近代のエピステーメーを示した四辺形の二つの図（次頁）をごらんいただこう。

ごらんのように、奇妙な四辺形である。この四辺形でフーコーは一つの時代のエピステーメーの

十七・十八世紀

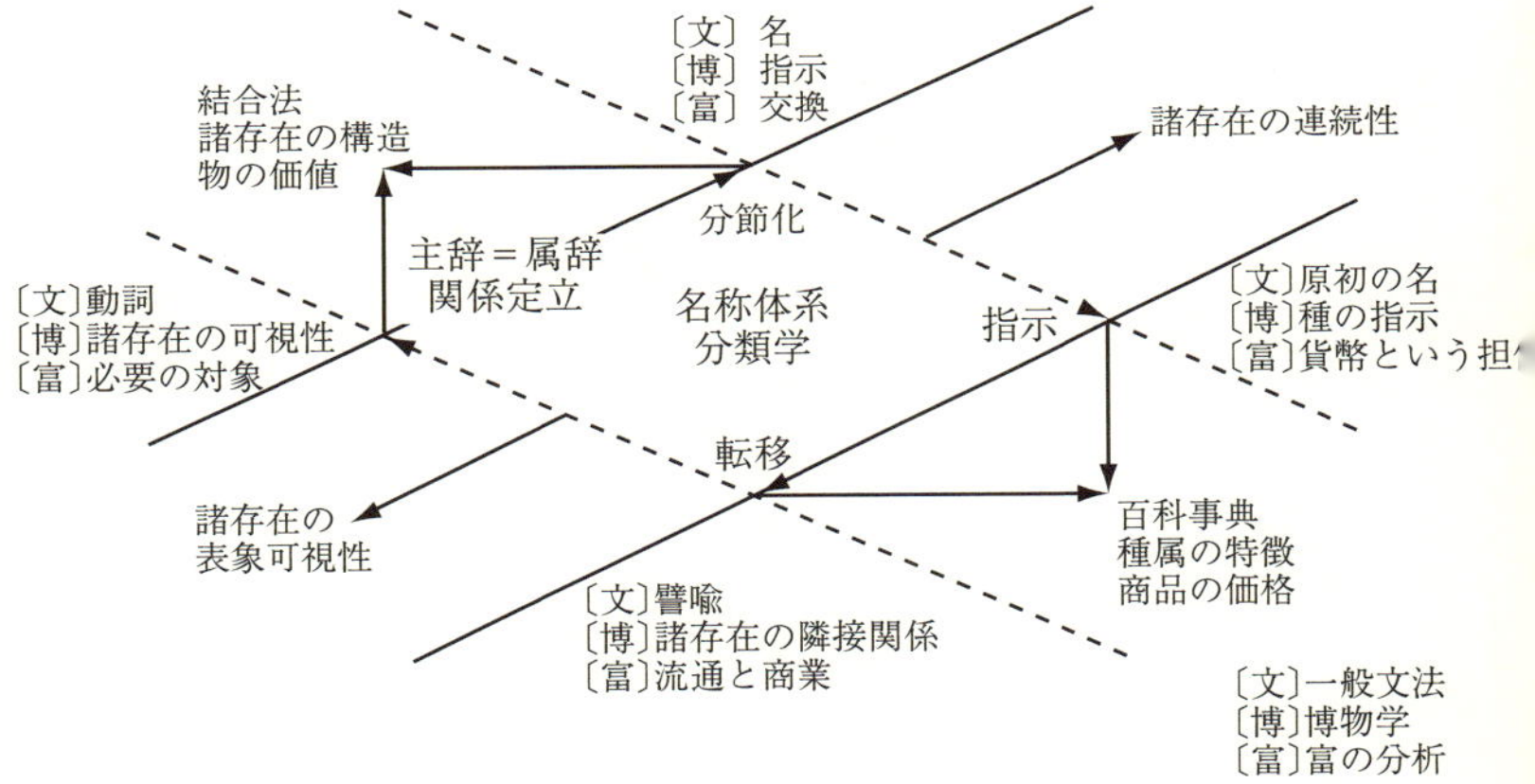

十九世紀

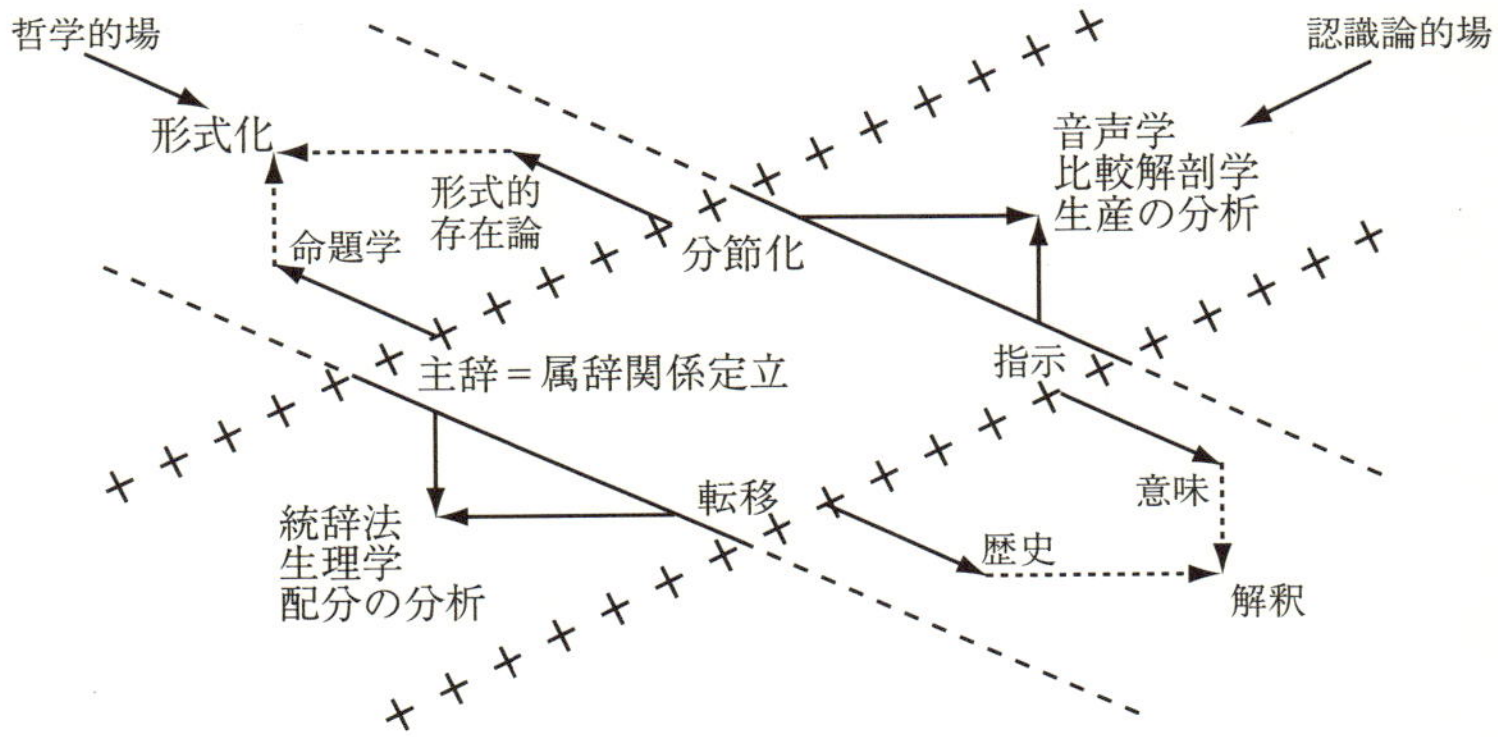

知の四辺形

（フーコー『言葉と物』新潮社，233 頁より）

全体を分析し、理解することができると考えたのだが、これにはさまざまな議論のあるところだ。しかしこれはフーコーが西洋の思想の構造を理解するために提供しているデッサンのようなものと考えるべきだろう。

幾何学の問題も、それだけで考えていると、問題が固まったままで、どうにも歯が立たなくて、どこから手をつけたらいいかわからないことがある。しかし一本補助線を引いてみる。するとそれまでとは図形の見方が変わってくる。それと同じことである。フーコーは西洋の思想を成立させている「歴史的なアプリオリ」という巨大な問題は、何本かの補助線なしでは分析できないと考えて、この図にみられるような補助線を引いてみたわけである。

これはぼくたちが日常の生活でものを考える際にも、参考になるやり方だ。よくわからないことがあって、それについて考えなければならないときは、さまざまな観点からみて、いくつか補助線を引いてみる。この補助線の引き方が難しいのであり、思想家の力量は、自分にあった補助線をうまく引けて、それを他者にうまく説明できるかどうかにかかっているとも言えるだろう。

さてこの四辺形は四つの頂点、主語＝述語関係（図では主辞＝属辞関係定立）、分節、指示、派生（図では転移）で構成されている。この四つ頂点を結ぶ線分が、四辺を構成する。この四つの頂点と辺の意味を、フーコーが詳しく説明している「言語の学」について、すでに考察してきた古典主義のエピステーメーを、「人間学の〈四辺形〉」という観点から再確認してみよう。

二組の線分

まず十七・十八世紀の古典主義のエピステーメーの「一般文法」の四辺形（図・上）は、二つの実線の線分のペアと、二つの点線の線分のペアで構成されていることを確認しよう。実線で書かれているのは、主語＝述語関係と分節を結ぶ線分と、指示と派生を結ぶ線分であり、この四辺形はこの二組の線分がつくりだすものである。もう一つのペアは、分節と指示を結ぶ線分と派生と主語＝述語関係を結ぶ破線の線分であり、これはそれぞれの実線の線分をたがいに結びつける補足的な役割をはたしている。

まず最初の線分は、主語＝述語関係と分節という二つの頂点を結ぶ実線の線分である。これは一般文法において言語の内部的な構造を示す線分である。片方の頂点である主語＝述語関係という頂点は、言語の命題の理論であり、とくに動詞の理論として、「語と語を結びつける紐帯[138]」を示すものである。第二の頂点である分節は、さまざまな種類の語の関係を示すものである。ここで言語はそれが表象する事物とは独立した内的な構造を示すのである。

この主語＝述語関係と分節という二つの頂点のうち、まず分節の頂点から検討しよう。というのは、この分節の頂点は、指示の頂点と結ばれる点線の線分によって、表象された事物の世界との関係を示しているからであり、ここで古典主義時代のほんらいのタブローが描かれるからである。

古典主義の時代に特有なのは、この表象の秩序が物の秩序とぴったりと重なると考えていたことだ。この表象は人間の観念の秩序だが、それは物の秩序と同一の構造にあると考えているわけだ。スピノザの『エチカ』の有名な一節に、「観念の秩序および連結は、物の秩序および連結と同一である」という文がある[139]。スピノザが自然を神と等しいものと考えた背景には、この観念の秩序と物の秩序の対応関係に対する信念がある。

存在論と動詞の理論

ただし注意が必要なのは、この記号の体系、すなわち物の体系であり、観念の体系であるものは、まず分析によって生まれたということだ。最初にあるのは、分析の力である。分析とは、これはあれとは異なるという判断である。この判断は主語を立て、それにある述語を結びつける行為である。この葉はあの葉とは違うという判断は、比較によって物の秩序を構成する行為に先だって存在し、これを支えている。主語と述語関係の定立という頂点は、人間が「AはBである」と判断することだ。

実はこの判断こそが、言語のもっとも重要な軸である。「牛乳」という名詞は、それが発せられただけでは、文脈によらなければその意味を限定できない。牛乳を指差して「牛乳」と言う行為は、牛乳が牛乳であることを確認するトートロジーの営みなのか、次に牛乳を運ぶように指示しているのか、牛乳を飲みたいと主張しているのか、わかりにくい。物を指し示す名詞ではなく動詞こそが、記号の体系ではない言語の体系をつくりだす。

そして古典主義の時代には、表象と物の秩序をつなぐ動詞は、「存在する」という繋辞であると考えられていた。「歌う」という動詞は、「歌っている」と言い換えることができる。すべての動詞は分詞の形と「存在」を示す繋辞に言い換えることができると考えられていたのである。古典主義の時代の言語の学は、動詞で語られるすべての判断を、存在を示す言葉に還元するという〈言語の存在論〉を採用していたということができるだろう。

すでに述べたように、フーコーは判断をマテシス、分節をタクシノミアという用語で呼んでいた。マテシスがタクシノミアを可能にするとともに、タクシノミアも同時にマテシスを含む。マテシスは真理の学であり、判断の営みであり、ここで判断と分節は強固な縁で結ばれる。これが二九九頁の図の上の四辺形の左の実線の線分部分を構成する。これはさまざまな存在の構造を見抜く学となる。

しかしこの線分はまだ完全に表象の世界のうちに含まれている。人間は表象のうちで事物を分節し、その表象について、判断している。事物との対応関係は、まだ確立されていないのである。そして名指す役割をはたす分節の頂点が、指示の頂点と結ばれることで、初めて表象の世界は事物の世界と結ばれるのである。

言語の起源と指示

言葉の分節と表象したイメージについての判断だけでなく、現実の事物との対応が必要となる。そのために必要なのが、指示と派生である。まず分節され、命名された表象と、現実の事物を一致させる営みが求められる。これが指示《デジグナシオン》である。ぼくたちは、これは犬、あれは狼と指示することで、記号の分節と現実の差異を一致させる。

この営みで問題になるのは、なぜこの動物は「いぬ」と呼ばれて、あの動物は「おおかみ」と呼ばれるのかということだ。神がバベルの塔を破壊して、人間をさまざまな言語に分散させてからというもの、あるところでは同じ動物が「いぬ」と呼ばれ、「ドッグ」と呼ばれ、「シャン」と呼ばれ、「フント」と呼ばれるようになった。

言語が一つであれば、それほど問題にならなかったかもしれないが、言語の違いが認識されるとともに、なぜ犬は「いぬ」なのかが問題となる。プラトンがすでに『クラチュロス』でこの問題を提起し、言葉の起源は事物の性質に根差したものだという主張と、たんに「決まり」(ノモス)によるものにすぎないという主張を対比させていた。

プラトンはどちらとも決めかねたようだが、古典主義の時代の言語の学は、この問題を身ぶり言語(手話)と分節言語の違いと語根の理論によって解決する。ルソーは『人間不平等起源論』で言語の起源の問題を分析しながら、人間の言語は約束によって生まれたと考えることはできないと指摘していた[140]。こうした約束が可能であるためには、すでに言語が存在していなければならないのであり、証明しようとするものを前提とする誤謬をおかしてしまうからである。

一方で同時代の哲学者のコンディアックは、人間の言語は自分の情念を表現する身ぶり言語から誕生したと考えていた。分節化した音声言語は、身ぶり言語のあとで生まれ、身ぶり言語を媒介として、次第に発達したというのである。だからコンディアックは、分節された言語は、人間の情念をアナロジーで示す身ぶり言語から生まれたと考えるのである[141]。

言語の歴史を考えるということは、言語と人間の行為や情念との自然的な結びつきを考えるということだ。同じように擬音は、「対象に似た記号を意図的に発音する[142]」ことによって、対象と言語の結びつきをつくりだす。どちらも、言語が指示するものを、語根のうちに見いだそうとするのである。コンディアックは、やがて音声言語が身ぶり言語を上回り、同じような類似関係から、身ぶり言語では語りえなかった言葉をつくりだしていくと考えている。古典主義の時代の言語学は、語根の理論によって、この言葉の繁殖を説明する。基本的な情念を意味する言葉が、これに関連した複雑な情念を意味する言葉の「種子」となったと考えるのである。

アルファベットと派生の理論

この種子が「大樹」となるのを助けるのが、類似の理論である派生《トランスフェール》である。この第四の頂点は、換喩や隠喩などの力で、言葉と現実の事物との対応関係の枝をひろげ、網の目をつくりだしていく営みである。帆によって船を指示し（換喩）、霊魂（プシュケー）を蝶で指示するのである（隠喩）。ここでは民族の想像力が重要な役割を果たす。

しかしこの派生という営みが拡大するために必要とされたのが、アルファベットを採用することだった。帆や蝶だけでは比喩で示すことのできるものは限られるし、一つのものが複数のものを指し示したのでは、解釈が困難になり、誤解が増す。それぞれのものを間違いなく指示できるためには、自然の事物を文字にした象形文字ではなく、語の内部に分節をかかえたアルファベットが不可欠だった。音声的な分節文字を使うことで、「人々は観念ではなく、音を空間に書きうつす」ようになる。[143]

もちろんアルファベットは紀元前五世紀には完成していた。しかし文字の内部に物との対応関係を探した中世とは違い、古典主義の時代には言語が表象にたいして透明になる。アルファベットという抽象的な記号が、この作用を促進する。言語は表象のうちにしかその場所をもたず、表象のタブローのうちに無意識のように消滅するのである。

そして指示と派生の二つの頂点を結ぶ実線は、事物の側において、言語が現実の世界の全体を分類しながら提示するのである。このフーコーの四辺形がうまくできているのは、この二つの実線、すなわち表象のうちでの判断と、世界の全体像の提示とが、平行して同じ長さで示されるということだ。古典主義のエピステーメーでは、概念と物はぴったりと同じように重ね合わせることができる。しかしこの二つの実線を結ぶ部分は、破線で描かれる。この一致を保証するものはないのだ。ただ人々が一致すると考えているだけにすぎないのである。

またこの四辺形の向き合った頂点は、たがいに深い関係にある。分節は派生によって展開し、ひろがらないかぎり、その能力を発揮できない。それには二つの方向性がある——空間的な展開と時間的な展開である。あるものの名は、他のものとの差異に依拠していることを考えると、共時的な空間的なひろがりのなかで、名は固有の名でありうる。また同時に、一つの共時的な差異の空間がつねに歴史的に発達してきたことを考えると、名の差異は派生によって垂直な通時的な流れのうちに存在し続ける。言語の歴史的な位置がここで確定される。

また命題と指示の二つの頂点も、言語を可能にするための基盤である。判断することは、現実の事物を指し示す行為と結びつくことで、人間の言語は空虚なものとならない。言語と表象は、この二つの頂点を結ぶ線のうちで、表象と表象を表象するものとの二重のゲームのうちにからみあうのである。

古典主義の時代の言語は、二本の実線にはさまれ、この二本の対角線が交わる場所に描かれる表象の空間のうちに消え去る。その時代の人々には言語は「見えない」ものとなる。古典主義の時代には、言語は機能しているが、「存在しないもの」[144]となったのである。語の存在論的な位置は不可視なものとなった。哲学の世界で、言語というものが表象の「ヴェール」のように考えられていたのは、これと深い関係がある。この時代には、言語は観念を伝達する手段にすぎず、つねに観念よりも不十分なものであった。この考え方が崩れたのは、ほぼヘーゲルの時代になってからであり、近代の到来をまつ必要があったのである。

近代のエピステーメー

本格的な市民社会が誕生した近代においては、言語はこのような透明なもの、存在しないかのように思われるものではなくなる。フーコーは文法の分析において、語根とは異なる変動の要素が確認されるようになったことを指摘する。たとえば「存在する」という動詞を考えてみよう。サンスクリット語やラテン語やギリシア語を比較してみると、言葉の違いは語根ではなく、屈折において生じていることがわかる。サンスクリット語では「存在する」という語の現在形は一人称単数、二人称単数、三人称単数で、asmi, asi, asti と変化する。ラテン語では sum, es, est である。この二つの活用を比較してみると、同じ語根に一人称、二人称、三人称という価値をあたえているのが、m, s, t という変化だということがわかる。

さらに十八世紀に誕生した音声学からは、発音の理由から、ある音が他の音に変化する可能性が確認されるようになる。音は他の音との関係で変化するということは、表象には還元できない。こうした分析から、言語にはもはや表象の秩序だけに還元できない固有の体系と歴史があることが明らかになる。そして屈折や発音の変化の歴史を追求することで、言語の親縁関係と歴史的な継承関係が明らかにされてくる。言葉の厚みのうちに、歴史性という時間が組み込まれるのである。

ひとつの言語を規定するのは、その言語が表象をどのように表象するかという方法ではない。言語には一種の内的な建造物がある。これはある語と他の語の文法的な関係に基づいて、語そのものが変化する方法を決定する屈折体系である(145)。

古典主義の時代には、言語はエクリチュールだった。書物のうちに言語の本体が存在していたのである。しかし近代においては、語られる声のうちに言語は存在する。すべての輝きの根源であるつぶやきのうちに言語のほんとうの姿がある。当時の言語学は、貴族階級の語る言葉ではなく、民衆のつぶやきに耳を澄ませる。すでに確認したように(二五〇頁)、ドイツの民話を記録し続けたグリムは、『言語の起源』という書物で、言語と人間の自由の密接な結びつきを指摘したのだった。

こうして言語は表象との厳密な対応を解かれる。もはや表象の秩序と言語の秩序が重なることはない。言語は存在論的な地位を取り戻し、独自のマッスとしての存在感をふたたび獲得する。言語は厚みをそなえ、ふたたび世界の一部となったかのようである。近代のこの時代に誕生した文学は、語に自律的な存在と力を取り戻させようとするのである。

それと同時に、古典主義時代の知のエピステーメーに根本的な変動が発生する。これまでのエピステーメーで実線だった部分が破線になり、破線だったところが実線になるのである（図・下）。かつては表象の空間において、富の分析と博物学と一般文法が占めていた二本の実線の線分が崩壊し、それを支えている人間の身体的な労働、生命、言語の学が登場するが、それが登場する場所はもはや、かつての実線の場所、すなわち「主語＝述語関係」の頂点と「分節」の頂点を結ぶ人間の表象の場と、それに対応する「指示」と「転移」の事物の表象の場所ではなくなっているからである。

この新しい知は、この両方の線分を結ぶかつての二本の破線で囲まれていた空間に登場するのである。新しい知は、かつての表象的な知が存在しなかったところに、「それらの知が空白のままに残しておいた空間、それらの知において対立していた二本の大きな理論的線分を隔てていた」深い溝に、「存在論的な連続体のざわめきの満ちた[146]」ところに、生まれるのである。

人間学の四辺形の成立

この新しい近代のエピステーメーのもとでは、かつての四辺形が崩壊するとともに、それぞれの頂点が占めていた場所に、人間について考察する人間学の場が生まれる、とフーコーは考える。

第一の主語＝述語関係の頂点において、かつてのエピステーメーは動詞の理論を展開し、言語によってすべてのものを語りうることを示すことで、言語の空間を開いたのだった。この場所には有限な人間の存在を解明する「有限性の分析論[147]」が登場する。

知の四辺形の「分節」の頂点に、「経験的＝超越論的な二重性」の理論が登場する。分節は、物の秩序と語の秩序を対応させる役割をはたしていたが、近代では経験できるもの（すなわち経験的なもの）と、経験を可能にするもの、（すなわち超越論的なもの）が、いかに呼応するかを示すのが、この「経験的＝超越論的な二重性」の理論なのである。

またこの四辺形の「指示」の頂点に登場するのが「コギトと思考できないもの」の理論である。指示は言語の背後にある事物の秩序、語の「もっとも沈黙した核」を指し示そうとするが、この理論はコギトの覇権のもとで、「〈思考できぬもの〉のなかでまどろむもの」[148]を活気づけようとするのである。

最後の「派生」の頂点に登場するのが、「起源への回帰」の理論である。語の歴史的な派生と変動の理論と同じように、この理論は人間の「隠された起源を思考しようと努力する」[149]のである。

もちろんこれは単純な対応関係ではないが、これもフーコーの巧みな補助線のアイデアと言えよう。ここで注目したいのは、これらはすべて人間の有限性という刻印に規定されているということ、そしてこの有限性を初めて明確に理論化したのがカントだったということである。この近代のエピステーメーの四辺形は、「人間学の四辺形」なのである。これについては節を改めて考察することにしよう。

第五節　人間の有限性

有限性の分析論

カントの批判哲学が明らかにしたのは、人間は物自体を認識することもできない有限な存在であるということだった。しかしカントは批判哲学に超越論的なまなざしを導入することによって、人間の自然科学的な認識の正当性を根拠づける。人間が認識するのは物自体ではなく、現象にすぎないから、そして人間が現象を認識する感性と悟性の構造が共通しているから、人間は自然科学的な法則を普遍的なものとして認識することができる、とカントは考える。ということは、人間はその有限性を逆手にとることで、普遍的な知識に到達したということである。

神と比較した人間の有限性が消極的な有限性だとすると、これは積極的な有限性と呼べるだろう。カントの哲学の強みはこの積極的な有限性にある。カントとともに、人間の認識そのものではなく、人間の認識の可能性、思考の可能性そのものが問われるようになる。この視点は、カントの言葉をかりて、超越論的なものと呼べるだろう。主体である人間は、自己に超越論的なまなざしを向けることで、はじめて人間の有限性が認識できるようになる。逆に客体としての人間の有限性が認識できるようになって、初めて超越論的な視点が可能になったのである。

フーコーは近代のこの思考が、初めて人間というものを考えることを可能にしたと指摘している。ルネサンスの時代のフマニスムも、古典主義の時代の合理主義も、世界の秩序で人間に特権的な場所を与えることはできたとしても、人間そのものを思考することはできなかったわけである。

ということは、カントから始まる「人間」という概念は、十九世紀に誕生したということになる。この「人間」という概念は、西洋の歴史において、まだ生まれたばかりなのだ。この「人間」

の特徴は、消極的な有限性としての人間の客体性と、積極的な有限性としての人間の超越論的なまなざしのうちにある。このあらたに誕生した人間についての学を、カントは晩年に「人間学」と呼んだのだったが、これが「知の四辺形」の根底となる[150]。

これまでは、表象の形而上学のもとで、人間の本質についての〈分析《アナリシス》〉が展開されていたところで、これからは人間の有限性の三つの主要な刻印、すなわち欲望、生命、言語の分析論《アナリティック》が展開されることになる。古典主義の時代の消極的な有限性のもとでは、人間の身体、必要、言語が否定的なまなざしのもとで分析されていた。

しかし近代にいたっては、人間の生命、労働、言語は、なにかを認識するための積極的な意味をもつ有限性となったのである。人間を考察することができるのは、人間の使う言葉、人間という有機的な生命、人間が生産する品物を通じてでしかない。人間の本質についての形而上学は終焉する。しかし有限な人間についての哲学は、カントの開いた超越論的な哲学に依拠して、人間が有限だからこそ、可能になったのである。

人間が有限だからこそ、人間が措定する自然科学的な法則は真でありうることを、カントは示した。そしてカントの人間学に基づいた近代の哲学は、死、肉体の消滅、他者のつくった言語という否定的な形象に基づいてこそ、人間についてのさまざまな考察を展開することができるようになるのである。いずれにしても超越論的なまなざしから人間の有限性が考察されると考えることができるだろう。

経験的＝超越論的な二重性

このように人間の有限性が確認され、しかも超越論的なまなざしによって、この人間の有限性からすべての学問の普遍性が生まれることが確認された。有限な存在である人間は、みずからに所与として与えられた経験から、認識そのものの条件を探りだす営みを展開する。

早い時期にはイギリス経験論がこの方向を目指していたが、経験論とそれと同時代のフランスの観念論者《イデオロジスト》たちは、古典主義のエピステーメーの最後の残滓だと、フーコーは考える。ロックはたしかに心を白紙《タブラ・ラサ》とみなして、そこに経験が書き込まれると考えた。コンディヤックは人間を彫像のようにみなして、そこにさまざまな感覚を与えてゆく。観念論者たちも、「感覚」こそが究極のものであり、そこからすべての認識が形成されると考える。しかしこれらの学はすべて、「もっとも複雑な表象を含めて、すべての表象の形態を、ひとつの誕生の物語のうちにとりもどす[151]」試みにすぎないのである。

それにたいしてカントの批判哲学は、人間において表象がどのようにして高度な認識に到達するかという「物語」ではなく、人間のごく単純な表象が、そもそも可能となるのはどのようにしてかという「普遍的に有効な形式[152]」を問う。表象の「その権利上の限界から出発して、表象に問いかける[153]」のである。

すでにこの章の最初のところで確認したように、カントが表象の空間の「基礎（フォンドマン）」、起源（オリジン）、限界（ボルヌ）[154]」を問題としたことにおいて、「われわれ近代の発端をしるす[155]」とフーコーは考えているのである。この「基礎、起源、限界」という言葉は、フーコーの「カント

『人間学』の序」の三つのキーワード、「源泉（スルス）、領域（ドメイン）、限界（リミット）[156]」と微妙にずれながら対応しているが、フーコーがここでほぼ同じことを考えているのは明らかだろう。この三つの問題を考察することが、超越論的な哲学の課題だったのである。

　この超越論的な哲学が示した人間の有限性とは、人間は超越論的な主体であると同時に、経験的な客体であるという二重性をおびていることにある。そのためカント以降の現代の哲学は、この超越論的な性格と経験的な性格のあいだの二重性のうちで、その営みを展開することになる。

　フーコーは、この二重性を切り開いたときに二つの断面が現われると考えている。一つの断面が、この切断によって生まれる客体の側面であり、もう一つの断面は、そこから生まれる主体の側面である。表象の時代にあっては表象がすべてであり、それに表象された事物の世界が対峙していた。しかし近代にあっては、人間の有限性が世界を構築するものであるため、客体はたんなる事物ではなく、人間の超越論的な刻印をうけた客体となる。また主体は全能の表象の主体ではなく、事物としての身体のうちに宿り、有限性の刻印をうけた主体である。この二つの側面を考察するのが、「経験的なものと超越論的なもの」と、次の「コギトと考えられぬもの」である。

　この「経験的なものと超越論的なもの」は、この二重性を切り開いたときに生まれる客体の側面に重点をおく。ただしこの客体は純粋な対象ではなく、二つの側面をもった客体である。すなわちかつては表象の全能の主体であった人間が、身体をもつ有限な客体として登場する。さらにかつては表象されるだけの事物であった対象が、有限な人間によってのみ認識される客体になる。すなわち物自体ではなく、人間の有限な認識のもとにおかれているために、誤謬にまとわりつかれた客体の現象の世界である。

二つのまなざし

だからこの「客体の総合」は二つの対称的なまなざしに貫かれているというべきだろう。一つのまなざしは、対象の認識における人間という主体の刻印を調べる。これが「超越論的な感性論」の分析である。[157] これはさまざまな表象を根拠づける人間という主体の側面から、客体を考察する。この分析は、人間がつくりだしたさまざまな認識において、身体をもつ人間の有限性、人間の「自然[158]」の側面から客体について考察しようとするものだ。

これにたいしてもう一つのまなざしは、客体のうちにたどりうるさまざまな文化的、歴史的な痕跡を考察しようとする「超越論的な弁証論」である。人間のさまざまな「認識が、歴史的、社会的、経済的な諸条件をもち、人間のあいだで織りあげられたさまざまな関係の内部で形成される[159]」ことを指摘するものであり、「人間認識の〈歴史〉[160]」を考察する。

第一のまなざしが向かう人間の「自然」とは何かというと、それはもちろん人間が身体をもつということである。人間はみずからの欲望をみたすために、身体をもって働き、そのために他者から教えられた他人の言語でもって他者と意志を伝達しあい、その生涯のうちで自分の生命を維持し、やがて死んでゆく。近代において初めて「科学」として成立した経済学、生物学、言語学は、このようにして人間の有限性が学問の対象として考察されるようになって、初めて可能となったのである。「生命、言語、経済にかんする学問の新たな実定性は、超越論的な哲学が創設されたことによって」[161]生まれたのである。

これらの実定性《ポジティヴィテ》についての学問の特徴は、生命、言語、経済という学問の対象が、主体の側の「労働の力、生命の力、語る能力」[162]によって生まれたものであること、そしてこれらは「すべてを客体として示すことのできない客体的なもの、明白であるのに、不可視な可視性、われわれの目の前に与えられるものの根拠となっているために、奥まったところに潜んでいるもの[163]」であって、学問によって明確な形で把握できないことにある。この実定性についての学問を、フーコーは実証主義《ポジティヴィスム》と名づけて、コントで代表させるが、これは「客体の真実から出発して、ディスクールの真理性を規定する[164]」ディスクールである。

第二のまなざしはこれとは対称的に、「哲学的なディスクールの真理性が、〔客体について〕形成されるディスクールをつくりだす[165]」ことに注目する。これは実定的な学問には「盲点」となっていて、「不可視な可視性」をつくりだすものを、哲学的に考察しようとするものである。この不可視な可視性についてのディスクールは、人間の生命、言語、経済という三つの基幹的な領域において自生的に発生する。すでに触れたように、ベルクソンが語った「エラン・ヴィタル」は、人間の有機的な生命の躍動についての哲学である。疎外された労働と人間の本質についてのマルクスの哲学は、人間の労働力についての哲学であり、その労働力が搾取される資本主義の終末と、人間のほんらいの歴史の始まりを予言する終末論的な哲学である。また人間の欲望と「意志」についてのショーペンハウアーの哲学は、カントの表象の哲学を顛倒させたものである。さらにシュライアーマッハーは伝統的な神学と絶縁して、聖書のうちに書かれた「神の言葉」に依拠することで、人間学的な神学を構築しようとしたのである。これらの「神の〈言葉〉、〈意志〉、〈生命〉を出発点とする形而上学の考古学的な基盤は、批判哲学と同じものなのである」[166]。

こうして実証的な認識に与えられたものだけを考察する哲学と、「けっして客体化することのできない根底についての各種の形而上学」[167]はたがいに「支えあい、補強しあう」[168]。この超越論的な感性論と超越論的な弁証論の二つの理論は、「考古学的には分離しがたい」[169]のである。

ところでフーコーは人間学が形而上学と人間の科学の秘密の通路となることを指摘していたが、カントの人間学が開いた場においては、この二つの学はたがいに補強しあうと同時に、この秘密の通路についての学が成立することにも注目したい。これは擬似的な感性論と擬似的な弁証論のあいだで生まれる第三の理論である。この理論は、「体験の分析」[170]であり、超越論的な感性論と同じように「あらゆる経験の内容が人間の経験に与えられる空間」の分析であると同様に、超越論的な弁証論とあらゆる経験の内容一般を可能にし、それらの根源的な根拠を示す[171]」学である。これが人間の体験を出発点として、超越論的な主体の側にさかのぼろうとするとともに、その主体に基づいて、さまざまな科学の根拠づけを行なおうとするフッサールの超越論的な現象学である。

フーコーは、この超越論的な現象学がまさに哲学と形而上学の「秘密の通路」であった人間学にふさわしい学問であると考える。それは現象学的な還元によって経験の「起源」を問い、その還元に依拠して超越論的な主体にとって経験可能な「領域」を構成し、そのことによってさまざまな科学を「基礎づける」という三重の課題を背負っているからである。フーコーが「カント『人間学』の序」で明示的に批判したのは、フッサールの現象学だけだった。そこでフーコーは、フッサールは「起源となるもの」について考察しながら、「直接的な主観性としての起源」を逃れて、「受動的にすでにそこにある総合の厚み[172]」のうちに、起源となるものを見いださざるをえなくなる、と指摘していた。フッサールの現象学の「還元は、超越論的な幻想の道を開くだけ[173]」と考えていたのである。

それはフッサールの現象学だけの問題ではない。コントに代表される実定的な科学と、マルクスに代表される終末論的な形而上学と、体験を土台とするフッサールの現象学は、どれも「目のつまった網の目[174]」によってたがいに結ばれているのであり、考古学的な布置の次元では、すなわち「人間が経験的で超越論的な二重性として登場してからというもの、いずれも必然的に現われざるをえないもの、しかもたがいに必要としていた[175]」ものなのである。

コギトと考えられぬもの

現代哲学は基本的に、この「エピステーメーの四辺形」の「二本の大きな理論的線分[176]」の二つの頂点を結ぶ線分の背後で展開される。近代のエピステーメーを示すこの四辺形の図の主語＝述語関係の頂点と分節の頂点を結ぶ破線の辺の背後に、すなわち「有限性の分析論」と「経験論的なものと超越論的なもの」を結ぶところに、「哲学的場[177]」が開かれると書き込まれているのは、それを証すものだろう。ここは人間の有限性とその根拠づける力が、すなわち経験的なものと超越論的なものの二重性が折り畳まれた襞《ひだ》であり、この襞を開きながら、さまざまな哲学的に営みが展開される場だからである。有限性の分析論に始まった人間学の四辺形は、分節、指示、派生の三つの項目をたどって、有限性の分析論に戻るのであるが、この三つの項目は、カントの『遺稿』で展開された超越論的な哲学の三つの場に対応すると考えることができる。これは神、世界、人間の三つの場（この三つにそれぞれ起源、領域、限界が対応する）であり、この場のうちで、世界という領域の襞が、そこに人間の二重性を刻みこむ形で開かれるところに、近代以降の哲学の場が成立するのである。

これまで検討してきた「経験的＝超越論的な二重性」は、世界（領域）についての考察であり、これには「分節」の頂点が対応した。次の「指示」の頂点に対応するのが、人間（限界）について考察する「コギトと考えられぬもの」である。最後の「派生」に対応する「起源への回帰」は、神（起源）の領域を考察するのである。次に「コギトと考えられぬもの」について考えよう。

このコギトはデカルトのコギト、明晰で判明な思考の拠点ではない。有限性としての人間が、明晰なコギトの背景に、どのような考えられぬものを考えることができるかを問うのである。さきの二つの頂点を結ぶ線分が、世界の側において、「客体の総合」の側において人間の有限性を思考したとすれば、残りの二つの頂点を結ぶ線分は、人間の主体の側において、その総合の限界と起源を問題にしようとするのだ。

そのときに問われるのは、カントが試みたように、「自然がかかわる経験がどのようにして必然的な判断を生み出すことができるか[178]」ではなく、人間がみずからを自然として、客体として思考することができるのはどのようにして可能となるかである。この問いはヨーロッパのエピステーメーにとって枢要であった三つの軸、言語、労働、生命の軸については、次のように表現できるだろう。

人間は、言語のうちでしか自分の思考を表現することができないが、自分の思いを他人から教えられた言語のうちで表現しなければならないのである。それではわたしは「自分の思考がけっして完全に顕在的なものとなりえない沈殿作用の重みのうちにしか存在しない言語のうちで、どのように〈この言語がわたしである〉ということができるだろうか[179]」。

人間は自分の手で製品をつくりだすのだが、わたしが手を下す前から、この製品はわたしのものではないし、出来上がった後もまたわたしのものではない。それなのに労働が人間にとって本質的なものであるように思われるのはどうしてなのだろうか。この労働はどのようにして〈この労働がわたしである[180]〉と言うことができるのだろうか。

わたしは生きている存在であるが、生きているということは、死の萌芽を育てているということにほかならない。わたしは無から生まれ、今生きている一瞬を享受することもできずに、死に向かって歩みを進めているのである。わたしはどのようにしてこのわたしを包みこむ〈この生命がわたしである〉と言うことができるだろうか[181]。

デカルトの懐疑では、コギトの確実さから「わたしは存在する」という結論が導かれる。しかしこの新たな哲学的な配置においては、「わたしという存在」そのものが疑問にされる。「わたしは、わたしの思考しないものであり、わたしの思考は、わたしでないものであるとすれば、思考するこのわたし、わたしの思考であるこのわたしは、いったいどのようなものでなければならないのだろうか[182]」が問われるのである。

〈盲目的なしみ〉と哲学

もちろんこの問いは第三章で考察した三つの逆説と同じような逆説を孕んでいるので、そのまま答えることはできない。人間学のすべての試みと同じように、すべてのものをコギトの確実性に還元し、それの復路として世界の学を構築する超越論的な現象学の試みを反復するか、あるいは神話的な形象に頼るしかないのである。これは人間学の「影」であり、「盲目的なしみ[183]」であり、認識を拒む「他者」としてつねに人間学のうちに再登場する性質のものであり、人間の実定的なあり方を反転させたものである。フーコーがここで提示する神話的な形象は、ヘーゲルの『精神現象学』における「即自」の概念、ショーペンハウアーにおける「無意識的なもの」の概念、マルクスにおける「疎外された人間」の概念、フッサールの「潜在的なもの」の概念である。

たとえばヘーゲルの『精神現象学』の精神の概念における経験的なものと超越論的なものの二重性については、フーコーはすでに指摘していたが、ここでは超越論的なものが経験的なものを「無垢な存在」として高く評価することが、ヘーゲルの現象学の土台となっていることが批判されるのである。

『精神現象学』では、まず純粋な定在《ダーザイン》というものが登場する。これは純粋な意識、純粋な存在であるが、この純粋な定在は、ヘーゲルの哲学の出発点にいつも登場する。ヘーゲルはそれを「即自《アン・ジッヒ》」と呼ぶ。この即自は、まだ自己についても、他者についても意識していない存在である。ヘーゲルがよく使う比喩では、やがて大きな樫の木になる種子のような存在である。そこには、これから発展する種子がまだ可能性として存在しているのである。やがてこの純粋な存在は、他者について意識し、対他存在《フュア・ジッヒ》になり、そこから自己にたち戻って、対自的な存在《アン・ウント・フュア・ジッヒ》になる。

これは自己意識が「精神」(ガイスト)になる最初のプロセスであり、このプロセスが歴史的に展開することで、即自的な意識は最後に「精神」にまで到達する。そのとき意識は、純粋な定在と思っていたものが、実は複雑なものを隠していたことに気づくのである。このように純粋な定在は、最初に措定されているが、実は最後にくるべきものであり、その純粋で無垢な即自の存在が、『精神現象学』の全体を動かす力となっているのである。

マルクスの例でいえば、「疎外された人間」の分析をするためには、疎外されていない人間や、人間の本質という概念を通過する必要があるが、この疎外されていない本質としての人間は、実は疎外された人間という現実の人間像から逆に抽出されたものにすぎないのである。現実の疎外された人間を解放するための手がかりとなる「疎外されていない人間」は、実は疎外された人間を裏返した像にすぎないのであり、これに基づいて、疎外された人間を疎外から解放するという方法論は、ほんらいは無効である、とフーコーは批判する(184)。

フッサールでも時間のうちにおいて沈殿するもの、意識の残余における「潜在的なもの」の概念があり、これをどうやって考えるかが、重要な課題になる。晩期のフッサールの生活世界の概念も、この課題に刺激されているのである。生活世界は人間にとっては自然な世界であり、これを還元などの方法で分析する必要があるが、還元を実行できるためには、まず生活世界のうちで生きていることが必要である。これは還元のはてに確認できるものであるとともに、還元の前にあるものである。この「潜在的なもの」は、いつも認識を拒むもの、認識に先立つもの、そして認識すべきものとして登場し、これが現象学の思考の営みを活気づけることになる。

このようにこれらの概念は、それが端緒であると同時に、目的そのものでもあるという地位をそなえている。目的であるということは、端緒のうちに潜んでいるのであり、それが樫の木になる種子のように自然に展開して実現されるのだとすると、目的が最初にあり、端緒が最後にあるということになる。これはじつはトートロジーを語っているにすぎないのである。「考えられぬもの」を思考するということは、このような手品によってしか実現できないのである。哲学が人間を思考するためには、この「盲目のしみ」、影の存在を通過する必要があったのである。哲学は考えられぬものをみずからの「他者」として措定するが、この他者は実は人間の影にすぎないのである。

起源への回帰

「人間の有限性」の考察から始まった四辺形は、最後の「派生」の項に対応する「起源への回帰」から、最初の「人間の有限性」に回帰することで閉じられる。この項は、主体の側での人間の有限性の第二の側面として、かつてカントの『遺稿』の超越論的な哲学の三つの場の一つであった神と起源の場を、人間のうちにとりもどしたものである。

近代以降の哲学には、ある原初的なものへとさかのぼる営みが繰り返し登場する。ただしこれは歴史的な意味での起源ではない。歴史的な遡行という形をとりながらも、人間という像、人間という概念を可能にするという意味での起源なのである。その意味では、この起源は前の項の「コギトと考えられぬもの」がもっていたトートロジーの構造を共有する。フーコーはこれを示すために、ヘーゲルの『精神現象学』とコンディアックなどのイデオローグの観念の発生史との違いを指摘する。

コンディアックなどの古典主義時代の末期のイデオローグは、人間の姿をした石像に、視覚や触覚などのさまざまな感覚を与えていくというモデルを使って、人間の観念《イデー》の発生を探求した。しかしこのモデルは、表象の王国がどのようにして生まれるのかを、発生論的な手続きで再構築したものにほかならない。

しかしヘーゲルの『精神現象学』が示した即自としての起源は、「歴史の夜明け」にあるものではなく、発生の歩みを再確認しようとする精神と「同い年」のものである。この起源は、思考のあゆみにとっての起源であり、すでに検討してきた「即自」や「純粋な定在」と同じような位置にある。これは人間学に固有な人間の概念を模索する試みにほかならない。

近代の哲学が社会の起源、言語の起源、歴史の起源を考察しようとするたびに、この起源はすでに現在という瞬間に含まれていることが明らかになるのは奇妙なことである。ここでは起源を問う試みが、いつも自己言及的な性格をおびてくる。

この奇妙さを考えてみるのは、言語が可能になった瞬間を思い浮かべてみればいいだろう。ルソーがすでに指摘していたように、言語が可能となるには、すでに言語によって人々が意志を伝達できていなければならない。言語の起源においては、すでに言語は存在していたはずであり、実際に言語が発生したのは、この起源の瞬間よりも前でなければならない。しかしこの前の瞬間においても、言語の発生の逆説があてはまる。こうして言語の起源は無限に遠ざかるのである。

社会についてもまったく同じことがいえる。社会が発生するためには、すでに人々が集まって、社会を構成していなければならない。近代の政治哲学は、「契約」という虚構を考えることでこの問題を回避したが、社会が発生した瞬間には、すでに社会は存在してしまっているのである。歴史の発生についても、宇宙の発生についても、同じような逆説が妥当するのは、明らかだろう。

フーコーはこの逆説のことをこう表現している。「時間のうちに生まれ、そしておそらく時間のうちで死んでいくあらゆる生き物のうちで、人間はいかなる起源からも引き離されて、すでにそこにある」と[185]。

起源に回帰する二つの道

フーコーはこうした「起源への回帰」を試みる二つの哲学的な営みがあることを指摘している。その一つは、人間が起源から離れることで失ったものを取り戻すことができると考えて、起源へとさかのぼるオプティミストの試みである。フーコーが考えているのは、ヘーゲル、マルクス、シュペングラーである。まずヘーゲルはアテナイのポリスにおいて、人倫が全体的な形で存在していたと考える。そしてその後の歴史の歩みは、自己意識の誕生とともに一度失われたこの全体性を回復する試みとして描かれる。

またマルクスは、プロレタリアート階級は人間の疎外の極《きわみ》にあると考えた。これは「人間の完全な喪失であるがゆえに、人間の完全なる再獲得によってのみ、みずからを獲得しうるような階級」[186]であり、資本主義の社会の革命は、この失うべきものがもはやなにも残されていないプロレタリアートだけが担うことができると考えた。そして人間のこの前史が終了した後にマルクスが思い描いた人間の生活は、「朝には狩りをし、午後には釣りをし、夕方には牧畜を営み、そして食後には批判をする」[187]という、どこか原始の牧歌的な世界だった。疎外の極から疎外の発生する以前の状態へと、マルクスの終末論的な歴史観が「起源への回帰」という性格を帯びているのはたしかだろう。

もう一つの試みは、起源を追い求めても、起源そのものが後退して、つねにその先へと追い求めなければならないと考えるペシミストである。フーコーはヘルダーリン、ニーチェ、ハイデガーをあげている。ニーチェは、プラトンの哲学がすでにギリシアの本来の哲学から堕落していると考えて、ソクラテス以前の哲学者のもとにさかのぼる。ハイデガーも、ヘラクレイトスやアナクシマンドロスのようなソクラテス以前の哲学者のテクストへと立ち戻る。しかしこの試みは蜃気楼のように、起源から前・起源へ、そしてその前へとさかのぼりつづけざるをえない宿命を刻印されている。

このように欠如の充足が可能であると考えるオプティミストの試みも、原初にたどりつけると考えて起源の起源へ、無へとさかのぼるペシミストの試みも、どちらも人間をその同一性のもとに再発見するものにほかならない、とフーコーは批判する。前提された完全なる人間からの疎外や頽落は、起源にさかのぼることで回復され、「本来的な」あり方の人間が回復できると考えるからである。マルクスとハイデガーの理論に共通してみられる「疎外された人間」から「疎外されない人間」へ、「本来的でない頽落した人間」から「死への先駆における本来的な全体存在」[188]へという構図に共通する問題性を、フーコーはうまく摘出しているといえるだろう。

このようにして、「指示」と「派生」を結ぶ線分は、主体の側における「総合」を考察する形で、哲学の場に向き合う「解釈[189]」の場をつくりだすのである。起源にさかのぼることは、人間の有限性をふたたび顕わにすることにほかならない。それは「起源のうちで経験がきらめき、その実定性があらわになる[190]」からである。「ここにふたたび有限性のテーマが見いだされる[191]」。このようにして「派生」からふたたび「主語＝述語関係」の項に戻ることで、「西洋のエピステーメーの全体が十八世紀の末に転覆したときに描き始めた大きな四辺形は閉ざされる[192]」のである。

人間学の四辺形を超えて

フーコーはこうして、古典主義の時代のエピステーメーが近代においてどのように変貌したか、そして現代哲学がこの四辺形のうちで、すなわち近代哲学の定めた枠組みと〈襞〉の内部でどのように模索しているかを明らかにしようとする。そしていかなる哲学も、この経験的なものと超越論的なものの二重性の〈襞〉のうちで展開されるかぎり、「人間学的な眠り」をむさぼるのである。だからこそ、「思考を目覚めの可能性のもとに呼び戻すためには、人間学の〈四辺形〉をその基礎にいたるまで破壊しつくす以外に方法はない[193]」とフーコーは考えるのである。

フーコーはこの四辺形を攻撃する新たな思想に期待をかける。そしてこれを「根こそぎ」にするための最初の努力がニーチェによってなされたと考えている。それでもこの戦闘は、否定的な形象をとらねばならない。フーコーは次のような営みは空しいものだと考える。人間について、人間の解放について語る営み、人間の本質について問う営み、人間から出発して真理に到達しようとする営み、あらゆる認識を人間の真理に引き戻す営み、形式化しながら人間学化してしまう営み、非神話化をめざしながら神話をつくりだしてしまう営み、思考しながらその主体を人間と考える営みなどである。[194]

フーコーがここで拒んでいる営みは、マルクス主義であり、伝統的な哲学であり、ある部分はハイデガーであり、分析哲学であり、一部の構造主義であり、ドイツ流の哲学的人間学であり、新カント主義であるだろう。すなわち哲学の総体といっても間違いではない。フーコーはこれらを拒みながら、「その一部が沈黙でもあるような哲学的な笑い」[195]をもって哄笑する。哄笑の一部が「沈黙」であるのは、その無力さのしるしなのだろう。「人間」の像は、「砂浜に描いた顔のように消えていく」[196]、とフーコーは語るが、そこにはこの沈黙への裏返しの期待がこめられているはずだ。

ここでフーコーが大きな期待をよせているのは、哲学の営みではない。その本来の力を取り戻した言語と文学の営みと、人間の無意識を問う精神分析と文化人類学の営みである。とくに言語そのもののうちに、主体としての人間を溶解させてしまう文学の力を信じようとするのである。

そしてニーチェが出した「誰が語るのか」という主体の問いに答えることができるのは、マラルメだ、とフーコーは考える。「だれが語るのかというニーチェの問いに答えるのはマラルメだ。マラルメは、語るのは語そのものだ――その孤独、こころもとないおののき、無のうちにある語そのもの、語の意味ではなく、なぞめいた危うい語の存在だと答えることで、この問いに答えつづける」[197]。

哲学の問いに答えるのは、狂気に襲われたニーチェ、アルトー、ルーセルの作品の力なのだということもできるだろう。これらの作品では、主体としての人間の像は姿を消し（「わたしは死んでいる」）、人間の真理は問われず（「わたしは嘘をついている」）、人間の理性についての批判がこめられている（「わたしは狂っている」）からである。文学のうちで、生と真理と理性、そして死と虚偽と狂気をめぐるこれらの三つの逆説のもとに、近代のエピステーメーそのものと現代哲学を批判する可能性がきらめいている。

注

●第一章

（1）この『精神疾患とパーソナリティ』の執筆をアルチュセールがフーコーに依頼した次第については、ディディエ・エリボン『ミシェル・フーコー』（Didier Eribon, *Michel Foucault*, Flammarion）の九〇頁を参照されたい（邦訳は田村俶訳、新潮社、一一二頁）。この書物は周知のようにその後、第二部を全面的に書き直して、『精神疾患と心理学』というタイトルで一九六二年に刊行された。『狂気の歴史』の刊行後のことで、書き直された部分は『狂気の歴史』の強い影響のもとにある。『精神疾患とパーソナリティ』は、パリのフーコー・センターに原書が保存されている。著者はこれをコピーして、フーコー『精神疾患とパーソナリティ』（Michel Foucault, *Maladie mentale et personnalité*, PUF, 1954）（中山元訳、ちくま学芸文庫、一九九七年）として刊行した。なおこの章は、この邦訳の解説を土台にしたものである。

（2）ロジェ・カイヨワは『クリティック』誌に「これは入門以上のものであり、問題整理というべきものである」と評している。これは『語られたことと書かれたこと』（Michel Foucault, *Dits et Ecrits*）第一巻の冒頭に収録された「年譜」による。邦訳は石田英敬訳、『ミシェル・フーコー思考集成I』筑摩書房、一三頁。以下では『思考集成』と略す）。

（3）フーコーは多くのインタビューで『狂気の歴史』を自分の処女作と言いつづけた。たとえば「わたしの最初の本は題名が『狂気の歴史』といいましたが……」（フーコー「権力、一匹のすばらしい野獣」『語られたことと書かれたこと』第三巻、三六八頁。邦訳は石田靖夫訳、『思考集成Ⅳ』五一二頁）。この事情については、エリボンの『ミシェル・フーコー』前掲書、九二頁参照（邦訳は一一四頁）。「その後はフーコーがインタビューで自分の〈処女作〉について語るときは、つねに『狂気の歴史』のことを指していた」。

（4）エリボン『ミシェル・フーコー』前掲書、六三頁（邦訳は前掲書、七六頁）。フーコーが序文を掲載したビンスワンガーの『夢と実存』の訳者であるジャックリーヌ・ヴェルドゥーは、『精神疾患とパーソナリティ』にも登場するロラン・クーン（邦訳一〇三頁）のロールシャッハ・テストについての講演を翻訳している。前掲の「年譜」によると、フーコーはこの書物で「ロールシャッハ・テストの解釈に取り組」んだという（『語られたことと書かれたこと』第一巻一八頁。邦訳は前掲書、一〇頁）。

（5）エリボン『ミシェル・フーコー』前掲書、六八頁

（邦訳は前掲書、八三—八四頁）。
(6) フーコー「権力、一匹のすばらしい野獣」『語られたことと書かれたこと』第三巻、三六九頁。邦訳は石田靖夫訳、『思考集成Ⅳ』五一三頁。
(7)「M・フーコー〈権力構造〉を分析する哲学者とのコンプレックス抜きの会話」『語られたことと書かれたこと』第三巻、六七二頁。邦訳は菅野賢治訳、『思考集成Ⅶ』二九四頁。編集部が「二度の翻訳を経たためか……この対談には、フーコーの分析スタイルとはおよそあいいれない概念の援用が目立つ」（同、六六九頁、邦訳は前掲書、二九〇頁）と注記しているように、この対談の本文の信頼度には疑問があるが、エピソードとしては、当時のフーコーが直面していた問題を劇的に提示する興味深いものである。
(8) エリボン『ミシェル・フーコー』前掲書、六二頁。邦訳は前掲書、七五頁。
(9) フーコー「科学研究と心理学」『語られたことと書かれたこと』第一巻、一三八頁。邦訳は前掲の『思考集成Ⅰ』一六九頁。「メルロ＝ポンティの心理学」とはもちろん『行動の構造』や『知覚の現象学』のような現象学的な心理学である。
(10) 同、一三九頁、邦訳は同、一七〇頁
(11) フーコー『精神疾患とパーソナリティ』。邦訳は前掲書、三四頁。なお、本書の引用は、原文のテクストが一般に公開されていないために、訳書の頁だけで示す。ただし第一部は一九五四年刊行の『精神疾患と心理学』(Michel Foucault, *Maladie mentale et psychologie*, PUF) とほぼ同一である。この引用箇所は同書の一六頁（邦訳はフーコー『精神疾患と心理学』神谷美恵子訳、みすず書房、二四頁）にある。なお邦訳『精神疾患とパーソナリティ』では、『精神疾患と心理学』との異同を示し、書き替えられた第二部の訳も「付録」として掲載してある。
(12) 同、一九頁。
(13) 同、三四頁。
(14) 同、四二頁。
(15) 同、四八頁。
(16) 同、五五頁。
(17) 同。
(18) 同。
(19) 同、五六頁。
(20) 同、六〇頁。
(21) 同、六一頁。
(22) 同、八二—八三頁。
(23) 同、八三頁。
(24) 同、八一頁。
(25) 同、九〇頁
(26) 同、九一頁。
(27) 同、九二頁。
(28) 同、一〇四頁。

(29) 同、一一一頁。ヘラクレイトスの断章B八九。『ソクラテス以前哲学者断片集』第一分冊、内山勝利訳、岩波書店、三三五頁。
(30) フーコー「ビンスワンガー『夢と実存』への序論」『語られたことと書かれたこと』第一巻、六六頁。邦訳は石田英敬訳、前掲の『思考集成Ⅰ』七八頁。
(31) 「年譜」『語られたことと書かれたこと』第一巻、二〇頁。邦訳は前掲書、一二頁。
(32) 「ミシェル・フーコーとの対話」『語られたことと書かれたこと』第四巻、五八頁。邦訳は増田一夫訳、『思考集成Ⅷ』二二六頁。
(33) S・フロイト『夢判断』。邦訳は高橋義孝訳、『フロイト著作集2』人文書院、一四四頁以降。
(34) 同、一四七頁。
(35) フーコー「ビンスワンガー『夢と実存』への序論」『語られたことと書かれたこと』第一巻、七〇頁。邦訳は前掲書、八四頁。ここでのフロイト批判は、妥当ではあるが、いささか軽いものにみえる。フーコーはここでのフロイトと「出会った」後、生涯にわたってフロイトとの暗黙の対話をつづけてゆくことになる。
(36) 同、九八頁。邦訳は前掲書、一二〇頁。
(37) フロイト『夢判断』。邦訳は前掲書、九二頁以降。
(38) フーコー「ビンスワンガー『夢と実存』への序論」前掲書、九八頁。邦訳は前掲書、一二〇頁。
(39) L・ビンスワンガー『夢と実存』荻野・中村・小須田訳、みすず書房、一五八頁。
(40) 同。
(41) 同、一五八―一五九頁。
(42) 同、一五九頁。
(43) フーコー「ビンスワンガー『夢と実存』への序論」、前掲書、一〇〇頁。邦訳は前掲書、一二四頁。
(44) 同、九〇―九一頁。邦訳は前掲書、一一一頁。
(45) 同、九一頁。邦訳は前掲書、一一一頁。
(46) 同、九二頁。邦訳は前掲書、一一二頁。
(47) ビンスワンガー『夢と実存』前掲書、一五七頁。
(48) これはビンスワンガーが引用したヘーゲルのテクストの言葉である。ビンスワンガー『夢と実存』前掲書、一五六頁。
(49) ハイデガー『存在と時間』第三八節。邦訳は原佑訳、『世界の名著　ハイデガー』中央公論社、三一三頁。
(50) フーコー「ビンスワンガー『夢と実存』への序論」前掲書、六七頁。邦訳は前掲書、八〇頁。
(51) 同、一〇〇頁。邦訳は前掲書、一二四頁。
(52) 同。
(53) 同、一一三頁。邦訳は前掲書、一四〇頁。
(54) 同。
(55) 同、一〇九頁。邦訳は前掲書、一三四頁。
(56) 同。
(57) フーコー『精神疾患とパーソナリティ』前掲書、

一一頁。

(58) 同。

(59) 同。

(60) 『人権宣言集』山本桂一訳、岩波文庫、一三一頁。

(61) フーコー『精神疾患とパーソナリティ』前掲書、一三五頁。

(62) マシュレーは、「『狂気の歴史』の源泉について」という文章で、『精神疾患とパーソナリティ』が『狂気の歴史』の観点から書き直されて、『精神疾患と心理学』として出版された際に、この第五章のタイトルが「精神疾患の歴史的な構成」に変更されたことに注目する（Pierre Macherey, "Aux sources de l'Hisotire de la folie," *Critique*, 1986/8-9, p.761）。「歴史的な意味」というタイトルでは、狂気を歴史的にさかのぼって考察することが意図されているが、狂気が歴史的に「構成されたもの」という『狂気の歴史』的な観点では、こうした歴史的な遡及の可能性が否定されていると考えるのであり、新しい視点の導入によって、『精神疾患と心理学』は『精神疾患とパーソナリティ』とはまったく別の著作になったと指摘している。視点の違いによって、この二冊の著作で同じ材料が別の光を投げかけられるというマシユレーの指摘は正しい。しかしフーコーの『精神疾患とパーソナリティ』には、すでに『精神疾患と心理学』や『狂気の歴史』で提示される視点が、萌芽的に含まれているのではないだろうか。歴史的な切断は、歴史的な連続性の否定のもとで考えられるとしても、歴史性の重視という点では共通するからである。

(63) 以下の記述はエリザベス・ルディネスコ『百年の闘い』第二巻（Elisabeth Roudinesco, *La Bataille de cent ans, Histoire de la psychanalyse en France*, t. 2, Seuil）を参考にしている。

(64) エリボン『ミシェル・フーコー』前掲書、七三頁。邦訳は前掲書、八九頁。

(65) フーコー「権力について」（M.Foucault, "Du Pouvoir," *L'Express*, 1984/07/12）。この文章は『語られたことと書かれたこと』には収録されていない。なおフーコーのソ連の精神医学批判としては、同じく未収録のフーコー「ソ連とその他の諸国における犯罪と処罰」（"Michel Foucault: crimes et chatimens en U.R.S.S. et ailleurs...," *Le Nouvel Observateur*, 1976/01/26）も参照されたい。

(66) フーコー『精神疾患とパーソナリティ』前掲書、二〇三頁。

(67) ギラン／ボナフ「精神病院における患者の条件」（Louis le Guillant et Lucien Bonnafe, "La condition du malade à l'hôpital psychiatrique," *Esprit*, 1994/12）参照。

(68) これは『精神疾患と心理学』の訳者の神谷美恵子が一九七〇年に来日したフーコーに、『精神疾患とパーソナリティ』と「『夢と実存』への序論」について尋ねたときのフーコーの返答である。前掲の『精神疾患と心理学』訳者あとがき、一七〇頁を参照されたい。

●第二章

(1) エリザベス・ルディネスコ「『狂気の歴史』を読む」(Elizabeth Loudinesco, "Lectures de l'Histoire de la folie, introduction," *Penser la Folie*, Galilée) 二〇頁。
(2) 「『狂気の歴史』初版への序文」『語られたことと書かれたこと』第一巻、一五九頁。邦訳は『思考集成I』一九三—一九四頁。
(3) 同、一六二頁。邦訳は同、一九七頁。
(4) 同。
(5) 同。
(6) 同。
(7) 同、一五九頁。邦訳は前掲書、一九三頁。
(8) 同。邦訳は前掲書、一九四頁。
(9) マシュー・ポット=ボンネヴィル『ミシェル・フーコー、歴史の不安』(Mathieu Potte-Bonneville, *Michel Foucault, l'inquiétude de l'histoire*, PUF) 七五頁。
(10) フーコー『精神疾患とパーソナリティ』前掲書、一二八頁。
(11) 同、一三五頁。
(12) 『狂気の歴史』の初版の序文。前掲書、一六四頁。邦訳は前掲書、二〇〇頁。
(13) 同。
(14) 同、一五九頁。邦訳は前掲書、一九四頁。
(15) フーコー「科学研究と心理学」『語られたことと書かれたこと』第一巻、一三八頁。邦訳は前掲書、一七〇頁。
(16) 同、一四四頁。邦訳は前掲書、一七六—一七七頁。
(17) 同、一四八頁。邦訳は同、一八〇—一八一頁。
(18) 同、一五〇頁。邦訳は同、一八三頁。
(19) 同、一五八頁。邦訳は同、一九一頁。
(20) 同。
(21) モンテーニュ『エセー』第二巻一二章。邦訳は『エセー』原二郎訳、岩波文庫、第三巻、一〇六頁。
(22) フーコー『狂気の歴史』(Michel Foucault, *Histoire de la folie*, Gallimard) 四六頁。邦訳は田村俶訳、新潮社、五一頁。
(23) ホイジンガ『中世の秋』第一一章。邦訳は堀越孝一訳、中央公論新社、二六八頁。
(24) フーコー『狂気の歴史』前掲書、二六頁。邦訳は前掲書、三二頁。
(25) 同二四頁。邦訳は同、三〇頁。
(26) 同。
(27) 同。
(28) 同。

(29) 同、三〇頁。邦訳は同、三五頁。
(30) 同。
(31) 同、三〇—三一頁。邦訳は同、三六頁。
(32) 同、三七頁。邦訳は同、四二頁。
(33) 同、三八頁。邦訳は同、四三頁。
(34) 同、三一頁。邦訳は同、三六頁。
(35) 同。
(36) 同、三二頁。邦訳は同、三七頁。
(37) 同、三三頁。邦訳は同、三八頁。
(38) 同。
(39) 同、三五頁。邦訳は同、四〇頁。
(40) 同。
(41) エラスムス『痴愚神礼讃』四七節。邦訳は渡辺一夫・二宮敬訳、中央公論新社、一三四頁。
(42) フーコー『狂気の歴史』前掲書、三五頁。邦訳は前掲書、四〇頁。
(43) ブラント『阿呆船』まえがき。邦訳は尾崎盛景訳、『阿呆船(上)』現代思想社、一〇頁。
(44) フーコー『狂気の歴史』前掲書、三六頁。邦訳は前掲書、四一頁。
(45) 同。
(46) 同、三九頁。邦訳は前掲書、四四頁。
(47) 同、四〇頁。邦訳は前掲書、四五頁。
(48) フーコー「汚辱に塗れた人々」『語られたことと書かれたこと』第三巻、前掲書、二三八頁。邦訳は丹生谷貴志訳、『思考集成VI』筑摩書房、三一六頁。
(49) 同。
(50) アレット・ファルジュ「ミシェル・フーコーと排除の古文書」『狂気について考える』(Arlette Farge, Michel Foucault et les archives de l'exclusion, *Penser la folie*, Galilée) 七〇頁。
(51) フーコー『狂気の歴史』前掲書、五三頁。邦訳は前掲書、五八頁。
(52) 同。
(53) デカルト『省察』第一、所雄章訳、『デカルト著作集2』白水社、三〇頁。
(54) 同。
(55) 同。
(56) 同、三二頁。
(57) 同。
(58) 同、三五頁。「守護神」はフランス語ではマラン・ジェニーであり、最初の原文のラテン語ではゲニウス・マリグヌスである。
(59) 『方法序説』では、すべてのものを疑うとしても「そんなふうにどれもまちがいだと思っているあいだにも、そう考えている自分は何かであることがどうしても必要だということに気づきました。そしてこの〈私は考える、だから私は有る〉という真理はいかにもしっかりしていて、保証つきである」(第四部、邦訳は三宅徳嘉・小池徳男訳、『デカルト著作集1』白水社、三九頁）と説明されている。『省察』ではこの悪意のある霊がわたしを欺いていると想定した上で、この霊がわたしを欺くのならば、欺かれるわたしが存在することは疑うことができないと指摘する。そして「われあり、われ存す」というこの命題は、わたしが語るたびに真理であると主張する（省察二。邦訳は前掲書、三八頁）。『方法序説』では「わたしは考える」という命題と「わたしは存在する」という命題を「だから」（ドンク）という接続詞がつないで、推論の形をとる。『省察』では「われあり」（コギト）という命題（というか、動詞一つ）は、いかなる接続詞もなしに「われ存す」（スム）という命題（というか、動詞一つ）が続けられている。これは推論でなく、同じ事態の別の視点からの確認であるから、『省察』の表現のほうが正確なのである。

(60) フーコー『狂気の歴史』前掲書、五七頁。邦訳は前掲書、六六頁

(61) デカルト『省察』。邦訳は前掲書、三一頁。

(62) デカルトは狂気そのものを、理性的な懐疑の可能性を否定するものとして考察していないために、フーコーのこの主張には激しい反論が提起された。それはこの書物を博士論文として審査された時点から、多くの論者が指摘している点である。博士論文の審査における主査グイエの異論については、エリボン『ミシェル・フーコー』前掲書、一三七頁（邦訳は一七一頁）を参照されたい。フーコーのこの書物でのデカルト論には、デリダから激しい批判が示され、フーコーは一〇年も後になって激しいデリダ批判の文章「私の身体、この紙、この炉」を、一九七二年刊行のガリマール版の『狂気の歴史』に「補遺」として発表する。

(63) モンテーニュ『エセー』第一巻二七章。邦訳は『エセー』第一巻、原二郎訳、岩波文庫、三五〇頁。

(64) 同。邦訳は前掲書、三五三頁。

(65)「ある朝、パリでは六千の人々が逮捕された」（モーリス・ブランショ「大いなる閉じ込め」。邦訳は『ポリロゴス1』所収、中山元訳、冬弓舎、一二六頁）。

(66) フーコー『狂気の歴史』前掲書、六六頁。邦訳は前掲書、七四頁。

(67)「リヨンのブルジョアジーは、すでに一六一二年に、同じような機能をはたす慈善施設を設けていた」（フーコー『狂気の歴史』前掲書、六二頁。邦訳は前掲書、七一頁）。

(68) 同、六四―六五頁。邦訳は前掲書、七二―七三頁。

(69) 同、六六頁。邦訳は前掲書、七三頁。

(70) ジョン・ハワード『十八世紀ヨーロッパ監獄事情』川北稔・松本真奈美訳、岩波文庫、三一頁。

(71) ヨハン・ベックマン『西洋事物起源』第一巻、特許庁内技術史研究会訳、岩波文庫、八四頁。注目したいのは、この街路照明の普及が、市民の生活と治安を

守るための警察制度と平行して発達してきたことである。「一六六七年には、今日のパリ市街の照明の礎が築かれた。同時に、警察制度が大きく改善された」とベックマンは証言している（同、八三頁）。

(72) マックス・ウェーバー『プロテスタンティズムの倫理と資本主義の精神』。邦訳は梶山力・大塚久雄訳、岩波文庫、下巻、一八二頁。フーコーの古典主義の時代は、労働が倫理的な意味をもち始めた宗教改革以後の時代とぴったりと重なるのである。

(73) 同、二二九頁。プロテスタンティズムは信徒に、神の栄光を「不断の労働によって増加しようとする責任感」を植えつけたのである。

(74) フーコー『狂気の歴史』一〇三頁。邦訳は前掲書、一一〇頁。

(75) 同、一五一－一五二頁。邦訳は同、一五九頁。

(76) 同、一〇六頁。邦訳は同、一一二頁。

(77) 同、一六一頁。邦訳は同、一六九頁。

(78) 同、一六三頁。邦訳は同、一七〇頁。

(79) 同、二六一頁。邦訳は同、二六五頁。

(80) 癩病患者の施設を転用した問題についての異論など、フーコーの『狂気の歴史』にたいして当時から提起されたさまざまな異論については、J・G・メルキオール『フーコー――全体像と批判』（財津理訳、河出書房新社）の三五－三六頁を参照されたい。ただしフーコーのこの書物は反精神医学としての意味をもつものであり、精神医学者から異論が提起されるのは、十分に予想されたことだった。

(81) 非理性という語は両義的である。まず非理性という語は、理性と狂気の対立以前の古代からの理性の外部を示すものとして使われた。しかし古典主義時代以降については、非理性は狂気を含む反・理性を意味するものとして使われようになる。それはこの節で詳しく紹介するように、狂気が非理性と対立するものとして認識されるようになってからのことである。非理性の経験は「過去に溯る」が、狂気は「自然と歴史の発展方向に」、すなわち未来へと向かう線に位置づけるられるようになって、「非理性の意識と狂気の意識の決定的な差異」が、反対方向を向いた二つのベクトルが、十八世紀末に始まるのである（『狂気の歴史』三八三頁。邦訳は前掲書、三八七頁）。またこの語の両義性については、フレデリック・グロ『フーコーと狂気』（菊池昌実訳、法政大学出版局）の四二－四三頁も参照されたい。

(82) フーコー『狂気の歴史』前掲書、三七五頁。邦訳は前掲書、三七九頁。

(83) 同、三七七頁。邦訳は同、三八一頁。

(84) 同、三七六頁。邦訳は同、三七九頁。

(85) 同、三七七頁。邦訳は同、三八一頁。

(86) 同、三七八頁。邦訳は同、三八二頁。

(87) 同、三七七頁。邦訳は同、三八一頁。

(88)同、三七八頁。邦訳は同、三八三頁。
(89)同。
(90)同、三八五頁。邦訳は同、三八八頁。
(91)同、三八七頁。邦訳は同、三九〇頁。
(92)同、三八八頁。邦訳は同、三九一頁。
(93)同。
(94)同、三九一頁。邦訳は同、三九四頁。
(95)同。
(96)ルソー『人間不平等起源論』中山元訳、光文社、古典新訳文庫、六六頁。
(97)フーコー『狂気の歴史』前掲書、三九四頁。邦訳は前掲書、三九六頁。
(98)同、三九八頁。邦訳は同、四〇〇頁。
(99)同、四一六頁。邦訳は同、四一八頁。
(100)同、四一二頁。邦訳は同、四一五頁。
(101)同。
(102)同、四三二頁。邦訳は同、四三三頁。
(103)ただし実際には重商主義や封建的な勢力からの反対のために、人為的な障害の撤廃が遅れたことについては、カール・ポラニー『大転換』(吉沢英成ほか訳、東洋経済新報社)参照。「職人ギルドともろもろの封建的な特権がフランスで廃止されたのはようやく一七九〇年のことであり、イギリスで職人条例が廃止になったのはようやく一八一三―一四年のこと、エリザベス朝の救貧法が廃止されたのは一八三四年になってのことであった」(同書、九四頁)。
(104)ルネ・スムレーニュ『フィリップ・ピネルの生涯と思想』(影山任佐訳、中央洋書)。
(105)フーコー『狂気の歴史』前掲書、四三九頁。邦訳は前掲書、四三九頁。
(106)同、四四九頁。邦訳は同、四五二頁。
(107)同。
(108)同、四五〇頁。邦訳は同、四五二頁。
(109)同。
(110)同。邦訳は同、四五三頁。
(111)同。
(112)同、四六五頁。邦訳は同、四六七頁。
(113)同、四七二頁。邦訳は同、四七三頁。
(114)同、四七五頁。邦訳は同、四七五頁。
(115)同、四七七頁。邦訳は同、四七八頁。
(116)同、四八一頁。邦訳は同、四八二頁。
(117)同、五四四頁。邦訳は同、五四七頁。
(118)この理性の逆説の問題は、『狂気の歴史』ではこれ以上は取り上げられない。しかし十年後には、この問題が精神医学の誕生に潜む秘密を明らかにするテーマとして登場する。それが『精神医学の権力』における考察である。これについては中山元『フーコー 生権力と統治性』(河出書房新社)を参照されたい。
(119)フーコー『狂気の歴史』前掲書、四七三頁。邦訳は前掲書、四七四―四七五頁。

(120)同、五四五頁。邦訳は同、五四七頁。
(121)同、五四一頁。邦訳は同、五四三頁。
(122)ヘーゲル『エンチクロペディー』三七一節。邦訳は樫山欽四郎・河原栄峰・塩谷竹男訳、河出書房新社、三〇四頁。
(123)同、三七四節。邦訳は同、三〇六頁。
(124)同、三七五節。邦訳は同、三〇七頁。
(125)同。
(126)同、三七六節。邦訳は同。
(127)ヘーゲル『法哲学講義』九九節。邦訳は長谷川宏訳、作品社、一九三頁。
(128)同、一〇〇節。邦訳は前掲書、一九八頁。
(129)同。
(130)フーコー『精神疾患と心理学』第五章。邦訳は前掲の『精神疾患とパーソナリティ』一六六頁。

●第三章

(1)フーコー『狂気の歴史』前掲書、五五七頁。邦訳は前掲書、五五九頁。
(2)同、五三五頁。邦訳は同、五三八頁。
(3)同、二五五頁。邦訳は同、二五九頁。
(4)同、二五六頁。邦訳は同、二六〇頁。
(5)ブイロアー/フロイト『ヒステリー研究』。邦訳は懸田克躬訳、『フロイト著作集』第七巻、人文書院、一六二頁。アンナは冗談めかして、「煙突掃除」とも呼んでいた。
(6)フーコー『狂気の歴史』前掲書、五〇七-五〇八頁。邦訳は前掲書、五〇九頁。
(7)同、五〇八頁。邦訳は同、五〇九頁。
(8)同、五一〇頁。邦訳は同、五一一頁。
(9)同、五五五頁。邦訳は同、五五八頁。
(10)同。
(11)フーコー「ルソーの『対話』への序文」『語られたことと書かれたこと』第一巻、一八七頁。邦訳は前掲の『思考集成I』二三二頁。
(12)同、一八八頁。邦訳は同、二三三頁。
(13)フーコー『狂気の歴史』前掲書、三七一頁。邦訳は前掲書、三七四頁。
(14)フーコー「哲学を厄介払いする」。邦訳はフーコー『わたしは花火師です』中山元訳、ちくま学芸文庫、六六頁。
(15)同。
(16)ピエール・ジャネ「恍惚の心理的特徴」。邦訳はフーコー『レイモン・ルーセル』(Michel Foucault, *Raymond Roussel*, Gallimard)豊崎光一訳、法政大学出版局、二四六頁。なおこれは付録として付されたものであり、フーコーの原著には掲載されていない。
(17)同。
(18)フーコー「外の思考」『語られたことと書かれたこと』第一巻、五一八頁。邦訳は豊崎光一訳、『思考集成Ⅱ』三三五頁。
(19)ラッセルのこれらの逆説については、三浦俊彦『ラッセルのパラドクス』(岩波新書)を参照されたい。
(20)フーコー「外の思考」前掲書、五一九頁。邦訳は前掲書、三三六頁。
(21)同、五二〇頁。邦訳は前掲書、三三七頁。
(22)フーコー「他者の場所」『語られたことと書かれたこと』第四巻、七五五―七五六頁。邦訳は工藤晋訳、『思考集成Ⅹ』筑摩書房、二八〇頁。
(23)フーコー『レイモン・ルーセル』前掲書、二六頁。邦訳は前掲書、二二頁。
(24)同、三五―三六頁。邦訳は同、三三頁。
(25)同、三九頁。邦訳は同、三六頁。
(26)同、五二頁。邦訳は同、五二頁。
(27)同。邦訳は同、五一頁。
(28)同書の付録のミシェル・レリスの文章。邦訳は同、一三九頁。
(29)同、二三八頁。
(30)同、二三九頁。
(31)同、五二頁。邦訳は同、五二頁。
(32)同、六二頁。邦訳は同、六三頁。
(33)ジョルジュ・バタイユ「松毬の眼(一)」「眼球譚」生田耕作訳、『ジョルジュ・バタイユ著作集』第一巻、二見書房、二二九頁。
(34)フーコー『レイモン・ルーセル』前掲書、二〇八頁。邦訳は前掲書、二三〇頁。
(35)同。邦訳は同、二三一頁。
(36)同、二〇七頁。邦訳は同、二二九頁。
(37)同、二〇八頁。邦訳は同、二三〇頁。
(38)ジャネの診断「恍惚の心理的特徴」。邦訳は前掲書、二四七頁。
(39)フーコー『レイモン・ルーセル』前掲書、二〇八頁。邦訳は前掲書、二三〇頁。
(40)同、二一〇頁。邦訳は同、二三三頁。
(41)フーコー「作者とは何か」『語られたことと書かれたこと』第一巻、七九三頁。邦訳は清水徹・根本美作子訳、『思考集成Ⅲ』二一九頁。
(42)デリダ『他者の言語』高橋允昭編訳、法政大学出版局、三五五頁。本書のフランス語版は刊行されていない。
(43)同、三七一頁。
(44)「ここで注意してほしいのは、自分の欲求を説明しなければならないのは子供の側であり、母親が子供に伝えることよりも、子供が母親に伝えることのほうが多いということである。だから言語を発明するために大きな苦労をしなければならないのは、子供のほうであり、子供が使う言語の多くは、子供が発明したものでなければならないということになる」(ルソー『人間不平等起源論』中山元訳、光文社、古典新訳文庫、八五―八六頁)。ここでルソーは言語は子供ではなく、社会が発明した理由をあげているのだが、それは裏返せば、子供が母親から自分の言葉を否定され、社会の言語を押しつけられたことを意味しているのである。

(45)言語が他者によって押しつけられたものであり、それが自己表現の最高の場であるとともに最悪の場であることの必然性は、フーコーが後に『言葉と物』で詳細に示すとおりである。なおデリダの『他者の言語』の全体も、同じことを語っている。

(46)フーコー『レーモン・ルーセル』前掲書、一〇頁。邦訳は前掲書、五頁。

(47)同、一一頁。邦訳は同、六頁。

(48)同、八五―八六頁。邦訳は同、八九頁。

(49)同、一二頁。邦訳は同、七頁。

(50)同、一三頁。邦訳は同、九頁。

(51)同、一七頁。邦訳は同、一三頁。

(52)同、一四頁。邦訳は同、九―一〇頁。

(53)ジャック・デリダ「コギトと『狂気の歴史』」『エクリチュールと差異』(Jacques Derrida, *L'écriture et différence*, Edition du Seuil) 八三―八四頁。邦訳は『エクリチュールと差異』上巻、野村英夫ほか訳、法政大学出版局、一〇四―一〇五頁。

(54)ハーバーマスの『近代の哲学的ディスクルス』(三島憲一ほか訳、岩波書店)に収録されたフーコー批判の文章を参照されたい。

(55)アントナン・アルトー「神の裁きと訣別するため」(Antonin Artaud, Pour en finir avec le jugement de Dieu, *Œuvres Complètes*, tom 13. Gallimard) 一〇三頁。邦訳は『神の裁きと訣別するため』宇野邦一訳、ペヨトル工房、四五―四六頁。なおこの節は、中山元「道化、木乃伊、舌語」(『ポリロゴス2』冬弓舎)をほぼ再録している。

(56)同。邦訳は前掲書、四六頁。

(57)アルトー「神経の秤」(Antonin Artaud, *L'Ombilic des Limbes*, Gallimard) 一〇二頁。邦訳は清水徹訳、『アントナル・アルトー全集1』現代思潮社、一二七頁。

(58)アルトー「神の裁きと訣別するため」前掲書、一〇四頁。邦訳は前掲書、四七―四八頁。

(59)同。邦訳は前掲書、四八頁。

(60)アルトー「ヴァン・ゴッホ」(Antonin Artaud, "Van Gogh et le suicide de la société," *Œuvres Complètes*, tom 13, Gallimard) 一七頁。邦訳は粟津則雄訳、『ヴァン・ゴッホ』ちくま学芸文庫、一六頁。

(61)アルトー「アンケート」(Antonin Artaud, *L'Ombilic des Limbes*, Gallimard) 一九八頁。

(62)同。

(63)アルトー「ミイラへの祈願」(Antonin Artaud, *L'Ombilic des Limbes*, Gallimard) 二三二頁。

(64)「ミイラからの便り」同、二二三―二二四頁。
(65)モーリス・ブランショ『来るべき書物』(Maurice Blanchot, *Le Liver à venir*, Gallimard) 五〇頁。邦訳は粟津則雄訳、現代思潮社、五一頁。
(66)ブランショ前掲書、五〇頁。邦訳は前掲書、五一―五二頁。
(67)同、五三頁。邦訳は同、六〇頁。
(68)デリダ「息をふきいれられた言葉」『エクリチュールと差異』前掲書二五七頁。邦訳は『エクリチュールと差異』下巻、梶谷温子・野村英夫訳、法政大学出版局、八頁。
(69)同、二六一頁。邦訳は前掲書、一三頁。
(70)アルトー「演出と形而上学的なもの」『演劇とその分身』(Antonin Artaud, *Le théâtre et son double*, Gallimard) 六九頁。邦訳はアルトー『演劇とその形而上学』安堂信也訳、白水社、七五―七六頁。
(71)アントナン・アルトー「神の裁きと訣別するため」前掲書、一三六頁。邦訳は前掲書、九六頁。
(72)アルトー「残酷の演劇」『演劇とその分身』前掲書、一一三頁。
(73)ドゥルーズ『意味の論理学』(Gilles Deleuze, *Logique du sens*, Edition de Minuit) 第一三のセリー。なお現在では「精神分裂症」は「統合失調症」と改称されているが、歴史的な文献であるので古い名称をそのまま使うことにする。
(74)同、一〇二―一〇三頁。邦訳は『意味の論理学』岡田弘・宇波彰訳、法政大学出版局、一〇九頁。
(75)ポール・テヴナン『アントナン・アルトー』(Paule Thevenin, *Antonin Artaud, ce désespéré qui vous parle*, Seuil) 二〇六頁。
(76)ドゥルーズ『意味の論理学』前掲書、一〇六頁。邦訳は前掲書、一一二頁。
(77)同。ドゥルーズは、フロイトの「無意識」(一九一五年)の診断に依拠している。
(78)カバン語とは、二つの異なる語を結びつけてつくられた造語であり、ルイス・キャロルが発明した用語である。一つの語に旅行かばんのように二つの語の意味が含まれているという意味である。ブレックファスト(朝食)とランチ(昼食)からつくられたブランチがその一例である。
(79)アルトー『演劇とその分身』前掲書、一六八頁。邦訳は前掲書の『演劇とその形而上学』一八六頁。
(80)ドゥルーズ『意味の論理学』前掲書、一〇六頁。邦訳は前掲書、一一二頁。
(81)本書一一二頁。
(82)ルイス・キャロル『鏡の国のアリス』(Lewis Carol, *Alice in Wonderland & Through the Looking Glass*, Grasset & Dunlap) 二四〇頁。邦訳は柳瀬尚紀訳、ちくま文庫、一二四頁。柳瀬訳では「あぶりぐれ」と訳され、「いろんなものを火にあぶって夕食の用意をしはじめる時刻」とある。

(83) アルトー『アルヴとオーム』(Antonin Artaud, *L'arve et l'aume*, Gallimard) 二四―二五頁。

(84) ドゥルーズ『意味の論理学』前掲書、一一〇頁。邦訳は前掲書、一一七頁。

(85) テヴナン『アントナン・アルトー』前掲書、二〇九頁。

(86) ドゥルーズ『意味の論理学』前掲書、一一〇頁。邦訳は前掲書、一一七頁。

(87) 同。

(88) 舌語は、「トラララ」のように舌を使って出す音だけの意味のない言葉である。

(89) アルトー「残酷の演劇」。前掲の『演劇とその分身』一一三頁。

(90) ジョルジュ・バタイユ『シュールレアリスム』(George Bataille, *Le Surrealisme au jour le jour, Œuvres Complètes*, tom 8, Gallimard) 一八一頁。

(91) アルトー「ミイラからの便り」前掲書、二三四頁。

(92) バタイユ『シュールレアリスム』前掲書、一八一頁。

●第四章

(1) エリボン『ミシェル・フーコー』前掲書、一七一頁。邦訳は前掲書、二二五頁。

(2) 同。

(3) フーコー『臨床医学の誕生』(Michel Foucault, *Naissance de la clinique*, PUF)、序文のⅤ頁。邦訳は神谷美恵子訳、みすず書房、一頁。

(4) フーコー「空間の言語」(Michel Foucault, “Le language de l'espace”)、前掲の『語られたことと書かれたこと』第一巻、四〇七頁。邦訳は『思考集成Ⅱ』一七三頁。

(5) 同。邦訳は前掲書、一七四頁。

(6) 同、四一〇頁。邦訳は同、一七八頁。

(7) 同。

(8) フーコー『レイモン・ルーセル』前掲書、一四九頁。邦訳は前掲書、一五六頁。

(9) フーコー『臨床医学の誕生』前掲書、序文のⅤ頁。邦訳は前掲書、一頁。

(10) 同、序文のⅥ頁。邦訳は同、二頁。

(11) 同。

(12) 同。

(13) 同、序文のⅦ頁。邦訳は同、三頁。

(14) 同、序文のⅧ頁。邦訳は同、五頁。

(15) 同。

(16) 同、序文のⅩ頁。邦訳は同、八頁。

(17) 同、序文のⅩⅣ頁。邦訳は同、一五頁。

(18) 同、二頁、邦訳は同、二〇頁。邦訳では「分類学的医学」と訳されている。原語は médecin des espèces である。

(19) 同、二頁、邦訳は前掲書の二〇頁。さらに序文のX頁(邦訳は前掲書、七頁)にもほぼ同じ言葉遣いがみられる。
(20) フーコー『異常者たち』(Michel Foucault, *Les Anormaux*, Seuil/Gallimard) 四〇頁。邦訳は慎改康之訳、『ミシェル・フーコー講義集成5』筑摩書房、四八頁。
(21) フーコー『臨床医学の誕生』前掲書、二頁。邦訳は同、二一頁。
(22) 同、四頁。邦訳は同、二三頁。
(23) フーコー「医療化の歴史」(Michel Foucault, "Histoire de la médicalisation")『ヘルメス』第二号、二六頁。邦訳は前掲の『わたしは花火師です』一七六頁。なおほぼ同文が「社会医学の誕生」として、『書かれたものと語られたもの』第三巻、二〇七—二二八頁に掲載されている(邦訳は小倉孝誠訳、『思考集成Ⅵ』二七七—三〇〇頁)。
(24) フーコー「近代技術への病院の統合」(Michel Foucault, "L'incorporation de l'hôpital dans la technologie moderne")『ヘルメス』第二号、三二頁。邦訳は前掲の『わたしは花火師です』一九三頁。なおこの論文も同じように、ほぼ同文が「近代テクノロジーへの病院の組み込み」として、『語られたことと書かれたこと』第三巻、五〇八—五二一頁に掲載されている(邦訳は小倉孝誠訳、『思考集成Ⅶ』九〇一—一〇五頁)。
(25) 同。
(26) フーコー「医療化の歴史」前掲書、二〇頁。邦訳は前掲書、一六〇頁。
(27) フーコー『臨床医学の誕生』前掲書、一六頁。邦訳は前掲書、三六頁。
(28) 同、二一頁。邦訳は同、四五頁。
(29) 同、二三頁。邦訳は同、四八頁。
(30) 同。
(31) 同。
(32) フーコー「医療化の歴史」前掲書、一八頁。邦訳は前掲書、一五五頁。
(33) フーコー『臨床医学の誕生』前掲書、三〇—三一頁。邦訳は前掲書、五四頁。
(34) フーコー「医療化の歴史」前掲書、二二頁。邦訳は前掲書、一六四頁。
(35) フーコー『臨床医学の誕生』前掲書、三五頁。邦訳は前掲書、五八頁。
(36) 同。
(37) 同、三八頁。邦訳は同、六四頁。邦訳では「まなざしの帝国」と訳されている。
(38) 同、八四頁。邦訳は同、一二〇頁。
(39) 同、八四—八五頁。邦訳は同、一二一—一二二頁。
(40) 同、八五頁。邦訳は同、一二二頁。
(41) フーコー「医療化の歴史」前掲書、二九頁。邦訳は前掲書、一八四頁。
(42) フーコー『臨床医学の誕生』前掲書、一一一頁。
邦訳は前掲書、一五七頁。
(43) 同。
(44) 同、一一五頁。邦訳は同、一六二頁。
(45) 同。
(46) 同、一一六頁。邦訳は同、一六三頁。
(47) 同。邦訳は同、一六四頁。
(48) 同、一三二頁。邦訳は同、一八三頁。
(49) 同、一三八頁。邦訳は同、一九〇頁。ただしフーコーはのちにこの部分を書き替えている。初版の邦訳では「その純粋な形では、解読する主体の主権を意味していた」となっていたらしい。フーコーは「主権」を抹消して、「外部にある」に変えたのである。
(50) 同、一三七頁。邦訳は同、一八九頁。
(51) 同、一四三頁。邦訳は同、一九五頁。
(52) 同、一四四頁。邦訳は同、一九六頁。
(53) 同、一四五頁。邦訳は同、一九七頁。
(54) 同、一四七頁。邦訳は同、二〇〇頁。
(55) 同、一四八頁。邦訳は同、二〇一頁。
(56) 同。
(57) 同、一四九頁。邦訳は同、二〇二頁。
(58) 同、一六九頁。邦訳は同、二二六頁。
(59) 同、一七〇頁。邦訳は同、二二七頁。
(60) 同。
(61) 同、二〇一頁。邦訳は同、二六七頁。
(62) 同、二〇二頁。邦訳は同、二六八頁。
(63) ただしこの文章は、後の版では修正されている。ここに引用したのは前掲の訳書の一六頁からである。

●第五章

(1) フーコー『知の考古学』(Michel Foucault, *Archéologie du savoir*, Gallimard) 一五頁。邦訳は中村雄二郎訳、河出書房新社、改訳版、一六頁。
(2) この言葉は、最初の一九六一年のプロン版の序文に掲載されていたものであり、一九七二年のガリマール版には掲載されていない。原文は「『狂気の歴史』の序文」『語られたことと書かれたこと』第一巻、一六〇頁である。邦訳は石田英敬訳「『狂気の歴史』初版の序」『思考集成Ⅰ』一九五頁、および前掲書の『狂気の歴史』八頁である。
(3) 同、一六六頁。邦訳は『思考集成Ⅰ』二〇二頁、『狂気の歴史』前掲書、一四頁。
(4) この事情についてはフーコー「批評の怪物性」のテクストと、編集部の注を参照されたい。『語られたことと書かれたこと』第二巻、二一二頁。邦訳は『思考集成Ⅳ』一三〇―一三一頁。
(5) フーコー「カント『人間学』の序」(Michel Foucault, "Introduction à l'Anthropologie de Kant," Kant, *Anthropologie du point de vue pragmatique*

Vrin）一三頁。なおこの論文については、第七章でさらに詳しく考察する。

（6）同、一二頁。

（7）フーコー『臨床医学の誕生』前掲書、序文XV頁。邦訳は前掲書、一六頁。

（8）そのためフーコーは後にこれに自己批判を加えることになる。考古学で考察する主体は「分散されたもの」であるために、「『臨床医学の誕生』で用いられた〈医学的なまなざし〉という表現は、あまり適切なものとは言えなかった」ということになる。これについてはフーコー『知の考古学』前掲書、七四頁、邦訳の八五頁を参照されたい。

（9）「ミシェル・フーコーのゲーム」（"Le jeu de Michel Foucault"）『語られたことと書かれたこと』第三巻。邦訳は増田一夫訳、『思考集成Ⅵ』筑摩書房、四四九頁。なおこの年代を指摘しているのは、フーコーではなく、座談の相手のアラン・グロリシャールである。フーコーはその年代を知らなかった。「公私のすべての役職を辞任します！　なんと恥ずかしいことだ！　悔悟の灰を頭からかぶりたい！　哺乳瓶の誕生を知らなかったなんて！」と語って、座談会を締めくくっている。

（10）アラン・コルバン『匂いの歴史』（山田登世子・鹿島茂訳、藤原書店）や、ジュリア・クセルゴン『自由・平等・清潔』（鹿島茂訳、河出書房新社）を参照されたい。

（11）クセルゴンの前掲書、三八頁。浴槽という道具の歴史から、身体へのまなざしの変動と宗教的なモラルの背景を探りだす著者の分析は、まさにフーコーの道具の考古学の分析である。心性《マンタリテ》の歴史学や社会学とともに、フーコーが切り拓いた道は、方法論的に極めて豊穣な成果をもたらしたことがわかる。

（12）フーコー『臨床医学の誕生』前掲書、一六八頁。邦訳は前掲書、二二五頁。

（13）フーコー『知の考古学』前掲書、一八頁。邦訳は前掲書、一九頁。

（14）同。

（15）同。

（16）フーコー『ディスクールの秩序』（Michel Foucault, *L'ordre du discours*, Gallimard）二七頁。邦訳は中村雄二郎訳、河出書房新社、二六頁。

（17）同、二八頁。邦訳は同、二七頁。

（18）同、三〇頁。邦訳は同、二九頁。

（19）この質問についてのフーコーの回答は『語られたことと書かれたこと』に掲載されているが、質問はごく短く要約されている。原文は"À Michel Foucault," *Cahier pour l'Analyse*, no. 9, été 1968, pp. 5-8. 原文の翻訳は『アルケオロジー宣言』（白井健三郎訳、朝日出版社）七〇―七九頁を参照されたい。

（20）『語られたことと書かれたこと』第一巻、六九六―

七三一頁。邦訳は前掲の『思考集成Ⅲ』一〇〇―一四三頁。
(21) フーコー『知の考古学』一〇―一一頁。邦訳は前掲書、一〇頁。
(22) 同、一一頁。邦訳は同、一一頁。邦訳では「認識論的の取決めや閾」となっている
(23) 同。
(24) 同、一二頁。邦訳は同、一二頁。
(25) フーコー「構造主義とポスト構造主義」『語られたことと書かれたこと』第四巻、四三五頁。邦訳は黒田昭信訳、『思考集成Ⅸ』三〇四頁。
(26) この酸素の例はガリー・ガッティング『理性の考古学』(成定薫・金森修・大谷隆昶訳、産業図書)四七頁。この書物はフーコーとエピステモロジーの関係についての啓発的な書物である。
(27) モリエール『嫌々ながら医者にされ』。最後のラテン語の部分であり、邦訳では省略されている。
(28) バシュラールの認識論的な切断の概念については、バシュラール『科学的精神の形成』(及川馥・小井戸光彦訳、国文社)と『適応合理主義』(金森修訳、国文社)を参照されたい。
(29) この「閾」の概念をフーコーは『知の考古学』で活用することになるが、フーコー「生物学史におけるキュヴィエの位置」に示された「認識論的な閾」の図がわかりやすい。前掲の『語られたことと書かれたこと』第二巻、三三頁、邦訳は前掲の『思考集成Ⅲ』三三七頁を参照されたい。
(30) 「反射」というごく通常の行為が、近代にいたるまで、中枢神経とは独立した行為であることが認識されなかったのは、その概念を形成することを妨げる思想的な土台が存在していたためであることを示したのが、カンギレムの主著『反射概念の形成』(金森修訳、法政大学出版局)である。
(31) アルチュセール『マルクスのために』(河野健二・西川長夫・田村俶訳、平凡社)参照。「認識論的な切断」は、アルチュセールのマルクス論の重要な概念である。
(32) フーコー『知の考古学』前掲書、二二頁。邦訳は前掲書、二四頁。
(33) 同。
(34) 同、二五頁。邦訳は同、二七頁。
(35) 同、三三頁。邦訳は同、三七頁。
(36) 同。
(37) 同、三五頁。邦訳は同、三九頁。
(38) 同。邦訳は同書、四〇頁。
(39) 同、三四頁。邦訳は同、三八頁。
(40) フーコー「科学の考古学について」『語られたことと書かれたこと』第一巻、七〇五頁。邦訳は石田英敬訳、『思考集成Ⅲ』一一二頁。
(41) フーコー『知の考古学』六八頁。邦訳は前掲書、

七八頁。
(42)同、六九頁。邦訳は同、七八頁。
(43)同、七〇頁。邦訳は同。
(44)同、七二頁。邦訳は同、八三頁。
(45)フーコー「科学の考古学について」前掲書、七〇六頁。邦訳は前掲書、一一二頁。
(46)同。邦訳は同、一一三頁。
(47)フーコー『知の考古学』一〇七頁。邦訳は前掲書、一二二頁。
(48)同、一三五頁。邦訳は同、一五七頁。
(49)同、一一三頁。邦訳は同、一二九頁。
(50)同、一〇七頁。邦訳は同、一二二頁。
(51)同、一一〇頁。邦訳は同、一四頁。
(52)同。邦訳は同、一二六頁。
(53)同。フーコーは後にこの複合性だけで、「真実を語ると誓います」のような誓いの言葉にエノンセの資格を否定するのは間違いであったと認めることになるが、フーコーは複合性を問題にしただけであり、誓いの言葉に「エノンセの地位を否認するのは困難である」(同)ことは認めていたのである。
(54)同、一三三―一三四頁。邦訳は前掲書、一五五頁。
(55)同、一一四―一一五頁。邦訳は同、一三一頁。
(56)同、一三〇頁。邦訳は同、一五一頁。
(57)同、一三八頁。邦訳は同、一六〇頁。
(58)同、四六頁。邦訳は同、五二頁。
(59)同。邦訳は同、五三頁。
(60)同、四七頁。邦訳は同。
(61)同、四九頁。邦訳は同、五六頁。
(62)同、五〇頁。邦訳は同、五八頁。
(63)同、一四一頁。邦訳は同、一六四頁。
(64)同、一五三頁。邦訳は同、一七九頁。
(65)同、一五五頁。邦訳は同、一八一頁。
(66)同、一五六頁。邦訳は同、一八二頁。
(67)同。
(68)同、一五九頁。邦訳は同、一八六頁。
(69)同。
(70)同、一六〇頁。邦訳は同、一八七頁。
(71)同、一六二頁。邦訳は同、一八九頁。
(72)同。
(73)同、一六三頁。邦訳は同、一九一頁。
(74)同、一六四頁。邦訳は同、一九三頁。
(75)同、一六六頁。邦訳は同、一九五頁。ただし邦訳は「少々目ざわり」である。
(76)フッサール『幾何学の起源』。邦訳は田島節夫・鈴木修一・矢島忠夫訳、青土社、二九二頁。
(77)同。邦訳は同、二九三頁。
(78)フーコー「科学研究と心理学」『語られたことと書かれたこと』第一巻、一三八頁。邦訳は石田英敬訳、『思考集成I』一六九頁。
(79)同、一五五頁。邦訳は同、一八七頁。

(80)フーコー『言葉と物』前掲書、一七一頁。邦訳は前掲書、一八一頁。
(81)同、二八五頁。邦訳は同、二九二頁。
(82)同、一五七頁。邦訳は同、一六七頁。
(83)同、一四八頁。邦訳は同、一五九頁。
(84)同、二八六頁。邦訳は同、二九三頁。
(85)同、二八七頁。邦訳は同、二九四頁。
(86)フーコー「F・ダゴニエの論考『生物学史におけるキュヴィエの位置づけ』に関する討論」、前掲の『語られたことと書かれたこと』第二巻、二八頁。邦訳は『思考集成Ⅲ』三三一頁。
(87)同。邦訳は同、三三二頁。
(88)フーコー『ディスクールの秩序』前掲書、三七頁。邦訳は前掲書、三七頁。
(89)同。
(90)同、三五頁。邦訳は同、三五頁。
(91)同。
(92)金森修『バシュラール』講談社、一二六頁。
(93)G・カンギレム『科学史・科学哲学研究』金森修監訳、法政大学出版局、四八頁。ただし邦訳は「真理の側にいる」となっている。
(94)同、四七—四八頁。
(95)同、五三頁。
(96)フーコー『ディスクールの秩序』前掲書、三七頁。邦訳は前掲書、三七頁。
(97)同。
(98)アーノルド・デヴィッドソン「エピステモロジーと考古学」(Arnold I. Davidson, "Über Epistemologie und Archäologie", *Michel Foucault : Zwischenbilanz einer Rezeption*, Suhrkamp)一九七頁。
(99)フーコー「研究内容と計画」、前掲の『語られたことと書かれたこと』第一巻、八四二頁。邦訳は前掲の『思考集成Ⅲ』二九四頁。
(100)同、八四四頁。邦訳は同、二九五頁。
(101)同、八四三頁。邦訳は同、二九四頁。
(102)同。
(103)フーコー「科学の考古学について」前掲書、七二〇—七二一頁。邦訳は前掲の『思考集成Ⅲ』一三〇—一三一頁。
(104)同、七二一頁。邦訳は同、一三一頁。
(105)同。
(106)同。
(107)フーコー『言葉と物』前掲書、二九八頁。邦訳は前掲書、三〇六頁。
(108)同、三〇三—三〇四頁。邦訳は同、三一一頁。
(109)フーコー「科学の考古学について」前掲書、七二二頁。邦訳は前掲書、一三二頁。
(110)同、七二五頁。邦訳は同、一三五頁。
(111)フーコー「知への意志」『語られたことと書かれたこと』第二巻、二四二頁。邦訳は前掲の『思考集成

Ⅳ』一六〇頁。
(112)ヘシオドス『神統譜』広川洋一訳、『ギリシア思想家集』筑摩書房、六五頁。
(113)同。
(114)これについては中山元『賢者と羊飼い』(筑摩書房)の第一部第一章を参照されたい。
(115)この『オイディプス王』の詳細な分析は、フーコー「真理と裁判形態」『語られたことと書かれたこと』第二巻(邦訳は前掲の『思考集成Ⅴ』)を参照されたい。また中山元『賢者と羊飼い』前掲書の第一部第二章も参照されたい。
(116)フーコー『ディスクールの秩序』前掲書、一七一一八頁。邦訳は前掲書、一七頁。
(117)フーコー「知への意志」前掲書、二四三頁。邦訳は前掲書、一六二頁。
(118)フーコー「J＝P・リシャールのマラルメ」『語られたことと書かれたこと』第一巻、四二九頁。邦訳は前掲の『思考集成Ⅱ』二〇八頁。
(119)同、四三〇頁。邦訳は同、二〇九頁(脚注一)。
(120)同、四二九頁。邦訳は同、二〇八頁。
(121)同、四三二頁。邦訳は同、二一一頁。
(122)同。邦訳は同、二一二頁。
(123)フーコー「ルソーの『対話』への序文」『語られたことと書かれたこと』第一巻、一八八頁。邦訳は前掲の『思考集成Ⅰ』、二三三頁。
(124)同。
(125)デリダ『尖筆とエクリチュール』白井健三郎訳、朝日出版社、二〇七頁
(126)フーコー「J＝P・リシャールのマラルメ」前掲書、四三二頁。邦訳は前掲書、二一二頁。
(127)同。
(128)同。
(129)同、四三四頁。邦訳は同、二一四頁。
(130)同。
(131)同。邦訳は同、二一五頁。
(132)フーコー『レイモン・ルーセル』前掲書、二〇八頁。邦訳は前掲書、二三〇頁。
(133)フーコー「J＝P・リシャールのマラルメ」前掲書、四三五頁。邦訳は前掲書、二一七頁。
(134)フーコー『知の考古学』前掲書、一七〇頁。邦訳は前掲書、一九九頁。
(135)同、一七一頁。邦訳は同、二〇〇頁。
(136)同。邦訳は同、二〇一頁。
(137)同。邦訳は同、二〇〇頁。
(138)同、一七二頁。邦訳は同、二〇二頁。
(139)同、一七二―一七三頁。邦訳は同。
(140)同。

●第六章

(1)「フーコーが望んでいた書名は『物の秩序』という

ものであった」ことについては、前掲の「年譜」参照。『語られたことと書かれたこと』第一巻、二八頁。邦訳は前掲の『思考集成I』四頁。『言葉と物』の英訳版のタイトルは『物の秩序』になる。
(2) フーコー『言葉と物』(Michel Foucault, *Les mots et les choses*, Gallimard) 一〇頁。邦訳は渡辺一民・佐々木明訳、新潮社、一七頁。
(3) 同、七頁。邦訳は同、一三頁。
(4) 同、八頁。邦訳は同、一四頁。
(5) 同、一一頁。邦訳は同、一八頁。
(6) 同。邦訳は同、一八—一九頁。
(7) 同、一二—一三頁。邦訳は同、二〇頁。
(8) 同、一二頁。邦訳は同。
(9) 同、一三頁。邦訳は同、二〇頁。なおこのエピステーメーの概念には多数の批判がよせられたので、フーコーは『知の考古学』ではエピステーメーがどのようなもので「ない」かを詳しく説明することになる。前掲書、二四九—二五一頁、邦訳は前掲書、二九〇—二九二頁を参照されたい。
(10) 同。
(11) フーコー『言葉と物』一四頁。邦訳は前掲書、二一頁。
(12) 同、五一頁。邦訳は同、六一頁。
(13) この普遍数学の構想と透明な言語については、多数の書物が書かれているが、たとえばジェイムズ・ノウルソン『英仏普遍言語計画——デカルト、ライプニッツにはじまる』(浜口稔訳、工作舎) や林知宏『ライプニッツ——普遍数学の夢』(東京大学出版会) などを参照されたい。
(14) フーコー『言葉と物』前掲書、五三頁。邦訳は前掲書、六三頁。
(15) 同、四五頁。邦訳は前掲書、五五頁。
(16) ベーコン『ノヴム・オルガヌム』第一巻、四五。邦訳は桂寿一訳、岩波文庫、八六頁。
(17) デカルト『精神指導の規則』第一規則。邦訳は大出晁・有働勤吉訳、『デカルト著作集4』白水社、一一頁。
(18) 同、第一四規則。邦訳は同、八八頁。
(19) 同、第六規則。邦訳は同、三三頁。
(20) 同、第七規則。邦訳は同、三九頁。
(21) 同、第三規則。邦訳は同、一九頁。
(22) フーコー『言葉と物』前掲書、七五頁。邦訳は前掲書、八六頁。
(23) 同、七六頁。邦訳は同、八七頁。
(24) 同、八七頁。邦訳は同、九八頁。
(25) 同、一七一頁。邦訳は同、一八一頁。
(26) 同。
(27) 同、一七二頁。邦訳は同、一八一—一八二頁。
(28) 同、一九四頁。邦訳は同、二〇三頁。
(29) 同、一三三—一三四頁。邦訳は同、一四四頁。

(30)同、二三二頁。邦訳は同、二三〇頁。
(31)同、二三三頁。邦訳は同、二三一頁。
(32)同、二三四頁。邦訳は同、二三二頁。
(33)同、二二九頁。邦訳は同、二三七頁。
(34)同、三〇頁。邦訳は同、三九頁。
(35)同、三一頁。邦訳は同、四〇頁。
(36)同、二三七頁。邦訳は同、二四五頁。
(37)同、二六九頁。邦訳は同、二七五頁。
(38)同。邦訳は同、二七六頁。
(39)同、二七四頁。邦訳は同、二八一頁。
(40)同、一四六頁。邦訳は同、一五七頁。
(41)同。邦訳は同、一五八頁。
(42)同、二四二頁。邦訳は同、二五〇頁。
(43)同、二四七―二四八頁。邦訳は同、二五五頁。
(44)同、三〇三頁。邦訳は同、三一〇頁。
(45)同。邦訳は同、三一一頁。
(46)同、三〇三頁。邦訳は同、三一一頁。
(47)同、二六一頁。邦訳は同、二六八頁。
(48)同、三二〇頁。邦訳は同、三二九頁。
(49)同、三二一頁。邦訳は同、三三〇頁。
(50)同、三三三頁。邦訳は同、三三二頁。
(51)同、三二七頁。邦訳は同、三三六頁。
(52)同、三二九―三三〇頁。邦訳は同、三三八頁。

●第七章

(1)カント『プロレゴメナ』第二〇節。邦訳は湯本和男訳、『カント全集』第六巻、理想社、二六五頁。
(2)同。
(3)同。邦訳は同、二六五―二六六頁。
(4)同、第二二節。邦訳は同、二七一頁。
(5)フーコー『言葉と物』前掲書、二五五頁。邦訳は前掲書、二六二頁。
(6)同。
(7)同、二五六頁。邦訳は同、二六三頁。
(8)同、二五七頁。邦訳は同、二六四頁。
(9)同。
(10)同、二五八頁。邦訳は同、二六五頁。
(11)同、三五二頁。邦訳は同、三六三頁。
(12)フーコー「カント『人間学』の序」前掲書、一二頁(以下ではフーコー「序」と略す)。
(13)同。
(14)カント「美と崇高の感情に関する考察」。邦訳は川戸好武訳、『カント全集』第三巻、理想社、二六一―二七頁。
(15)カント『人間学』。邦訳は山下太郎・坂部恵訳、『カント全集』第一四巻、理想社、二六五―二七三頁。
(16)フーコー「序」一八頁。
(17)カント『人間学』。邦訳は前掲書、二九六頁。

(18)カント「美と崇高の感情に関する考察」。邦訳は前掲書、三八頁。
(19)ベックの一七九四年六月十七日付けのカント宛て書簡。邦訳は木阪貴行・山本精一訳、『カント全集』第二二巻、岩波書店、二四二頁。
(20)カントの一七九四年七月一日付けのベック宛て書簡。邦訳は同、二四六頁。
(21)カントの『人間学』の補遺。邦訳は前掲書、三四三頁。
(22)同。邦訳は前掲書、三四二頁。
(23)フーコー「序」二三頁。
(24)同、二四頁。
(25)ベアトリス・アン『ミシェル・フーコーの不在の存在論』(Beatrice Han, *L'ontologie manquée de Michel Foucault*, J. Millon)三六頁。
(26)フーコー「序」二四頁。
(27)カント『純粋理性批判』第三篇「純粋理性の建築術」B八六四。邦訳は『純粋理性批判』原佑訳、『カント全集』第六巻、理想社、一二四頁。
(28)同、B八六五。邦訳は同、一二五頁。
(29)同、B八六九。邦訳は同、一二八頁。
(30)同。邦訳は同、一二九頁。
(31)同、B八七三。邦訳は同、一三二頁。
(32)同、B八七四。邦訳は同。
(33)フーコー「序」四六頁。
(34)カント『純粋理性批判』前掲書、B八七四。邦訳は前掲書、一三三頁。
(35)同、B八七六。邦訳は同、一三五頁。
(36)同、B八七七。邦訳は同。
(37)カント『人間学』序文。邦訳は前掲書、一五頁。
(38)フーコー「序」五五頁。
(39)カント『人倫の形而上学』第一部二三節。邦訳は吉澤傳三郎・尾田幸雄訳、『カント全集』第一一巻、理想社、一一三頁。
(40)同、第一部二四節。邦訳は同、一一三頁。
(41)カントの一七九七年七月十日付けのシュッツ宛て書簡での引用。邦訳は前掲の『カント全集』第二二巻、三三八頁。
(42)同。邦訳は同、三三七頁。
(43)同。
(44)フーコー「序」二六頁。
(45)カント『人間学』序文。邦訳は前掲書、一三頁。
(46)フーコー「序」二六頁。
(47)カント『人間学』一〇一節。邦訳は前掲書、二九一頁。
(48)同。邦訳は同、二九二頁。
(49)同、一〇二節。邦訳は同、二九三頁。
(50)同、一〇一節。邦訳は同、二九二頁。
(51)同。
(52)フーコー「序」二六頁。

(53)カント『人間学』一〇一節。邦訳は前掲書、二九二頁。
(54)同。
(55)同、一〇二節。邦訳は同、二九六頁。
(56)同、序。邦訳は同、二一頁。
(57)フーコー「序」二七頁。
(58)カントの一七九七年三月十五日以降のフーフェラント宛て書簡。邦訳は前掲書の『カント全集』第二二巻、三〇五頁。
(59)カントの一七九七年四月一九日付けのフーフェラント宛て書簡。邦訳は同、三〇六頁。
(60)カント『学部の争い』。邦訳は角忍・竹山重光訳、『カント全集』第一八巻、岩波書店、一三〇頁。
(61)同。邦訳は同、一三五頁。
(62)同、第三部、「たんなる決意によって病的感情を支配する心の力について」。邦訳は同、一三九頁。
(63)同。邦訳は同、一四〇頁。
(64)カント『人間学』四五節。邦訳は前掲書、一四四頁。
(65)同、四七節。邦訳は同、一五二頁。
(66)フーコー「序」三四頁。
(67)カント『人間学』二節。邦訳は前掲書、三一頁。
(68)フーコー「序」四三頁。
(69)同、六六節。邦訳は前掲書、一九八頁。
(70)同、七二節。邦訳は同、二一五頁。
(71)同、八〇節。邦訳は同、二三八頁。
(72)同、八一節。邦訳は同。
(73)フーコー「序」四三頁。
(74)カント『純粋理性批判』B七三五。邦訳は前掲の『カント全集』第六巻、一七頁。
(75)同、B七三六。邦訳は同、一七―一八頁。
(76)フーコー「序」五五頁。
(77)フーコー「序」四四頁。フーコーはこのみかけだけの類似性を「偽りの窓」という興味深い言葉で表現している。
(78)カント『人間学』第一節。邦訳は前掲書、二九頁。
(79)同、第二節。邦訳は同、三一頁。
(80)同、第三節。邦訳は同、三六頁。
(81)同、第三節。邦訳は同、三七頁。
(82)同、第二八節。邦訳は同、九三頁。
(83)同。邦訳は同、九四頁。
(84)同、三〇節。邦訳は同、一〇〇頁。
(85)同、二八節。邦訳は同、九三頁。
(86)同、三〇節。邦訳は同、一〇〇頁。
(87)同、三一節。邦訳は同、一〇三頁以下。
(88)フーコー「序」四四頁。
(89)同、四五頁。
(90)同。
(91)同。
(92)同、五六頁。

(93) 同。四五頁。
(94) 同、五七頁。
(95) 同。
(96) 同、五八頁。
(97) カント『純粋理性批判』B八三三—八三四。邦訳は前掲の『カント全集』第六巻、九七—九九頁。
(98) カント『論理学』緒論。邦訳は門脇卓爾訳、前掲の『カント全集』第一二巻、三七六—三七七頁。
(99) 同。邦訳は同、三七七頁。
(100) 坂部恵『カント』人類の知的遺産、講談社、三四〇頁。
(101) 同、三四二頁。
(102) カント『遺作』(オープス・ポストゥムム)。『アカデミー版カント全集』第二一巻、二七頁。
(103) 同。
(104) 同。
(105) 同。
(106) 同、三六頁。
(107) フーコー「序」五〇頁。
(108) カント『遺作』二九頁。
(109) 同、三〇頁。
(110) フーコー「序」五一頁。
(111) カント『遺作』三〇頁。フーコーはこの文の前半部を、「感覚の対象」の前に「すべての」をつけて「序」の五一頁で引用している。
(112) フーコー「序」五一頁。
(113) カント『論理学』緒論。邦訳は前掲書、三七七頁。
(114) カント『遺作』三六頁。
(115) フーコー「序」五三頁。
(116) カント『遺作』三五頁。
(117) フーコー「序」五五頁。
(118) 同、六七頁。
(119) 同。
(120) 同、五八頁。
(121) カント『人間学』序。邦訳は前掲書、一二五頁。
(122) 同。
(123) 同、第四五節。邦訳は同、一四五頁。
(124) フーコー「序」六三—六四頁。
(125) 同、六三頁。
(126) 同、六七頁。
(127) カント『遺作』五〇頁。
(128) フーコー「序」六六頁。
(129) 同、六七頁。
(130) 同。
(131) 同。
(132) 同、四二頁。
(133) 理性のこの汚染については、フッサールの超越論的な方法について同じテーマを追究したデリダの『フッサール哲学における発生の問題』(合田正人・荒金直人訳、みすず書房)が同時代的な研究として注目される。
(134)フーコー「序」七八頁。
(135)同。
(136)同、七七頁。
(137)フーコー『言葉と物』前掲書、三五三頁。邦訳は前掲書、三六三頁。
(138)同、一〇六頁。邦訳は同、一一七頁。
(139)スピノザ『エティカ』第二部定理七。
(140)「この（身振り言語から分節化した音声言語への）転換は、共同の同意によるのでなければ行われなかったし、またまだ少しも練習をつんでいない粗野な器官をもっていた人々には、かなり実行しにくい上に、それ自体としてはなおいっそう理解しにくい方法でなければ行われなかったものである。というのは、このような全員一致の同意には動機がなければならず、言葉の使用を確立するためには言葉がおおいに必要であったと思われるからである」（ルソー『人間不平等起源論』本田・平岡訳、岩波文庫、六二―六三頁）。ルソーは、言語の起源はこの矛盾のために説明できず、神によって与えられたとしか言いようがないと語っている。
(141)「自分たちの考えを伝えあう〔音声言語という〕新しい仕方は、最初の仕方〔身ぶり言語〕をモデルにしてでなければ考案されることはなかったのだ」（コンディアック『人間認識起源論』下、古茂田宏訳、岩波文庫、二六頁）。
(142)フーコー『言葉と物』前掲書、一二三頁。邦訳は前掲書、一三四頁。
(143)同、一二八頁。邦訳は同、一三八頁。
(144)同、九三頁。邦訳は同、一〇三頁。
(145)同、二五〇頁。邦訳は同、二五七頁。
(146)同、二二〇頁。邦訳は同、二二八頁。
(147)同、三四七頁。邦訳は同、三五七頁。
(148)同。
(149)同。邦訳は同、三五八頁。
(150)この知の四辺形と哲学の関係の分析については、ガリー・ガッティング『理性の考古学――フーコーと科学思想史』前掲書も参照されたい。また、前掲のユルゲン・ハーバマス『近代の哲学的ディスクルス』はこの四辺形を展開し直していて興味深い。さらにドレイファス／ラビノウ『ミシェル・フーコー――構造主義と解釈学を超えて』（筑摩書房）四五―七七頁の突っ込んだ分析も参考になる。
(151)フーコー『言葉と物』二五五頁。邦訳は前掲書、二六二頁。
(152)同、二五四頁。邦訳は同、二六一頁。
(153)同、二五五頁。邦訳は同、二六二頁。
(154)同。
(155)同。
(156)前掲のフーコー「序」六六頁。本書の二五七頁を参照されたい。
(157) フーコー『言葉と物』三三〇頁。邦訳は前掲書、三三九頁。「超越論的な感性論」の原語は esthétique transcendantale である。邦訳では「先験的美学」と訳されているが、次の「超越論的な弁証論」(dialectique transcentantale) とともに、カントの『純粋理性批判』の第一部門の二つの部門の名前をそのまま採用していることから考えても、ここは「超越論的感性論」と訳すべきだろう。
(158) 同。
(159) 同。
(160) 同。
(161) 同、二五七頁。邦訳は同、二六四頁。
(162) 同。邦訳は同、二六三頁。
(163) 同。
(164) 同、三三一頁。邦訳は同、三四〇頁。
(165) 同。
(166) 同、二五七—二五八頁。邦訳は同、二六四頁。
(167) 同、二五八頁。邦訳は同、二六五頁。
(168) 同。
(169) 同、三三一頁。邦訳は同、三四〇頁。
(170) 同、三三二頁。邦訳は同、三四一頁。
(171) 同。
(172) 前掲のフーコー「序」、六八頁。
(173) 同。
(174) フーコー『言葉と物』三三二頁。邦訳は前掲書、三四一頁。
(175) 同。
(176) 同、二一〇頁。邦訳は同、二一八頁。
(177) 同、二一五頁。邦訳は同、二二三頁。
(178) 同、三三四頁。邦訳は同、三四三頁。
(179) 同、三三五頁。邦訳は同、三四四頁。
(180) 同。邦訳は同、三四五頁。
(181) 同。
(182) 同、三三五—三三六頁。邦訳は同。
(183) 同、三三七頁。邦訳は同、三四七頁。
(184) あるインタビューでフーコーは、マルクスの疎外されていない人間のイメージは、ブルジョワ的な人間像であることを指摘していた。マルクスとても、資本主義の社会に生きていた以上、資本主義的な人間のイメージに基づいてしか、疎外されていない人間をイメージするのが困難だったのはたしかだろう。しかしこれはすべての終末論的なユートピアの宿命でもある。
(185) フーコー『言葉と物』三四三頁。邦訳は前掲書、三五三頁。
(186) マルクス「ヘーゲル法哲学批判序説」。邦訳は三島憲一訳、『マルクス・コレクション』第一巻、筑摩書房、一七七頁。
(187) マルクス『ドイツ・イデオロギー』渋谷正編・訳、新日本出版社、六四頁。

(188) ハイデガーは『存在と時間』の第二篇第三章「現存在の本来的な全体存在しうることと、気遣いの存在論的な意味としての時間性」で、「現存在の本来的な真理としての決意性は、死への先駆においてはじめて、おのれに帰属している本来的な確実性を獲得する」と述べている。ハイデガー『存在と時間』前掲書、三〇二頁。邦訳は前掲書、四八三頁。
(189) フーコー『言葉と物』二二五頁。邦訳は前掲書、二三三頁。
(190) 同、三四六頁。邦訳は同、三五六頁。
(191) 同。
(192) 同。
(193) 同、三五三頁。邦訳は同、三六三頁。
(194) 同。邦訳は同、三六四頁。
(195) 同、三五四頁。邦訳は同。
(196) 同、三九八頁。邦訳は同、四〇九頁。
(197) 同、三一六―三一七頁。邦訳は同、三二四頁。

あとがき

初期のフーコーの思想的な軌跡を追跡した本書は、大きく分けて二つの部分で構成される。前半部は第一章から第三章までである。まず第一章では、一九五〇年代の初期に、精神医学の研修医としてスタートしたフーコーが、どのような問題に直面し、それをどのように解決していったかを考える。この解き方が、その後のフーコーの進む方向をある意味で決めていったのである。

第二章では、『狂気の歴史』を中心に、狂気をたんなる身体的および精神的な異常であるだけでなく、歴史的に規定されたものとして研究することで、フーコーの前にどのような新しい地平が開けてきたか、また心理学や精神医学そのものを批判しうるどのような視点を獲得していったかを検討する。

第三章では、精神医学の専門領域よりも文学の分野で、たとえばルーセルやアルトーの作品のうちに、狂気がどのような足跡と輝きを残しているかを考察したフーコーの営みを紹介する。この章では、「わたしは狂っている」「わたしは嘘をついている」「わたしは死んでいる」という自己言及的な三つの逆説を手がかりに考えた。自己矛盾しているかにみえるこれらの逆説が、ルーセルやアルトーの作品のなかで、いかにして狂気と文学の深い結びつきを顕わにしているかを追跡する。

後半部はフーコーのこの時代の方法論の核心であった考古学について、そしてその考古学を活用してえられた多産な成果についてまとめている。第四章は、第三章の文学的な考察と、第五章以下の考古学的な考察をつなぐ章である。この章では『臨床医学の誕生』を考察の軸に据えながら、文学のうちに一瞬だけ痕跡を示す狂気をみつめるまなざしと、近代的な臨床医学をささえるまなざしのあいだに、どのような深い絆が存在するかを明らかにしようとする。

第五章は、フーコーの考古学がつくりだしたさまざまな概念を吟味し、その「使い道」を試している。ディスクール、エノンセ、アルシーヴなど、その使い道が定着し、すでに古典的になった概念も多いが、「歴史的なアプリオリ」のように、まだ考察を深めるべき概念も存在する。

第六章は、『言葉と物』におけるエピステーメーの変化に注目しながら、そこで生まれた「人間」の概念の位置と、その後のフーコーにとってこの概念がもった思想的な意味を手短に考察する。この概念は、次の章で詳細に検討されるフーコーの人間学批判の成果であり、端緒でもある。

最後を締めくくる第七章は、二つの部分に分けられる。第一の部分では、カントの『人間学』の翻訳とともに一九六一年に、博士論文の副論文として提出され、そのまま発表されていなかった「カント『人間学』の序」について詳細に考察する（この論文はこれまでパリのフーコー・センターで閲覧するしかなかったが、二〇〇八年にフーコーの訳文とともに、ヴラン社から刊行された）。この論文では、『純粋理性批判』に始まる三つの『批判』書のカントと、『人間学』のカントの共通性と相違点を考察しながら、現代の哲学がカントの「人間学の眠り」にまどろんでいることを批判するものとして、きわめて興味深い。その論文を考察することで、『言葉と物』で展開される現代哲学の批判の理路が明らかになるはずである。

後半部分では、この論文の解読に基づいて、『言葉と物』における「人間学のまどろみ」の批判の道筋をたどってゆく。フーコーは『狂気の歴史』で確立された心理学をはじめとする人間科学批判の視点を補う形で、現代哲学の全体を批判する立場を見定めてゆく。フーコーは「カント『人間学』の序」も、『言葉と物』もニーチェで締めくくっているが、ニーチェの哲学の営みを手がかりにして行なわれるこの「人間学のまどろみ」の批判は、文学と狂気の考察の一つの結論でもあったのである。

*

二〇〇八年に刊行した『賢者と羊飼い――フーコーとパレーシア』（筑摩書房）は、一九八〇年代以降の晩期のフーコーの自己の解釈学と「真理を語ること」についての思索を考察したものだった。また本書とほぼ同時期に河出書房新社から刊行される『フーコー　生権力と統治性』は、本書につづく時期、すなわち一九七〇年代における中期のフーコーの思想の軌跡を、コレージュ・ド・フランスの講義録『精神医学の権力』『異常者たち』『〈社会を守れ〉』『治安・領土・人口』『生政治の誕生』などを解読しながら考察するものである。本書『フーコー　思想の考古学』とあわせて読みいただければ、フーコーの生涯の思想の軌跡を追跡することができると思う。

いつもながら本書の刊行にあたっては、企画段階から渦岡謙一さんにいろいろとご配慮いただいた。心から感謝申しあげる。

二〇一〇年一月

中山　元

や　行

ら　行

ま　行

な　行

は　行

た　行

さ　行

か 行

索　引

あ　行

著者紹介

中山　元（なかやま　げん）

1949年生まれ。東京大学教養学部教養学科中退。哲学者・翻訳家。主な著書に，『思考の用語辞典』『〈ぼく〉と世界をつなぐ哲学』『フーコー入門』『賢者と羊飼い』（いずれも筑摩書房），『はじめて読むフーコー』（洋泉社），『思考のトポス』（新曜社），『フーコー　生権力と統治性』（河出書房新社）などがある。また翻訳に，デリダ『パピエ・マシン』，フーコー『わたしは花火師です』（以上，ちくま学芸文庫），ウッド『資本の帝国』（紀伊國屋書店），ルソー『社会契約論』，ニーチェ『道徳の系譜学』（以上，光文社古典新訳文庫），ウェーバー『プロテスタンティズムの倫理と資本主義の精神』（日系BP社）など多数あり。

新曜社

フーコー　思想の考古学

初版第1刷発行　2010年4月9日©

著　者　中山　元

発行者　塩浦　暲

発行所　株式会社　新曜社

101-0051　東京都千代田区神田神保町2-10

電話（03）3264-4973（代）・FAX（03）3239-2958

E-mail：info@shin-yo-sha.co.jp

URL：http://www.shin-yo-sha.co.jp/

印　刷　長野印刷商工　　Printed in Japan

製　本　渋谷文泉閣

ISBN978-4-7885-1192-7　C1010

好評関連書

中山　元　著
思考のトポス　現代哲学のアポリア
僕たちの前に立ちふさがる多くの難問に挑戦し、「自分で考えるためのツール」を提供。
四六判２９０頁
本体２５００円

ライダー・デュー　著／中山　元　訳
ドゥルーズ哲学のエッセンス　思考の逃走線を求めて
彼が一貫して追究したものを哲学史の中に位置づけ、その魅力を解き明かす恰好の再入門。
四六判３２８頁
本体３２００円

ポール・リクール　著／久米　博　訳
記憶・歴史・忘却〈上〉〈下〉
アウシュヴィッツの後で歴史は可能か？　歴史叙述の現代的可能性にまで及ぶ記憶の政治学。
上巻Ａ５判４６４頁５３００円
下巻Ａ５判３６４頁４５００円

立川健二・山田広昭　著　〈ワードマップ〉
現代言語論　ソシュール、フロイト、ヴィトゲンシュタイン
現代思想の最前線を切りひらく言語論をその可能性の中心で読み、多方向に交通させる。
四六判２６４頁
本体１８００円

土田知則・青柳悦子・伊藤直哉　著　〈ワードマップ〉
現代文学理論　テクスト・読み・世界
ソシュール以来の現代文学理論が読みの理論にもたらした転回を斬新なキイワードで説く。
四六判２８８頁
本体２４００円

久米　博　著　〈ワードマップ〉
現代フランス哲学
知の世界を揺るがせつづけてきた現代フランス哲学の全貌を35のキイワードで俯瞰する。
四六判２９６頁
本体２４００円

青柳悦子　著
デリダで読む『千夜一夜』　文学と範例性
デリダがこんなにわかっていいの!?　その明快な理解を通して『千夜一夜』に迫る。
Ａ５判６１０頁
本体６４００円

（表示価格に税は含みません）

新曜社